Céntrate (Deep Work)

△
IMPULSA

Cal Newport
Céntrate (Deep Work)

Las cuatro reglas para el éxito en
la era de la distracción

Traducción de María Mercedes Correa

IMPULSA

Título original: *Deep Work. Rules for Focused Success in a Distracted World*

© Cal Newport, 2016

Publicado bajo acuerdo con Grand Central Publishing, New York, NY, EE. UU.
Todos los derechos reservados.

Primera edición: febrero de 2022
Primera edición en esta presentación: abril de 2026

Traducción del inglés de María Mercedes Correa, 2017

© Edicions 62, S.A., 2026

Diseño de cubierta: Ceara Elliot LBBG
Ilustración de cubierta: © Shutterstock

Ediciones Península,
Diagonal 662-664
08034 Barcelona
edicionespeninsula@planeta.es
www.edicionespeninsula.com

REALIZACIÓN PLANETA - fotocomposición
Depósito legal: B. 24.835-2026
ISBN: 978-84-1100-490-9

Printed in Spain - Impreso en España

Índice

SEGUNDA PARTE
LAS REGLAS

Introducción

En el cantón suizo de San Galo, en la orilla norte del lago de Zúrich, hay un pueblo llamado Bollingen. En 1922, el psiquiatra Carl Jung decidió construir en ese lugar una casa donde pudiera retirarse. Comenzó con una construcción básica de piedra de dos pisos a la que llamó «la Torre». Tras regresar de la India, donde observó que la gente tenía en sus casas un cuarto para meditar, el psiquiatra amplió el proyecto y mandó construir una oficina privada en la misma propiedad. «En mi habitación de retiro estoy solo —afirmó Jung—. Siempre tengo la llave en mi poder; nadie puede entrar si no es con mi autorización.»[1]

En su libro *Daily Rituals*, el periodista Mason Currey hace referencia a diversos textos sobre Jung y, a través de ellos, recrea los hábitos de trabajo del psiquiatra en la Torre. Según relata Currey, Jung se levantaba a las siete de la mañana, tomaba un desayuno copioso y luego escribía durante dos horas ininterrumpidas en su oficina privada. Por las tardes, meditaba o iba a dar largas caminatas en los campos vecinos. Como no había electricidad en la Torre, al caer la noche utilizaba lámparas de gas para la iluminación y chimeneas para calentar el ambiente. A las diez de la noche se iba a la cama. «Desde el principio, la sensación de reposo y de renovación que obtenía en esa Torre fue intensa», [2] afirmó Jung.

Aunque sería tentador considerar la Torre de Bollingen como una casa de vacaciones, lo cierto es que, en el contexto de la carrera de Jung en aquel momento, la intención de construir ese lugar aislado junto al lago no era huir del trabajo. En la época en que Jung adquirió la propiedad no disponía de los medios para tener vacaciones. Tan solo un año antes, en 1921, había publicado *Tipos psicológicos*, un libro pionero que contribuyó a consolidar muchas de las diferencias que de tiempo atrás venían gestándose entre su pensamiento y las ideas del otrora mentor y amigo, Sigmund Freud. Estar en desacuerdo con Freud en los años veinte era un acto de osadía. Para sustentar su libro, Jung necesitaba mantener su agudeza mental y producir una serie de artículos y libros lúcidos, con los cuales podría apoyar y defender su *psicología analítica*, que fue el nombre que más adelante recibiría esa nueva escuela de pensamiento.

Obviamente, Jung tenía diversas ocupaciones en Zúrich, entre ellas sus conferencias y su trabajo como terapeuta. Sin embargo, mantenerse ocupado no le bastaba. Quería cambiar la forma de comprender el inconsciente y, para alcanzar esta meta, debía hacer un trabajo de reflexión más profundo y detallado que el que su agitado estilo de vida de ciudad le permitía. Jung se aisló en Bollingen no para huir de su vida profesional, sino para profundizar en ella.

———

Con el tiempo, Carl Jung se convertiría en uno de los pensadores más renombrados del siglo xx. Son muchas las razones que explican este éxito. Sin embargo, en el presente libro me interesa su compromiso con una destreza que, sin duda, desempeñó un papel fundamental en sus logros:

> **Trabajo a fondo:** actividades profesionales que se llevan a cabo en un estado de concentración desprovisto de distracciones, de tal manera que las capacidades cognitivas llegan a su límite máximo. Este esfuerzo crea valor, mejora las habilidades y no es sencillo de replicar.

Trabajar a fondo es necesario para extraer hasta la última gota de valor de nuestra capacidad intelectual. Tras décadas de investigaciones en los campos de la psicología y la neurociencia, sabemos que el estado de esfuerzo mental que acompaña trabajar a fondo es necesario también para mejorar nuestras aptitudes. Dicho de otro modo, trabajar a fondo es exactamente el tipo de esfuerzo que se requiere para así destacar en un campo exigente, desde el punto de vista cognitivo, como el de la psiquiatría académica a comienzos del siglo xx.

El término «trabajar a fondo» o «trabajo profundo» es de mi propio cuño, no una expresión usada por Carl Jung, pero las acciones de este pensador durante aquel período indican que, sin duda, tenía claro cuál era el concepto subyacente. Jung construyó una torre de piedra en un paraje boscoso para poder trabajar profundamente en su vida profesional: una tarea que requería tiempo, energía y dinero. Como relata Currey, los desplazamientos frecuentes de Jung hacia Bollingen lo obligaban a dedicarle menos tiempo a su trabajo clínico, y añade: «Aunque tenía muchos pacientes, Jung no veía problema en tomarse tiempo para otras cosas».[3] Aunque era difícil que trabajar a fondo fuera una prioridad, salta a la vista que era crucial para alcanzar su meta de cambiar el mundo.

El estudio de la vida de otros personajes influyentes, tanto en la historia reciente como en la lejana, nos permitirá llegar a conclusiones similares en lo que respecta al compromiso con trabajar a fondo. Así, por ejemplo, el ensayista francés del siglo XVI Michel de Montaigne se anticipó a Jung con su trabajo en una biblioteca privada, que construyó en una torre en el lado sur de su castillo.[4] Por su parte, Mark Twain escribió buena parte de *Las aventuras de Tom Sawyer* en un cobertizo ubicado en la granja *Quarry Farm*, en Nueva York, donde pasaba los veranos. Su estudio estaba totalmente aislado de la casa principal y la familia debía hacer sonar un cuerno para llamar al escritor a comer.[5]

En tiempos históricos más recientes, tenemos el caso del guionista y director de cine Woody Allen. En el período de cuarenta y cuatro años comprendido entre 1969 y 2013, el neoyorquino escribió y dirigió cuarenta y cuatro películas, que fueron nominadas para treinta y tres premios de la Academia: un alucinante nivel de productividad artística. Durante este período Allen no tuvo ordenador, sino que llevó a cabo su escritura, apartada de toda distracción electrónica, en una máquina de escribir manual marca German Olympia SM3.[6] Otro personaje que acompaña a Allen en su negativa a hacer uso de los ordenadores es Peter Higgs, un físico teórico que desarrolla su trabajo en total aislamiento y desconexión, al punto de que los periodistas no pudieron ponerse en contacto con él cuando se anunció que había ganado el premio Nobel.[7] Por otro lado, J. K. Rowling *sí* usa ordenadores, pero se mantuvo alejada de las redes sociales durante la escritura de sus novelas sobre Harry Potter, aunque ese período coincidió con el surgimiento de esa tecnología y su uso por parte de los famosos de los medios de comunicación. El personal de apoyo de Rowling finalmente abrió una cuenta de Twitter a su nombre en el otoño de 2009, año en el que trabajaba en *Una vacante imprevista*, y en el lapso de un año y medio su único tuit fue: «Soy yo, la verdadera, pero me temo que no me van a ver mucho por aquí, pues el papel y la pluma son mi prioridad por el momento».[8]

Por supuesto que trabajar a fondo no se limita a los casos históricos ni a los casos de tecnofobia. El director ejecutivo de Microsoft, Bill Gates, organizaba dos veces al año las famosas *Think Weeks* (Semanas para pensar), durante las cuales se aislaba (por lo general en una casa de campo a orillas de un lago) para dedicarse exclusivamente a leer y a producir grandes ideas. Durante una de esas famosas semanas, en 1995, escribió su conocido memorando titulado «Internet Tidal Wave» [La marea de Internet], tras el cual Microsoft dirigió su atención a una compañía nueva llamada Netscape Communications.[9] Asimismo, y de manera bastante irónica, Neal Stephenson, el renombrado autor del género *ciberpunk* que contribuyó a conformar nuestra concepción popular de la era de internet, es prácticamente imposible de contactar por vía electrónica: en su sitio web no hay direcciones de correo electrónico y se encuentra un ensayo donde explica por qué es intencionadamente torpe en el uso de las redes sociales. Así lo explicó en una ocasión: «Si organizo mi vida de tal manera que logre juntar grandes segmentos de tiempo ininterrumpido y consecutivo, puedo escribir novelas. [Si, por el contrario, me interrumpen demasiado], ¿qué obtengo a cambio? En lugar de sacar una novela que puede circular por mucho tiempo [...] habré escrito montones de correos electrónicos que recibirán unas pocas personas».[10]

———

Es importante destacar la omnipresencia del trabajo a fondo en las personas influyentes, pues contrasta drásticamente con el comportamiento de la mayoría de los trabajadores del conocimiento contemporáneos (un grupo que está olvidando a gran velocidad el valor de la profundidad). Se sabe bien por qué los trabajadores del conocimiento están perdiendo su familiaridad con trabajar a fondo: las herramientas en la Red. Dentro de esta amplia categoría se encuentran los servicios de comunicación como el correo electrónico, el SMS y el WhatsApp, las redes sociales como Twitter y Facebook, y el atractivo revoltijo de sitios de entretenimiento mezclado con información (*infotainment*), como *Buzzfeed* y Reddit. En conjunto, el surgimiento de estas herramientas, sumado al acceso permanente que tenemos a ellas a través de los teléfonos inteligentes y de las redes informáticas en las oficinas, ha fragmentado la atención de los trabajadores del conocimiento. Un estudio llevado a cabo en 2012 por McKinsey descubrió que un trabajador promedio del conocimiento dedica más del 60% de sus horas laborales a la comunicación electrónica y a la búsqueda por internet. Cerca del 30% del tiempo lo usa exclusivamente para leer y responder correos electrónicos.[11]

En medio de este ámbito de atención fragmentada es muy difícil llevar a cabo un trabajo profundo, pues este requiere de largos períodos de actividad intelectual ininterrumpida. No obstante, hay que decir que los trabajadores del conocimiento no están holgazaneando. De hecho, están más ocupados que nunca. ¿Cómo se explica, entonces, esta discrepancia? En buena medida mediante la existencia de otro tipo de esfuerzo, que constituye el otro lado de la moneda de la idea de trabajar a fondo:

Trabajo superficial: constituido por tareas que no son exigentes desde el punto de vista cognitivo, tareas de tipo logístico que se suelen ejecutar en medio de distracciones. Estos esfuerzos por lo general no crean gran valor en el mundo y son fáciles de replicar.

En la era actual de las herramientas en la Red, los trabajadores del conocimiento hacen cada vez menos trabajo profundo y se quedan en la alternativa superficial, enviando y recibiendo constantemente mensajes de correo electrónico, como unos *routers* humanos, con interrupciones frecuentes propicias para la distracción. Un esfuerzo mayor, al que contribuiría el pensamiento profundo (como, por ejemplo, concebir una nueva estrategia de negocios o redactar una importante solicitud de subvención), se fragmenta en diversas partículas de distracción que conducen a una menor calidad.

Para empeorar el asunto, según lo demuestra un número cada vez mayor de pruebas, la opción del cambio hacia lo superficial no puede revertirse fácilmente. Si pasamos el tiempo suficiente en un estado de superficialidad frenética, el resultado es una reducción *permanente* de nuestra capacidad para llevar a cabo trabajo profundo. «Al parecer, internet está socavando mi capacidad para la concentración y la contemplación», confiesa el periodista Nicholas Carr, en un artículo publicado en 2008 en la revista *The Atlantic*. «[Y] no soy el único».[12] Carr desarrolló este punto de vista en un libro titulado *The Shallows* [Superficiales], que fue finalista del premio Pulitzer. Para escribir esta obra, como era de esperar, Carr tuvo que aislarse en una cabaña y desconectarse de todo a la fuerza.[13]

La idea de que las herramientas en la Red nos están

llevando de lo profundo a lo superficial no es nueva. El libro *The Shallows* fue simplemente el primero en medio de una serie de obras recientes que se han dedicado a examinar el efecto de internet en nuestro cerebro y nuestros hábitos de trabajo. Entre otros títulos que vinieron a continuación se encuentran *Hamlet's Blackberry*, de William Power, *The Tyranny of E-mail*, de John Freeman, y *The Distraction Addiction*, de Alex Soojung-Kin Pang. Todos ellos coinciden en afirmar, más o menos, que las herramientas en la Red nos distraen de los trabajos que requieren una atención constante y, al mismo tiempo, degradan nuestra capacidad para mantenernos concentrados.

Dada la existencia de un gran cúmulo de pruebas, no gastaré mi tiempo corroborando este punto en el presente libro. Me parece que podemos estar de acuerdo en que las herramientas de la Red ejercen un impacto negativo sobre trabajar a fondo. Pasaré por alto, asimismo, cualquier argumento grandilocuente sobre las consecuencias sociales a largo plazo de este cambio, ya que estos argumentos suelen abrir unos fosos intransitables. En un lado del debate se encuentran los tecnoescépticos, como Jaron Lanier y John Freeman, quienes sospechan que estas herramientas, por lo menos en su estado actual, son perjudiciales para la sociedad, en tanto que en el otro bando del debate se encuentran los tecnoptimistas, como Clive Thompson, quienes arguyen que estas herramientas cambian a la sociedad, por supuesto, pero de maneras positivas. Así, por ejemplo, es posible que Google reduzca nuestra memoria, pero el asunto es que ya no *necesitamos* tener una buena memoria, pues en la actualidad podemos buscar cualquier cosa que necesitemos saber.

No tengo una postura particular respecto a este debate filosófico. Mi interés en este asunto reposa en una tesis que apunta a un interés mucho más pragmático e individualizado: el cambio de nuestra cultura laboral hacia lo superficial (sin importar que uno considere que sea filosóficamente bueno o malo) está sacando a flote una gran cantidad de oportunidades personales y económicas para los pocos individuos que reconozcan el potencial que implica resistirse a esta tendencia y favorecer la profundidad. Esta fue la oportunidad que explotó, hace relativamente poco, un joven consultor financiero de Virginia llamado Jason Benn.

———

Existen muchas maneras de averiguar que no somos tan valiosos para la economía. Jason Benn lo comprendió con claridad cuando descubrió, poco después de emplearse como consultor financiero, que la gran mayoría de sus responsabilidades laborales se podían automatizar gracias a un «parche» para una secuencia de comandos de Excel.

La compañía que había contratado a Benn producía informes para bancos que participaban en complejas negociaciones. («Suena más interesante de lo que era», bromeó Benn en una de las entrevistas que tuvimos.) Para el proceso de creación de los informes, se necesitaban muchas horas de manipulación manual de datos en varias hojas de cálculo de Excel. Al comienzo, Benn tardaba seis horas por informe para llevar a cabo esta tarea (los más veteranos de la oficina podían hacer la labor en la mitad del tiempo). A Benn no le complacía mucho esta perspectiva.

«El proceso, tal como me lo enseñaron, era torpe y requería mucho trabajo manual», recuerda Benn. El joven analista sabía que Excel tenía una función llamada «macros», que servía para automatizar tareas comunes. Benn leyó algunos artículos al respecto y, al poco tiempo, creó una hoja de cálculo que contenía varias de estas macros con el fin de llevar a cabo el proceso de seis horas de manipulación manual. La tarea se reducía, así, a unos cuantos clics. El trabajo de elaboración de un informe, en el que originalmente Benn invertía un día laboral, se reducía a menos de una hora. Benn es un hombre inteligente. Obtuvo una diplomatura en Economía en la prestigiosa Universidad de Virginia. Al igual que muchos en su situación, tenía grandes ambiciones profesionales. No tardó mucho en comprender que esas ambiciones no lo llevarían muy lejos si sus principales destrezas profesionales las podían ejecutar las macros de Excel. Benn se propuso, entonces, hacer aumentar su valor para el mundo. Tras un período de investigación, llegó a una conclusión que comunicó a su familia: renunciaría a su trabajo como hoja de cálculo humana y se convertiría en programador de ordenadores. No obstante, como suele ocurrir con esos planes grandiosos, había un gran obstáculo: Benn no tenía la más remota idea de programar.

En mi calidad de experto en ordenadores, puedo confirmar lo obvio: la programación informática es difícil. La mayoría de los desarrolladores pasan cuatro años en la universidad aprendiendo el tejemaneje de su oficio antes de lanzarse a su primer trabajo. Llegados a este punto, deben hacer frente a una feroz competencia para obtener las mejores oportunidades laborales. Jason Benn no disponía de tanto tiempo. Después de su revelación con Excel, renunció a su empleo con la compañía financiera y empezó a preparar su siguiente paso. A sus padres les alegraba que el joven tuviera un plan, pero no tanto la perspectiva de que su regreso a casa fuera un proyecto a largo plazo. Benn tenía que aprender una destreza y debía hacerlo *pronto*.

En este punto se encontró de frente con el mismo problema que les impide a muchos trabajadores del conocimiento aventurarse en campos laborales más dinámicos. Adquirir conocimientos complejos, como ocurre con la programación de ordenadores, requiere de una concentración intensa e ininterrumpida sobre conceptos cognitivamente exigentes: es el mismo tipo de concentración que llevó a Carl Jung a los bosques que rodean el lago de Zúrich. Dicho de otro modo, esta tarea exige trabajo profundo. Sin embargo, tal como he afirmado anteriormente, la mayoría de los trabajadores del conocimiento han perdido la aptitud para hacerlo. Benn no era una excepción de esta tendencia.

«Me pasaba todo el tiempo en internet y revisando el correo. No podía evitarlo. Era una compulsión», relata Benn. Así transcurrían sus días antes de renunciar a su trabajo en el campo de las finanzas. Los problemas del joven con la profundidad no acababan allí. En una ocasión, algunos de sus supervisores en la compañía le propusieron un proyecto. «Querían que creara un plan de negocios», dice Benn. Sin saber cómo se redactaba un plan de negocios, decidió investigar un poco y leyó cinco planes de negocios diferentes: los comparó y los contrastó para entender qué debía hacer. La idea era buena, pero Benn tenía un problema: «No podía concentrarme». Durante esa época, según confiesa, había días en que pasaba muchas horas («98 % de mi tiempo») navegando en la Red. El proyecto de redactar un plan de negocios —una excelente oportunidad para destacarse en el comienzo de su carrera— nunca llegó a cristalizarse.

Al abandonar la compañía financiera, Benn era consciente de sus dificultades con trabajar a fondo. Sabía que, para dedicarse a aprender a programar, debía enseñar a su mente a ser profunda. El método que adoptó fue drástico pero eficaz. «Me encerré en una habitación sin ordenadores: lo único que tenía a mano eran libros de texto, tarjetas para tomar notas y un marcador.» Benn resaltaba frases de sus libros de programación de ordenadores, pasaba las ideas a las tarjetas de notas y luego las repetía en voz alta. Al comienzo, este período sin distracciones electrónicas fue duro. Sin embargo, se había prometido a sí mismo que *por nada del mundo* iba a dejar de estudiar ese material; no permitiría que hubiera en esa habitación nada que lo distrajera. Con el paso del tiempo, aprendió a concentrarse mejor y llegó a un punto en que pasaba cinco o más horas no consecutivas de concentración, sin distracciones, aprendiendo esa nueva y difícil destreza. «En ese lapso leí unos dieciocho libros sobre el tema», recuerda.

Después de pasar dos meses encerrado estudiando, Benn se presentó al Dev Bootcamp, un centro de formación para programadores famoso por su dificultad, donde en una semana hizo un curso intensivo de cien horas para aprender programación de aplicaciones en la Red. (Mientras hacía averiguaciones sobre el programa, Benn conoció a un estudiante con un doctorado de Princeton, quien describió su paso por Dev como «lo más difícil que he hecho en toda mi vida».) Gracias a su preparación y a su aptitud recién puesta a punto para trabajar a fondo, Benn fue un alumno destacado. «Algunas de las personas que se presentan no están preparadas —afirma—. No se pueden concentrar. No pueden aprender rápidamente.» Solo la mitad de los estudiantes que comenzaron con Benn se graduó al mismo tiempo. Benn no solo se graduó, sino que fue el mejor alumno de su clase.

Trabajar a fondo dio sus frutos. Benn no tardó en encontrar un trabajo como desarrollador en una nueva empresa de tecnología en San Francisco que contaba con un presupuesto de 25 millones de dólares y un selecto grupo de empleados. Cuando Benn dejó su puesto como consultor financiero, tan solo medio año antes, ganaba un salario de 40.000 dólares al año. En su nuevo trabajo como desarrollador informático empezó a ganar 100.000, una cantidad que podrá seguir aumentando en el mercado de Silicon Valley, de la misma forma que trabajar a fondo podrá seguir aumentando sus habilidades.

La última vez que hablé con Benn estaba muy a gusto en su nuevo empleo. Ahora que había descubierto las bondades de trabajar a fondo, había alquilado un apartamento cerca de la oficina, lo cual le permitía llegar temprano, antes que los demás, y trabajar sin distracciones. «En un día bueno, puedo trabajar concentrado cuatro horas antes de la primera reunión —explicó—. Luego, tal vez otras tres o cuatro horas por la tarde. Y digo concentrado en serio: sin correo electrónico, ni Hacker News [un sitio web muy conocido por los apasionados de la tecnología]: solo programando.» Para ser una persona que a veces pasaba hasta el 98 % de su jornada laboral navegando en internet, hay que decir que la transformación de Jason Benn es extraordinaria.

———

El caso de Jason Benn nos enseña una lección muy importante: trabajar a fondo no es una reivindicación nostálgica de escritores y filósofos de comienzos del siglo xx. Es una destreza que tiene gran valor en la vida moderna.

Dos razones explican este valor. La primera está relacionada con el aprendizaje. Vivimos en una economía de la información que se basa en sistemas complejos que cambian rápidamente. Por ejemplo, algunos de los lenguajes de programación que Benn aprendió no existían hace diez años y muy probablemente habrán pasado de moda dentro de otros diez. Asimismo, una persona que trabajaba en el área del marketing en los años noventa quizá no imaginó que hoy debe tener sólidos conocimientos en análisis digital. Por lo tanto, para seguir siendo valiosos en nuestra economía, es necesario que dominemos el arte de aprender rápidamente cosas complicadas. Esta labor exige un trabajo profundo. Si no cultivamos esta aptitud, nos quedaremos atrás conforme vaya avanzando la tecnología.

La segunda razón por la que se considera valioso trabajar a fondo es que el impacto de la revolución digital en las redes es un arma de doble filo. Si logramos crear algo útil, el público al que podemos llegar (por ejemplo, empleados o clientes) es prácticamente ilimitado, lo cual magnifica enormemente las compensaciones monetarias. Por el contrario, si producimos algo mediocre, el asunto se vuelve problemático, pues al público no le cuesta nada encontrar una mejor alternativa en línea. Si eres programador, escritor, especialista en marketing, consultor o empresario, tu situación es similar a la de Jung, que necesitaba producir ideas más agudas que las de Freud; tu situación es similar a la de Jason Benn, que debía mantener su nivel en una compañía nueva y muy apetecible. Si queremos triunfar, debemos producir lo mejor que nuestras capacidades nos permitan producir: se trata de una labor que requiere trabajo profundo.

El aumento de la necesidad de trabajar a fondo es nuevo. En las economías industriales había una pequeña clase de trabajadores cualificados y profesionales para los cuales era crucial trabajar a fondo, pero la mayoría de los trabajadores podían desempeñarse bien sin tener que cultivar la aptitud para concentrarse sin distracciones. Recibían un salario por manejar determinadas herramientas y el oficio prácticamente se mantenía sin cambios a lo largo de varias décadas. Sin embargo, al pasar a una economía de la información, un número cada vez mayor de personas son trabajadoras del conocimiento y trabajar a fondo se convierte en un elemento clave, aunque muchos todavía no son conscientes de esta realidad. Trabajar a fondo no es una destreza anticuada que se esté volviendo irrelevante. Por el contrario, es una aptitud crucial para cualquier persona que quiera avanzar en una economía de la información globalmente competitiva, que tiende a dejar de lado a aquellos que no ejecutan correctamente la tarea. Las compensaciones jugosas las obtendrán no las personas que se sienten cómodas usando Facebook (una tarea superficial, que se puede replicar fácilmente), sino aquellas que se sienten a gusto creando innovadores sistemas de distribución que rigen el funcionamiento del servicio (una tarea definitivamente profunda y difícil de replicar). Trabajar a fondo es tan importante que podemos considerarlo, parafraseando al autor de textos sobre negocios Eric Barker, «el superpoder del siglo xxi».[14]

———

A la luz de lo anterior, nos encontramos ante dos conceptos fundamentales: el de la escasez de trabajar a fondo y el de su valor cada vez mayor. La combinación de estos dos conceptos nos proporciona la base para desarrollar los temas que trataremos en este libro.

> **La hipótesis de trabajar a fondo:** la aptitud para llevar a cabo un trabajo en profundidad es cada vez más *escasa*, pero, al mismo tiempo, cada vez más *valiosa* en nuestra economía. Como resultado de esta dinámica, triunfarán quienes cultiven esta aptitud y hagan de ella el pilar de su vida laboral.

Este libro se propone dos metas y las desarrolla en dos partes. En la primera, busco convencerte de la veracidad de la hipótesis sobre trabajar a fondo. En la segunda, me propongo enseñarte cómo sacar partido de esta realidad, mediante el entrenamiento del cerebro y la transformación de los hábitos laborales para hacer de trabajar a fondo el pilar de tu vida profesional. Sin embargo, antes de entrar en materia, me gustaría explicar por qué me convertí en un devoto de la profundidad.

———

He pasado los últimos diez años cultivando mi propia aptitud para concentrarme en cosas difíciles. A fin de comprender los orígenes de este interés, conviene saber que soy científico teórico de ordenadores y que llevé a cabo mi formación doctoral en un famoso grupo de trabajo en MIT llamado Theory of Computation, un entorno profesional donde la capacidad para concentrarse se considera una destreza laboral clave.

Durante esos años, compartí una oficina en la sección de posgrados con el ganador de una beca MacArthur, conocida como la «beca para genios». El MIT contrató a este profesor antes de que tuviera la edad legal para beber alcohol. No era raro ver a este teórico sentado en el espacio común del salón de posgrados mirando unas notas en una pizarra, rodeado por un grupo de académicos que también miraban la pizarra en silencio. Pasaban muchas horas así. Yo me iba a almorzar y regresaba, pero ellos seguían allí. Es muy difícil contactar con este profesor. No tiene cuenta en Twitter y es muy probable que, si no conoce a la persona que le escribe un correo electrónico, no le responda. El año pasado publicó dieciséis ensayos académicos.

Este tipo de concentración inflexible era típico de la atmósfera académica de mis años como estudiante. Como era de esperar, pronto adquirí un compromiso similar con la profundidad. Para desgracia de mis amigos y de los diversos editores con los que he publicado mis libros, nunca he tenido una cuenta de Twitter ni de Facebook, ni tengo presencia en las redes sociales; lo más cercano a eso es mi blog. No navego en la Red y me entero de la mayor parte de las noticias por *The Washington Post*, que me llega a casa, y por la National Public Radio (NPR). Tampoco es muy fácil encontrarme: en el sitio web que tengo como autor no hay una dirección personal de correo electrónico. Mi primer teléfono inteligente lo tuve por primera vez en 2012 (cuando mi esposa, que estaba embarazada, me dio un ultimátum: «Tienes que conseguirte un teléfono *que funcione* antes de que nazca nuestro bebé»).

Mi compromiso con la profundidad ha dado sus frutos. En los últimos diez años, tras graduarme de la universidad, publiqué cuatro libros, obtuve un doctorado, escribí muchos ensayos académicos revisados por pares y me contrataron como profesor en la Universidad de Georgetown, con posibilidades de obtener una plaza fija. Pude mantener esta voluminosa producción sin tener que trabajar más allá de las cinco o las seis de la tarde.

Me fue posible organizar este cronograma tan apretado gracias a que hice esfuerzos significativos por minimizar lo superficial en mi vida y aprovechar al máximo el tiempo que se libera de este modo. Organizo mis días en torno a un núcleo de trabajo profundo cuidadosamente escogido y ubico en la periferia de mi programación las actividades superficiales que definitivamente no puedo evitar.

Tres o cuatro horas al día, cinco días a la semana, de trabajo concentrado e ininterrumpido producen resultados muy valiosos.

Mi compromiso con la profundidad también me ha reportado beneficios que van más allá de lo profesional. En términos generales, no toco el ordenador entre el momento en que llego a casa del trabajo y la mañana siguiente, cuando comienza la nueva jornada laboral (la principal excepción la constituye mi blog, que actualizo después de que mis hijos se van a dormir). Esta capacidad para desconectarme totalmente, en contraste con la costumbre más común de consultar a toda carrera los correos del trabajo, o ver qué ocurre en las redes sociales, me permite estar presente con mi esposa y mis dos hijos en las noches; además, me da tiempo para leer una cantidad de libros que resulta sorprendente en el caso de un padre de familia. Por otra parte, la ausencia de distracciones en mi vida hace que desaparezca ese trasfondo de energía mental nerviosa que caracteriza la vida cotidiana de mucha gente. No me incomoda estar aburrido, y esta es una destreza muy gratificante, sobre todo en las noches de verano en la ciudad de Washington, en las que escucho por la radio los partidos de béisbol de los Nationals.

La mejor manera de describir este libro es presentarlo como un intento por formalizar y explicar mi atracción hacia la profundidad por encima de la superficialidad, y como un esfuerzo por detallar los tipos de estrategias que me han permitido dar forma a esta atracción. En parte, he querido poner en palabras mis pensamientos para ayudarte a seguir mis pasos en la reorganización de tu vida en torno al trabajo profundo. Por otro lado, también me interesa destilar y aclarar mis ideas para seguir desarrollando mi práctica. Mis convicciones respecto a la hipótesis de trabajar a fondo me han ayudado a prosperar, pero sé que aún no he desarrollado todo mi potencial como productor de valor. Puedes tener la certeza de que yo he hecho los mismos esfuerzos que planteo en relación con las ideas y los consejos de este libro: eliminar sin piedad lo superficial y cultivar meticulosamente la intensidad de mi profundidad. En la conclusión de este libro, se verán algunos resultados.

Para llevar a cabo su aspiración de revolucionar el mundo de la psiquiatría, Carl Jung construyó una casa aislada en el bosque. La Torre de Bollingen se convirtió en un lugar donde Jung podía mantener su capacidad para pensar en profundidad y luego aplicar esa destreza para producir una obra cuya sorprendente originalidad cambiaría el mundo. En las páginas que siguen, trataré de convencerte para que me acompañes en el esfuerzo por construir tus propias torres de Bollingen, cultivar la aptitud para producir valor real en un mundo cada vez más distraído y reconocer una verdad que han acogido las personalidades más productivas e importantes de todas las generaciones: una vida profunda es una buena vida.

Primera parte

LA IDEA

Capítulo 1

Trabajar a fondo es valioso

El día de las elecciones presidenciales se avecinaba en Estados Unidos: corría 2012. Como era habitual en los momentos de interés nacional, el tráfico en el sitio web de *The New York Times* aumentó de manera drástica. Sin embargo, en esta ocasión había algo diferente. Una porción enorme de este tráfico —más del 70 %, según algunos informes— correspondía a visitas a un solo lugar de ese dominio que había crecido con rapidez. No era el titular de una noticia importante ni era un comentario escrito por alguno de los columnistas ganadores del premio Pulitzer. Era un blog escrito por un fanático de las estadísticas del béisbol que se había convertido en experto en predicciones para las elecciones. Su nombre es Nate Silver.[1] Poco menos de un año después, ESPN y ABC News se llevaron a Silver del *Times* (que trató de retenerlo con la promesa de darle un equipo de doce escritores) y le ofrecieron un contrato según el cual podría desempeñar un papel importante en secciones tan diversas como el clima, las noticias y, quizá con menos probabilidades, la transmisión de los premios Óscar.[2] Aunque se ha cuestionado el rigor metodológico de los modelos «hechos a mano» por Silver, son pocos quienes dudan que, en el año 2012, este genio de los datos, a sus treinta y cinco años de edad, era un triunfador dentro de la economía estadounidense.[3]

Otro triunfador es David Heinemeier Hansson, una estrella de la programación de ordenadores que creó Ruby on Rails, una estructura de desarrollo para aplicaciones web, que en la actualidad es la base de algunos de los destinos más populares de la red, entre los que se cuentan Twitter y Hulu. Hansson es socio de la influyente empresa de desarrollo Basecamp (que, hasta 2014, se conocía con el nombre de 37signals). Hansson no habla públicamente de la magnitud de sus ganancias con Basecamp ni de sus demás fuentes de ingresos, pero podemos suponer que son bastante jugosas si tenemos en cuenta que es propietario de casas en Chicago y Malibú (Estados Unidos) y Marbella (España), donde se lo ve disfrutar de los automóviles de carreras.[4]

Nuestro tercer y último ejemplo de un claro triunfador en la economía de Estados Unidos es John Doerr, socio de Kleiner Perkins Caufield & Byers, una firma de capital de riesgo en Silicon Valley. Doerr contribuyó a la financiación de muchas de las compañías que hoy en día sustentan la actual revolución tecnológica, entre ellas Twitter, Google, Amazon, Netscape y Sun Microsystems. El rendimiento de esas inversiones ha sido astronómico: el patrimonio neto de Doerr en el momento de escribir este libro era de más de 3.000 millones de dólares.[5]

¿Por qué Silver, Hansson y Doerr han tenido resultados tan positivos? Hay dos tipos de respuesta para esta pregunta. El primer tipo es de naturaleza *micro* y pone el énfasis en la personalidad y en las tácticas que le permitieron crecer a cada uno. El segundo tipo de respuesta es de naturaleza *macro*: se concentra menos en el individuo y más en el tipo de trabajo que representa. Aunque ambas perspectivas son importantes, las respuestas macro son las más relevantes para nuestro análisis, pues ilustran mejor lo que premia nuestra economía.

Para explorar esta perspectiva, acudiremos a dos economistas del MIT, Erik Brynjolfsson y Andrew McAfee, quienes en su libro *Race Against the Machine*, publicado en 2011, exponen de forma magistral el argumento de que la increíble e inesperada transformación de nuestros mercados laborales, producto de diversas fuerzas, se debe en particular al surgimiento de la tecnología digital. «Nos encontramos en la fase de los dolores de parto de una Gran Reestructuración —exponen Brynjolfsson y McAfee en las primeras páginas del libro—. Las tecnologías avanzan a toda velocidad, pero muchas de nuestras habilidades, así como diversas organizaciones, se están quedando atrás.»[6] Para muchos trabajadores, este atraso es sinónimo de malas noticias. Las máquinas inteligentes son cada vez mejores y la diferencia entre las capacidades del hombre y de la máquina se está acortando. Por eso, los empleadores prefieren conseguir «nuevas máquinas» en lugar de «nuevos empleados». A veces el trabajo solo puede hacerlo un humano, pero los avances en las comunicaciones y la tecnología de colaboración están facilitando más que nunca el trabajo a distancia, con lo cual las compañías prefieren «tercerizar» las funciones principales y asignárselas a las estrellas del ramo, lo que deja sin empleo a los trabajadores locales.

Sin embargo, esta perspectiva no es sombría con carácter universal. Como señalan Brynjolfsson y McAfee, esta Gran Reestructuración no está *disminuyendo* los trabajos sino *dividiéndolos*. Aunque una cantidad cada vez mayor de trabajadores perderán en esta nueva economía, a medida que sus destrezas se vayan automatizando o se vayan volviendo más fáciles de tercerizar, otros no solo sobrevivirán sino que prosperarán, y serán más valorados (y, por lo tanto, mejor pagados) que antes. Brynjolfsson y McAfee no son los únicos que proponen esta trayectoria bimodal para la economía. En 2013, por ejemplo, Tyler Cowen, economista de la Universidad George Mason, publicó *Average is Over*, un libro que se hace eco de la tesis de la brecha digital. No obstante, lo que hace del análisis de Brynjolfsson y McAfee una herramienta particularmente útil es que identifica tres grupos específicos que se situarán en el lado lucrativo de esta brecha y se alzarán con una cantidad desproporcionada de los beneficios de la Era de las Máquinas Inteligentes. No debe sorprendernos que Silver, Hansson y Doerr pertenezcan, precisamente, a estos tres grupos. Veamos cada uno de ellos para comprender por qué se han vuelto tan valiosos.

Los trabajadores altamente cualificados

Brynjolfsson y McAfee le dan al grupo donde encontramos a Nate Silver el nombre de trabajadores «altamente calificados». Los avances en campos como la robótica y el reconocimiento de voz han conducido a la automatización de muchos empleos que requieren poca cualificación, pero, tal como señalan estos dos economistas, «otras tecnologías, como la visualización de datos, la analítica, las comunicaciones de alta velocidad y la creación expedita de prototipos, han propiciado el aumento de la contribución de un razonamiento más abstracto y basado en la información, lo cual ha producido un incremento en el valor de estos trabajos».[7] En otras palabras, las personas que tengan la proverbial capacidad para trabajar con máquinas cada vez más complejas, y obtener de ellas valiosos resultados, serán las que prosperen. Tylen Cowen resume esta realidad de manera más directa: «La pregunta que habremos de plantear será: ¿eres bueno para trabajar con máquinas inteligentes?».[8]

Sobra decir que Nate Silver, con su soltura para meter datos en gigantescas bases de datos y luego usarlos en sus misteriosas simulaciones con el método Montecarlo, es el epítome del trabajador altamente cualificado. Las máquinas inteligentes no son un obstáculo para el éxito de Silver, sino su condición previa.

Las superestrellas

El gran programador David Heinemeier Hansson es un ejemplo del segundo grupo de personas que, según predicen Brynjolfsson y McAfee, triunfarán en nuestra nueva economía: las «superestrellas». Las redes de datos de alta velocidad y las herramientas de colaboración, como el correo electrónico y el software de reuniones virtuales, han acabado con el regionalismo en muchos sectores del trabajo del conocimiento. Ya no tiene sentido, por ejemplo, contratar a un programador a tiempo completo, asignarle un espacio físico de oficina y pagarle beneficios cuando, en lugar de eso, es posible pagar a uno de los mejores programadores del mundo, como Hansson, durante el tiempo que se necesita para terminar el proyecto en cuestión. De esta forma, muy probablemente obtendrás mejores resultados por menos dinero, en tanto que Hansson podrá atender a un número mayor de clientes al año y, por lo tanto, también estará en una mejor situación.

El hecho de que Hansson trabaje a distancia desde Marbella, España, mientras que la oficina que diriges está en Des Moines, Iowa, no es algo que le incumba a su compañía, pues los avances en las comunicaciones y en las tecnologías de colaboración hacen que el proceso se pueda llevar a cabo sin complicaciones. (Por otra parte, esta realidad sí les importa a los programadores locales menos talentosos que viven en Des Moines y necesitan un salario.) La misma tendencia se observa en los campos, cada vez más numerosos, donde la tecnología posibilita el trabajo productivo a distancia, como la consultoría, el marketing, la creación de contenido escrito o el diseño. Una vez que el mercado del talento sea accesible de forma universal, las personas que están en su cima prosperarán y los demás sufrirán.

En un ensayo pionero publicado en 1981, el economista Sherwin Rosen develó las matemáticas que sustentan esos mercados en los que «el ganador se lo lleva todo».[9] Una de sus principales ideas consiste en hacer una modelización explícita del talento —inocuamente denominado en sus fórmulas con la variable q— como un factor con «sustitución imperfecta», que Rosen explica de la siguiente manera: «Escuchar a una serie de cantantes mediocres no equivale a escuchar una presentación destacada».[10] En otras palabras, el talento no es un bien que podamos comprar a granel y mezclarlo para obtener los niveles deseados: es muy importante conseguir al mejor. Por lo tanto, si tenemos un mercado en el que el consumidor tiene acceso a todos los cantantes y el valor q de todos está claro, el consumidor escogerá al mejor. Aunque la ventaja en talento del mejor sea pequeña en comparación con el siguiente en el escalafón, las superestrellas se quedarán con lo mejor del mercado.

En los años ochenta, cuando Rosen estudió este efecto, se concentró en ejemplos como las estrellas de cine y los músicos, que se encontraban en mercados claros, tales como las tiendas de música y los cines, en los cuales el público tiene acceso a diferentes artistas y puede conocer su talento de manera precisa antes de tomar la decisión de comprar. El rápido surgimiento de las tecnologías de comunicación y colaboración ha transformado muchos otros mercados que antes eran locales y los ha convertido en un bazar universal. Las pequeñas compañías que buscan un programador de ordenadores o un consultor en relaciones públicas ahora tienen acceso a un mercado internacional de talento, de la misma forma en que el advenimiento de la tienda de discos permitió a los amantes de la música radicados en pueblos pequeños tener acceso no solo a los músicos locales sino a comprar los discos de las mejores bandas del mundo. El efecto de las superestrellas tiene en la actualidad una aplicación más amplia de la que Rosen pudo haber previsto hace treinta años. Un número cada vez mayor de individuos en nuestra economía está compitiendo con las grandes estrellas de su ramo.

Los propietarios

El último grupo que prosperará en nuestra nueva economía —el grupo donde se encuentra John Doerr— está compuesto por las personas que poseen el capital para invertir en las nuevas tecnologías que guían la Gran Reestructuración. Ya lo había señalado Marx: el acceso al capital ofrece ventajas enormes. Sin embargo, también es cierto que en algunas épocas las ventajas son mayores que en otras. Tal como explican Brynjolfsson y McAfee, la época de la posguerra en Europa es un ejemplo de un mal momento para tener dinero en efectivo, pues la combinación de una rápida inflación con una pesada carga impositiva arrasó con las fortunas de los ricos tradicionales a una velocidad sorprendente (podríamos darle a este fenómeno el nombre de «efecto Downton Abbey»).

Por el contrario, a diferencia de la posguerra, el período de la Gran Reestructuración *sí* es particularmente propicio para los dueños del capital. Para comprender por qué, recordemos primero que la teoría de la negociación —un componente clave del pensamiento económico estándar— sostiene que cuando se gana dinero mediante una combinación de inversión de capital y mano de obra, las compensaciones se dan, *grosso modo*, de manera proporcional a los aportes. A medida que la tecnología digital reduce la necesidad de mano de obra en muchas industrias, aumenta la proporción de las compensaciones para quienes poseen las máquinas inteligentes. En la economía de hoy, el dueño de una compañía de capital de riesgo puede financiar una compañía como Instagram, que luego se vendió por mil millones de dólares, y emplear *tan solo a 13 personas*.[11] ¿En qué otro período de la historia tan poca cantidad de mano de obra había producido un valor tan alto? Con un aporte tan bajo de mano de obra, la proporción de la riqueza que retorna a los dueños de las máquinas inteligentes no tiene precedentes. No es de extrañar que el dueño de una compañía de capital de riesgo que entrevisté para mi último libro hubiera expresado con preocupación: «Todo el mundo quiere mi trabajo».

———

Juntemos los hilos que hemos tendido hasta el momento: el pensamiento económico actual, según mis encuestas, sostiene que el crecimiento e impacto sin precedentes de la tecnología está creando una reestructuración sustancial de nuestra economía. En esta nueva economía, tres grupos tendrán una ventaja particular: los de las personas que puedan trabajar de manera eficiente y creativa con las máquinas inteligentes, aquellas que destacan en lo que hacen y las que tienen acceso al capital.

Es preciso aclarar que esta Gran Reestructuración identificada por economistas como Brynjolfsson, McAfee y Cowen no es la *única* tendencia importante del momento, y los tres grupos que acabo de mencionar no son los *únicos* grupos que obtendrán buenos resultados, pero lo importante para el argumento de este libro es que esas tendencias, aunque no son las únicas, *sí son* importantes, y que esos grupos, aunque hay otros, sí prosperarán. Por lo tanto, si te conviertes en miembro de uno de esos grupos, tendrás buenos resultados. Si ocurre lo contrario, es posible que sigas obteniendo buenos resultados, pero tu posición será más precaria.

La pregunta que se plantea enseguida es obvia: ¿cómo podemos entrar a formar parte de estos grupos ganadores? Aun a riesgo de debilitar tu entusiasmo, debo decirte que no conozco el secreto para amasar rápidamente un capital importante y convertirse en el siguiente John Doerr. (Si conociera dicho secreto, lo más probable es que no lo compartiría en un libro.) Los otros dos grupos ganadores son más accesibles. Cómo acceder a ellos es la meta que trataremos a continuación.

Cómo volverse ganador en la Nueva Economía

He identificado dos grupos que van a prosperar y, que según afirmo, son accesibles: el de las personas que pueden trabajar de manera creativa con las máquinas inteligentes y las que son estrellas en su campo de acción. ¿Cuál es el secreto para pertenecer a estos lucrativos sectores en un mundo en el que la brecha digital es cada vez mayor? Considero como esenciales las dos aptitudes siguientes:

Dos aptitudes esenciales para prosperar en la nueva economía

1. La aptitud para dominar rápidamente cosas difíciles.
2. La aptitud para producir en un nivel superior, tanto en lo concerniente a calidad como a velocidad.

Vayamos con la primera aptitud. Para comenzar, debemos recordar que hemos sido malcriados por la extraordinaria facilidad del uso de muchas tecnologías, como Twitter y el iPhone. Sin embargo, estos ejemplos son productos de consumo, no herramientas serias: la mayoría de las máquinas inteligentes que guían la Gran Reestructuración son bastante más complejas de entender y de dominar.

Pensemos en Nate Silver, nuestro primer ejemplo de persona que prospera trabajando bien con una tecnología complicada. Si profundizamos un poco más en su metodología, veremos que la predicción de las elecciones mediante el uso de datos no es algo tan simple como escribir en un cuadro de búsqueda la frase «¿Quién va a obtener un mayor número de votos?». Lo que hace Silver es valerse de una enorme base de datos de resultados de encuestas (cientos de encuestas hechas por más de 250 encuestadores). Con esas encuestas alimenta el Stata, un reconocido sistema de análisis estadístico producido por la compañía StataCorp. Estas herramientas no son fáciles de dominar.[12] Veamos a continuación el tipo de comando que es necesario entender para poder trabajar con una base de datos moderna como la que usa Silver:

CREATE VIEW ciudades AS SELECT nombre, población, altitud FROM capitales UNION SELECT nombre, población, altitud FROM no_capitales;

Las bases de datos de este tipo responden a comandos creados en un lenguaje llamado SQL. Se envían comandos como el que mostramos arriba para así interactuar con la información almacenada. Para poder manipular estas bases de datos se necesita un razonamiento sutil. En el ejemplo anterior, se crea una «vista» (*view*): una tabla de base de datos virtual que une datos de diversas tablas existentes y que los comandos de SQL pueden luego manejar como una tabla estándar. Cuándo crear vistas y cómo hacerlo bien es una tarea difícil, una entre las muchas que es necesario comprender y dominar para obtener resultados razonables de las bases de datos de la vida real.[13]

Continuando con nuestro estudio del caso de Nate Silver, veamos la otra tecnología que utiliza: Stata. Se trata de una poderosa herramienta, que no es posible aprender intuitivamente después de darle una rápida mirada. La versión más reciente de este software (Stata 13) «agrega muchas características nuevas, tales como los efectos de tratamiento, modelos multinivel, potencia y tamaño de la muestra, generalización SEM, pronóstico, tamaño de efecto, Project Manager, *strings* más largos, BLOB y mucho más». Silver usa este complejo software para crear intrincados modelos con componentes que se engranan unos con otros, entre otros, regresiones múltiples, llevadas a cabo en parámetros personalizados, que luego se referencian como relevancias personalizadas usadas en expresiones probabilísticas.

Doy estos detalles porque me interesa resaltar que las máquinas son complejas y difíciles de dominar.[14] Por ende, para entrar en el grupo de personas que pueden trabajar bien con estas máquinas es necesario pulir las aptitudes para dominar cosas difíciles. Como estas tecnologías cambian a toda velocidad, el proceso de dominar cosas difíciles nunca termina: es necesario estar en capacidad de hacerlo rápidamente, una y otra vez.

Por supuesto, esta capacidad no solo es necesaria para trabajar bien con máquinas inteligentes. También desempeña un papel importante si queremos convertirnos en superestrellas en cualquier campo, incluso aquellos que no tienen nada que ver con la tecnología. Para convertirte en un instructor de yoga de primera línea, debes obtener y dominar una serie de aptitudes físicas difíciles. Si quieres destacar en un área particular de la medicina, por poner otro ejemplo, debes aprender rápidamente los resultados de las investigaciones más recientes sobre ciertos procedimientos. Para resumir estas observaciones, diremos que no es posible prosperar si no podemos aprender.

Ahora veamos la segunda gran aptitud que mencionábamos antes: producir en un nivel superior. Si quieres convertirte en una superestrella, es necesario que domines las aptitudes del ramo, pero eso no es suficiente. Es necesario transformar el potencial latente en resultados tangibles que sean valiosos para el público. Por ejemplo, muchos desarrolladores pueden hacer bien su labor de programar, pero David Hansson, el ejemplo que mencionábamos en páginas precedentes, sacó partido de sus capacidades y produjo Ruby on Rails, el proyecto que le valió su gran reputación. Para llevarlo a cabo, Hansson tuvo que llevar al máximo sus aptitudes y producir unos resultados que fueran valiosos y concretos de manera incuestionable.

Esta aptitud para producir también se aplica en el caso de quienes buscan destacar en el uso de las máquinas inteligentes. No bastaba con que Nate Silver aprendiera a manipular grandes cantidades de información y a llevar a cabo análisis estadísticos; el punto clave estaba en usar esta aptitud para extraer de las máquinas una información que le interesaba al gran público. Silver trabajó con muchos estadísticos expertos durante su paso por *Baseball Prospectus*, pero él fue el único que hizo el esfuerzo de adaptar estas aptitudes al campo nuevo y más lucrativo de las previsiones electorales. Este punto nos lleva a la siguiente observación respecto a la manera de formar parte del grupo de ganadores en nuestra economía: el que no produce no prospera, sin importar que sea el más talentoso de todos.

Ahora que hemos señalado las dos aptitudes esenciales para avanzar en el mundo contemporáneo, donde impera la tecnología, planteamos la pregunta que lógicamente se desprende de ello: ¿cómo se cultivan esas aptitudes esenciales? Así llegamos a una de las tesis centrales de este libro: *Las dos aptitudes esenciales que acabamos de describir se basan en nuestra capacidad de trabajar a fondo*. Si no has dominado esta aptitud fundamental, tendrás que hacer grandes esfuerzos para aprender cosas difíciles o para producir en un nivel superior.

A primera vista, no parece obvio que estas aptitudes se basen en el trabajo a fondo. Se requiere mirar más de cerca la ciencia del aprendizaje, la concentración y la productividad. En las siguientes secciones, podrás acercarte a estos temas y entender por qué trabajar a fondo está íntimamente ligado al éxito económico. Así, esta realidad dejará de ser inesperada para volverse incuestionable.

Trabajar a fondo permite aprender rápidamente cosas difíciles

«Que tu mente funcione como una lupa, gracias a los rayos convergentes de la atención; que tu alma tienda hacia aquello que has escogido como idea dominante y totalmente absorbente.»[15]

Este consejo proviene de Antonin-Dalmace Sertillanges, un religioso dominico, profesor de filosofía moral, quien escribió, durante la primera parte del siglo xx, un libro poco voluminoso, pero muy importante titulado *La vida intelectual*. Sertillanges escribió esta obra a modo de guía para «el desarrollo y la profundización de la mente»,[16] dirigida a las personas llamadas a ganarse la vida trabajando en el mundo de las ideas. En esta obra, el autor reconoce la necesidad de dominar material complicado y contribuye a prepararte para este desafío. Por esta razón, su libro es útil para la búsqueda que nos lleva a comprender cómo dominar rápidamente las habilidades cognitivas difíciles.

Para entender el consejo de Sertillanges volvamos a su cita. En este pasaje de *La vida intelectual*, el autor sostiene que para comprender el campo que nos interesa es necesario abordar de forma sistemática los temas relevantes, para que «los rayos convergentes de la atención» nos lleven a descubrir la verdad latente que hay en cada asunto. En otras palabras, nos enseña que *para aprender se requiere una intensa concentración*. Se trata de una idea vanguardista para su época. En las reflexiones que, en los años veinte, llevó a cabo Sertillanges sobre la mente hizo un descubrimiento sobre el dominio de tareas cognitivamente exigentes, que la academia tardaría siete decenios más en formalizar.

Esta labor de formalización comenzó a tomarse en serio en los años setenta, cuando una rama de la psicología, llamada psicología del desempeño, empezó a investigar de forma sistemática para determinar qué distingue a los expertos (en diversos campos) de los demás. A comienzos de los años noventa, K. Anders Ericsson, profesor de la Florida State University, juntó estos hilos y produjo una sola respuesta, coherente con otras investigaciones en curso, a la que le dio el ingenioso nombre de «práctica deliberada».[17] Ericsson abre su ensayo pionero sobre el tema con una afirmación impactante: «Negamos que esas diferencias [entre los expertos y los adultos normales] sean inmutables... Por el contrario, afirmamos que las diferencias entre los expertos y los adultos normales son el reflejo de toda una vida dedicada al esfuerzo deliberado por mejorar el desempeño en un campo específico».[18]

A la cultura estadounidense le encanta la trama del muchacho prodigio (recordemos la famosa frase del personaje interpretado por Matt Damon en *El indomable Will Hunting*: «No te imaginas lo fácil que es para mí», cuando efectúa una prueba que era un obstáculo para los mejores matemáticos del mundo). La línea de investigación que promueve Ericsson, y que hoy en día goza de amplia aceptación (con ciertas reservas),[19] desestabiliza estos mitos. Para dominar una tarea cognitivamente exigente se requiere esta forma específica de práctica, con unas pocas excepciones relacionadas con el talento natural. (También en este punto Sertillanges parece haberse adelantado a su tiempo, y afirma en *La vida intelectual*: «Los genios mismos solo pudieron volverse grandes gracias a la aplicación de toda su fuerza en el punto donde habían decidido demostrar su capacidad».[20] Ericsson no lo habría dicho mejor.)

Así, llegamos al siguiente interrogante: ¿qué se necesita para la práctica deliberada? Sus componentes esenciales suelen identificarse de esta manera: (1) nuestra atención se concenta firmemente en la destreza específica que estamos tratando de mejorar o en la idea que buscamos dominar; (2) recibimos retroalimentación, para corregir nuestra visión y mantener la atención exactamente en el punto en donde es más productiva. El primer componente es de particular importancia para nuestra discusión, pues pone el énfasis en el hecho de que la práctica deliberada no puede existir de manera simultánea con la distracción y que, por el contrario, requiere de una concentración sin interrupciones. Como subraya Ericsson: «La atención dispersa es prácticamente la antítesis de la *atención concentrada* que se requiere en la práctica deliberada»[21] (la cursiva es mía).

Como psicólogos, ni a Ericsson ni a otros investigadores en este campo les interesa averiguar *por qué* la práctica deliberada funciona: simplemente la identifican como un comportamiento eficaz. Sin embargo, durante las décadas que han transcurrido después de la publicación de los primeros artículos de Ericsson sobre el tema, los neurocientíficos han venido explorando los mecanismos físicos presentes en la mejora del desempeño de las personas en las tareas difíciles. Como señala el periodista Daniel Coyle en su libro de 2009, *The Talent Code*,[22] estos científicos creen que la respuesta está relacionada con la mielina, una capa de tejido graso que envuelve las terminaciones nerviosas y funciona como aislante, que les permite a las células actuar más rápido y de forma más eficiente. Para comprender el papel de la mielina en la mejora, es necesario recordar que las habilidades, ya sean intelectuales o físicas, se reducen a circuitos cerebrales. Esta nueva ciencia del desempeño sostiene que las personas mejoramos en una destreza a medida que desarrollamos más mielina en las neuronas relevantes, lo que hace que el circuito correspondiente actúe más eficazmente haciendo menos esfuerzos. Destacar en algo equivale a tener buenos niveles de mielina.

Este concepto es importante, pues constituye el fundamento neurológico de la eficacia de la práctica deliberada. Al concentrarnos con intensidad en una destreza específica, obligamos al circuito relevante a actuar, una y otra vez, de manera aislada. El uso repetitivo de un circuito específico pone en funcionamiento unas células llamadas oligodendrocitos, que forman las capas de mielina alrededor de las neuronas de los circuitos, lo cual afianza de forma eficaz la habilidad en cuestión. Por lo tanto, es importante concentrarse intensamente en determinada tarea y evitar las distracciones, porque esta es la única manera de aislar el circuito neurológico relevante, de tal manera que se produzcan los niveles de mielinización suficientes. Por el contrario, si tratamos de aprender una nueva destreza compleja (por ejemplo, gestión de base de datos de SQL) en un estado de baja concentración (tal vez tienes abierto Facebook), estaremos poniendo a actuar demasiados circuitos de manera simultánea y aleatoria para aislar el grupo de neuronas que de verdad queremos fortalecer.

En el siglo transcurrido desde que Antonin-Dalmace Sertillanges escribió sobre el uso de la memoria como una lupa para concentrar los rayos de la atención, hemos pasado de esta elevada metáfora a una explicación menos poética expresada en función de los oligodendrocitos. Sin embargo, esta secuencia del pensamiento sobre el pensamiento apunta a una conclusión inevitable: para aprender rápidamente cosas difíciles, es necesario concentrarse con intensidad y sin distracciones. Dicho de otro modo, aprender requiere trabajar a fondo. Si te sientes cómodo con la profundidad, te sentirás cómodo dominando los sistemas y destrezas cada vez más complejos que se necesitan para prosperar en nuestra economía. Si, por el contrario, sigues siendo una de las muchas personas para las que la profundidad es incómoda y la distracción es constante, no esperes que estos sistemas y destrezas se te den fácilmente.

Trabajar a fondo permite producir a un nivel superior

Adam Grant produce a un nivel superior. Cuando conocí a Grant en 2013, era profesor vitalicio en la Escuela de Negocios Wharton de la Universidad de Pensilvania —la persona más joven en haber accedido a ese nivel—. Un año después, cuando comencé a escribir este capítulo (y empezaba a pensar en mi propio proceso de acceso a catedrático titular), la situación de Grant había cambiado y era entonces el *catedrático titular** más joven de Wharton.

La razón por la que Grant avanzó tan rápido en su área académica es muy simple: produce. En 2012, Grant publicó siete artículos, todos ellos en revistas importantes. Esta cifra es absurdamente alta para su campo de acción (en el cual los profesores tienden a trabajar solos o en pequeños grupos, y no cuentan con grandes equipos de estudiantes e investigadores con posdoctorado que los apoyen en sus investigaciones). En 2013, la cifra bajó a cinco. Sigue siendo absurdamente alta, aunque por debajo de sus estándares recientes. Sin embargo, esta disminución en la producción

---

* En Estados Unidos existen tres categorías de profesores universitarios: asistentes, asociados y titulares. Por lo general, se contrata al profesor como asistente y se lo asciende a asociado cuando se beneficia de la oportunidad de obtener la permanencia. Para llegar a ser profesor titular, después de obtener la permanencia, por lo general se requieren muchos años, si es que se logra.

de Grant puede explicarse porque en ese mismo año publicó un libro titulado *Give and Take*, que popularizó parte de sus investigaciones sobre las relaciones en los negocios. Sobra decir que el libro fue todo un éxito.[23] Fue reseñado en la portada de *The New York Times Magazine*[24] y se vendió muy bien. Cuando Grant fue nombrado profesor titular en 2014 ya había escrito más de sesenta artículos revisados por pares, además de su exitoso libro.[25]

Poco después de conocer a Grant, y pensando en mi propia carrera académica, le pregunté por su productividad. Por fortuna para mí, estaba dispuesto a compartir sus ideas sobre este asunto. De hecho, él piensa mucho sobre la mecánica de la producción a un nivel superior. Me envió, por ejemplo, varias diapositivas de PowerPoint de un taller al que asistió con otros profesores de su área de conocimiento. El evento trataba sobre observaciones basadas en datos para producir trabajos académicos a un ritmo óptimo. Entre las diapositivas había diagramas circulares sobre la distribución del tiempo por semestre, un diagrama de flujo sobre el desarrollo de las relaciones con los coautores y una lista de lecturas sugeridas que comprendía más de veinte títulos. Estos profesores de negocios no se ajustan al cliché de los académicos abstraídos que viven absortos en los libros y que de vez en cuando conciben una gran idea. Para ellos la productividad es un problema científico que deben resolver de manera sistemática. Esta es una meta que Adam Grant parece haber alcanzado con absoluto éxito.

Aunque la productividad de Grant depende de muchos factores, una idea en particular resalta en su método: hacer el trabajo intelectual difícil, pero importante en segmentos largos e ininterrumpidos. Grant realiza esta labor en diferentes niveles. Durante un año en particular dicta las clases en el semestre del otoño, con lo cual puede dedicar toda su atención a la enseñanza y estar disponible para sus alumnos. (Este método funciona, pues Grant es actualmente el profesor mejor calificado en Wharton y distinguido con diversos premios de docencia.) Al distribuir su trabajo así, Grant puede dedicarse por completo a la investigación durante la primavera y el verano, y llevar a cabo su trabajo con menos distracciones.

En una escala de tiempo más reducida, Grant también distribuye de forma ordenada sus actividades. En un semestre dedicado a la investigación alterna entre períodos donde mantiene la puerta de su oficina abierta a sus estudiantes y colegas, y períodos en que se aísla para concentrarse de lleno y sin distracciones en una tarea de investigación (por lo general divide la escritura de un artículo académico en tres tareas diferentes: analizar la información, escribir el borrador completo y editar el documento para publicarlo). Durante estos períodos, que duran entre tres y cuatro días cada uno, pone en su correo electrónico un mensaje de respuesta automático donde advierte a sus corresponsales que no obtendrán una respuesta. «Eso a veces confunde a mis colegas —me cuenta Grant—. Me dicen: "Pero tú sí estás; te veo en la oficina ahora mismo".» Sin embargo, para Grant es importante contar con un estricto aislamiento hasta terminar la tarea en cuestión.

Intuyo que Adam no trabaja más horas que los profesores promedio de las mejores instituciones de investigación (por regla general, se trata de un grupo proclive a trabajar en exceso), pero sí logra producir más que cualquier otra persona en este campo. Creo que el método de repartir el trabajo en largos períodos ininterrumpidos contribuye a explicar esta paradoja. Al consolidar su trabajo en segmentos intensos y continuos, saca partido de la siguiente ley de la productividad:

Trabajo de alta calidad producido=
(Tiempo invertido) × (Intensidad de la concentración)

Según esta fórmula, los hábitos de Grant adquieren sentido: al maximizar la intensidad cuando trabaja, maximiza los resultados que produce por unidad de tiempo invertida trabajando.

No es la primera vez que he visto esta concepción de la productividad. Ya me había llamado la atención cuando me encontraba haciendo la investigación para mi segundo libro (*How to Become a Straight-A Student* [Cómo obtener las mejores calificaciones en los estudios]),[26] muchos años atrás. Durante aquella investigación entrevisté a cerca de cincuenta estudiantes universitarios de pregrado que obtenían las más altas calificaciones en algunas de las universidades más competitivas del país. Algo que observé en estas entrevistas es que los mejores alumnos muchas veces estudiaban menos que el grupo inmediatamente inferior en los promedios ponderados de las calificaciones. Una de las explicaciones para este fenómeno es la fórmula enunciada anteriormente: los mejores estudiantes comprenden cuál es el papel que desempeña la intensidad y, por lo tanto, maximizan su concentración. De esta manera, disminuyen drásticamente el tiempo de preparación para los exámenes o la redacción de los ensayos, sin disminuir la calidad de los resultados.

El ejemplo de Adam Grant demuestra que esta fórmula de la intensidad no solo se aplica en el caso del promedio ponderado de las calificaciones de los estudiantes universitarios, sino que también es relevante en otras labores que son exigentes desde el punto de vista cognitivo. ¿Por qué? Encontramos una interesante explicación en un texto de Sophie Leroy, profesora de negocios en la Universidad de Minnesota. En un artículo publicado en 2009, que lleva el curioso título de «Why is it so Hard to do my Work» [Por qué me cuesta tanto hacer mi trabajo],[27] Leroy expone un efecto que llama *residuo de atención.* En la introducción, la profesora señala que otros investigadores han estudiado el efecto del *multitasking* (tratar de hacer múltiples tareas al mismo tiempo) sobre el desempeño, pero que en las modernas oficinas de trabajadores del conocimiento, cuando se llega a un nivel alto, lo más común es que las personas trabajen en múltiples proyectos de manera secuencial: «La persona pasa de una reunión a la otra, empieza a trabajar en un proyecto y poco después debe pasar a otro: así es la vida en las empresas», explica Leroy.

El problema que la investigadora identifica en este tipo de estrategia laboral es que, al pasar de la Tarea A la Tarea B, la atención de la persona no engrana de inmediato, sino que un *residuo* de atención sigue pensando en la tarea original. Este residuo se vuelve especialmente denso si el trabajo que la persona hacía en la Tarea A no tenía límites claros y era de baja intensidad. Sin embargo, aunque la persona termine la Tarea A antes de pasar a la otra, su atención sigue estando dividida durante un rato.

Leroy estudió el efecto de este residuo de atención sobre el desempeño haciendo que los sujetos en el laboratorio cambiaran de tarea. En uno de los experimentos, por ejemplo, Leroy les pedía a los sujetos que trabajaran en unos juegos de palabras. En una prueba, interrumpía a los participantes antes de terminar y les asignaba la siguiente tarea, nada fácil, de leer currículos y tomar decisiones hipotéticas sobre la contratación de las personas. En otra prueba, dejaba que los sujetos terminaran los juegos de palabras antes de asignarles la siguiente tarea. Entre los juegos de palabras y el ejercicio de contratación, les ponía un juego de decisión lexical rápida para cuantificar el residuo que había quedado de la primera tarea.* Los resultados de este y otros experimentos similares que Leroy llevó a cabo son claros: «Las personas que tienen residuos de atención tras cambiar de tarea tendrán un bajo desempeño en la siguiente tarea», y cuanto más intenso sea el residuo, peor será el desempeño.

El concepto de residuo de atención contribuye a explicar por qué la fórmula de la intensidad es cierta y, por lo tanto, sirve para explicar la productividad de Grant. Al trabajar en una sola tarea difícil por un tiempo prolongado, sin pasar a otra cosa, Grant minimiza el impacto negativo del residuo de atención de sus otras obligaciones, y eso le permite maximizar el desempeño en la tarea en cuestión. En otras palabras, cuando Grant trabaja aisladamente durante varios días en la producción de un ensayo académico, lo hace a un nivel de eficiencia superior al de sus colegas, que aplican una estrategia donde hay mayores distracciones, en la cual el trabajo es objeto de varias interrupciones que aportan su cuota significativa de residuo de atención.

Aunque no pueda replicar al cien por cien el estado de aislamiento extremo de Grant (en la segunda parte trataremos sobre diferentes estrategias de programación del tiempo para trabajar a fondo), lo cierto es que el concepto del residuo de atención se debe tener muy presente, pues implica que el hábito común de trabajar en un estado de se-

---

* En los juegos de decisiones lexicales aparecen series de letras en la pantalla; algunas de ellas forman palabras que realmente existen y otras no. El jugador debe decidir lo más rápido posible si la palabra es real o no, y debe oprimir un botón para indicar que «es real» y otro para indicar que «no es real». Estas pruebas permiten cuantificar en qué medida ciertas palabras clave se «activan» en la mente del jugador, porque una mayor activación lleva al jugador a pulsar el botón «es real» más rápidamente cuando la ve aparecer en la pantalla.

midistracción es potencialmente nocivo para el desempeño. Tal vez parezca inofensivo mirar la bandeja de entrada de los correos más o menos cada diez minutos. De hecho, muchas personas justifican esta costumbre aduciendo que es *mejor* que dejar la ventana abierta todo el tiempo (una práctica tonta que ya se ve muy poco). Sin embargo, Leroy considera que esta costumbre no implica una gran mejoría. Hacer una revisión rápida de los correos implica que nuestra atención debe dirigirse hacia una nueva meta. Peor aún, al ver mensajes sobre asuntos que no podemos abordar en el momento (casi siempre sucede), nos vemos obligados a volver a nuestra tarea original dejando pendiente una segunda tarea sin concluir. El residuo de atención que deja este cambio afecta a nuestro desempeño.

Cuando tomamos distancia de estas observaciones individuales vemos cómo se forma un argumento claro: para producir a nuestro nivel superior, necesitamos trabajar durante períodos prolongados para concentrarnos completamente en una sola tarea, sin distracciones. Dicho de otro modo, *el tipo de trabajo que optimiza nuestro desempeño es trabajar a fondo*. Si no te sientes cómodo con esta clase de profundidad durante largos períodos de tiempo, será difícil que tu desempeño llegue a altos niveles de calidad y cantidad, que son cada vez más necesarios para prosperar profesionalmente. A menos que tus talentos y tus habilidades superen con mucha ventaja a los de la competencia, los trabajadores profundos terminarán produciendo más que tú.

¿Y qué hay de Jack Dorsey?

He demostrado por qué trabajar a fondo es clave para desarrollar las aptitudes que se están volviendo centrales en nuestra economía. Sin embargo, antes de que aceptemos esta conclusión, debemos hacer frente a una pregunta que suele surgir cuando abordo este tema: *¿Y qué hay de Jack Dorsey?* Jack Dorsey contribuyó a fundar Twitter. Tras retirarse de sus funciones como director ejecutivo de esa compañía, lanzó la empresa de procesamiento de pagos Square. Así lo define un perfil de *Forbes*: «Es un perturbador de marca mayor y un infractor inclinado a la reincidencia».[28] También es una persona que no pasa mucho tiempo en un trabajo a fondo. Dorsey no disfruta del lujo de largos períodos de pensamiento ininterrumpido: en el momento en que se publicó el perfil de *Forbes* tenía labores administrativas en Twitter (donde siguió ejerciendo funciones como presidente de la junta directiva) y en Square, con una programación apretada diseñada para que las compañías tengan una «cadencia semanal» predecible (y que también garantiza que el tiempo y la atención de Dorsey vivan severamente fraccionados).

Dorsey relata, por ejemplo, que termina un día promedio con notas de unas treinta o cuarenta reuniones. Por las noches, revisa y filtra las notas. En los espacios pequeños, entre todas esas reuniones, pone en práctica la costumbre de estar disponible. «Buena parte de mi trabajo lo hago en mesas altas sin sillas, donde cualquiera puede abordarme —dice—. Puedo escuchar las conversaciones que ocurren en toda la compañía.»[29]

Este estilo de trabajo no es profundo. Para usar un término de nuestra sección anterior, diré que es probable que el residuo de atención de Dorsey sea bastante denso, con su estilo de pasar a toda carrera de una reunión a la otra y dejar que la gente lo interrumpa en los breves interludios entre ellas. Con todo, no podemos decir que el trabajo de Dorsey sea superficial, pues este, tal como lo definimos en la introducción, es de bajo valor y fácilmente reproducible. Lo que hace Jack Dorsey tiene un gran valor y se premia mucho en nuestra economía (en el momento de la escritura de este capítulo, Dorsey se encontraba en el grupo de las mil personas más ricas del mundo, con un patrimonio neto que supera los mil millones de dólares.)[30]

Jack Dorsey es importante para nuestras observaciones, porque es el representante perfecto de un colectivo que no podemos pasar por alto: los individuos que progresan sin profundidad. El título de esta sección es una pregunta: «¿Y qué hay de Jack Dorsey?», que apunta a una reflexión y a una pregunta más amplia: si trabajar a fondo es tan importante, ¿por qué hay gente distraída que tiene éxito? Para concluir este capítulo, quiero abordar la respuesta a esta pregunta, para que no quede flotando en tu mente conforme vamos avanzando y profundizando en el libro.

Para comenzar, es preciso anotar que Jack Dorsey es un alto ejecutivo de una gran compañía (de hecho, dos compañías). Las personas que tienen esos cargos desempeñan un papel importante en el grupo de quienes prosperan sin profundidad: el estilo de vida de estos ejecutivos tiene fama por sus niveles de distracción. Veamos cómo responde Kerry Trainor, director ejecutivo de Vimeo, a la pregunta de cuánto tiempo puede pasar sin mirar el correo electrónico: «Puedo pasar todo un sábado sin... bueno... casi todo el día... quiero decir, *lo miro*, pero no necesariamente respondo».[31]

Al mismo tiempo, estos ejecutivos reciben las mejores remuneraciones en la economía de Estados Unidos y son más importantes para esta que en cualquier otro período de la historia. El éxito de Dorsey, en el que la profundidad no es un factor determinante, es común en este nivel superior de gerencia. Una vez estipulada esta realidad, debemos tomar distancia y recordar que el valor general de la profundidad sigue intacto. ¿Por qué? Porque la necesidad de la distracción en la vida laboral de estos ejecutivos es muy específica del trabajo que realizan. Un buen director ejecutivo es, en esencia, una máquina de tomar de decisiones que es muy difícil de automatizar, a diferencia de lo que ocurre con el sistema Watson de IBM para jugar *Jeopardy!* Estos ejecutivos cuentan con una gran provisión de experiencias aprendidas con dureza y poseen un instinto aguzado de su mercado. A lo largo del día, les presentan información, bajo la forma de correos electrónicos, reuniones, visitas y demás, y ellos deben procesarla para producir una decisión. Pedirle a un director ejecutivo que pase cuatro horas pensando profundamente en un solo problema es un desperdicio de sus habilidades. Es mejor contratar a tres subalternos inteligentes para que piensen profundamente sobre el problema y luego le propongan al ejecutivo sus soluciones, para que este tome una decisión final.

Esta especificidad es importante porque significa que, si eres un alto ejecutivo en una gran compañía, muy probablemente no necesitará leer los consejos en las páginas que siguen. Por otra parte, también significa que no es posible extrapolar las maneras de proceder de esos ejecutivos a *otros* trabajos. El hecho de que Dorsey valore la interrupción o que Kerry Trainor mire constantemente su correo electrónico no significa que tú tengas el mismo éxito si sigues ese ejemplo: estos comportamientos son característicos de sus funciones específicas como altos ejecutivos.

Esta regla de especificidad debe aplicarse a contraejemplos similares que puedas evocar a medida que vayas avanzando en el libro. No debemos perder de vista que hay ciertos sectores de nuestra economía en los que la profundidad no tiene un gran valor. Aparte de los ejecutivos, encontramos también en este sector a ciertos tipos de vendedores y cabilderos: para ellos, estar conectados de manera permanente es su herramienta más valiosa. Hay incluso quienes logran prosperar en medio de la distracción en campos donde sería útil una mayor profundidad.

No te precipites en clasificar tu trabajo como uno donde la profundidad no es necesariamente útil. El simple hecho de que tus hábitos actuales te dificulten trabajar a fondo no significa que la ausencia de profundidad sea fundamental para hacer bien tu labor. En el siguiente capítulo, por ejemplo, relataré la historia de un grupo de destacados consultores de negocios que estaban convencidos de que su conectividad constante mediante el correo electrónico les era necesaria para atender a sus clientes. Cuando un profesor de Harvard los obligó a desconectarse con mayor regularidad (como parte de una investigación), descubrieron, para su sorpresa, que esa conectividad no era tan importante como habían supuesto. En realidad, los clientes no necesitaban estar en contacto con ellos en todo momento, y su desempeño como consultores *mejoró* cuando su atención dejó de estar tan fraccionada.

De manera similar, varios gerentes que conozco trataron de convencerme de que su labor es más valiosa cuando pueden responder con rapidez a los problemas de sus equipos, y evitar así atascos. Consideran que su función es posibilitar la productividad de otros y no necesariamente proteger la propia. Sin embargo, en conversaciones posteriores se vio que para alcanzar esta meta en realidad no se requería una conectividad que fraccionara la atención. De hecho, muchas compañías de software ahora incluyen metodología Scrum para la gestión de proyectos, que reemplaza buena parte de los mensajes puntuales con reuniones de seguimiento regulares, altamente estructuradas y de una eficiencia inflexible (que muchas veces se llevan a cabo estando de pie para minimizar la necesidad de hablar por hablar). Gracias a esta manera de proceder, se libera tiempo para que el gerente piense profundamente sobre los problemas que enfrenta el equipo y muchas veces se mejora el valor de lo producido.

En otras palabras, trabajar a fondo no es la *única* destreza valiosa en nuestra economía, y es posible obtener buenos resultados sin cultivar esta habilidad, *pero* los nichos en que esta estrategia es aconsejable son cada vez más escasos. A menos que tengas pruebas irrefutables de que la distracción es importante para tu profesión específica, te conviene —por las razones que mencionamos en este capítulo— pensar de forma seria en la profundidad.

Capítulo 2

El trabajo en profundidad es escaso

En 2012, Facebook dio a conocer los planos para sus nuevas oficinas, diseñadas por Frank Gehry. En el centro de este nuevo edificio se encuentran, como afirmó el director ejecutivo de la compañía, Mark Zuckerberg, «las oficinas de espacio abierto más grandes del mundo». Más de tres mil empleados trabajarán en un mobiliario distribuido en una extensión de más de cuatro hectáreas.[1] Por supuesto que Facebook no es la primera de las grandes compañías de Silicon Valley en adoptar el concepto de oficina abierta. Cuando Jack Dorsey, a quien mencionamos al final del capítulo anterior, compró el edificio donde estaba antiguamente el *San Francisco Chronicle* para instalar allí Square, decidió configurar el espacio de tal manera que los desarrolladores trabajaran en zonas comunes dispuestas en largos escritorios compartidos. «Invitamos a la gente a trabajar en espacios abiertos porque creemos en el poder de los encuentros fortuitos, creemos en la importancia de que los empleados se enseñen mutuamente cosas nuevas», explica Dorsey.[2]

Otra de las grandes tendencias que observamos en los últimos tiempos en los negocios es el auge de la mensajería instantánea. Un artículo del *Times* declara que esta tecnología ya no es del dominio exclusivo de «adolescentes chateadores», sino que contribuye a que las compañías tengan «un aumento de la productividad y una mejora en el tiempo de respuesta a los clientes». Un gerente de producto senior de IBM se jacta: «Enviamos 2,5 millones de mensajes al día dentro de IBM».[3]

Uno de los actores más recientes en el mundo de la mensajería instantánea corporativa es Hall, una empresa nueva de Silicon Valley que ayuda a los empleados a ir más allá del simple chat y «hacer trabajo colaborativo en tiempo real». Un desarrollador radicado en San Francisco me describe el funcionamiento de una empresa donde se usa Hall. Según me explica, los empleados más «eficientes» configuran su editor de texto de tal manera que aparezca una señal en la pantalla cada vez que se publica una pregunta o comentario en el Hall de la empresa. Luego, mediante una serie de comandos, con las teclas pueden pasar a Hall, escribir sus opiniones y luego volver a su labor de escribir código de programación, casi sin haberse detenido. Mi amigo parecía impresionado al describir la rapidez de la operación.[4]

Una tercera tendencia es la presión de los productores de todo tipo de contenidos para que sus empleados hagan presencia en las redes sociales. *The New York Times*, un bastión de los valores de los medios de comunicación de la vieja guardia, ahora fomenta en sus empleados el uso del Twitter, tendencia que siguen más de ochocientos empleados del periódico, entre escritores, editores y fotógrafos. Y no se trata del comportamiento de unos pocos: por el contrario, se está convirtiendo en la norma.[5] Cuando el novelista Jonathan Franzen escribió un artículo en *The Guardian*, donde calificaba Twitter como un «desarrollo coercitivo» en el mundo literario, fue objeto de ridiculizaciones y se lo acusó de no estar conectado con la gente.[6] La revista en línea *Slate* afirmó que las quejas de Franzen eran «una guerra solitaria en internet»[7] y la novelista Jennifer Weiner escribió una respuesta en *The New Republic*, donde decía: «Franzen pertenece a un grupo de una sola persona, es una voz solitaria que emite edictos *ex cathedra* que solo se aplican a él mismo». El *hashtag* sarcástico #Jonathan-Franzenhates no tardó en ponerse de moda.[8]

Menciono estas tres tendencias de los negocios porque encierran una paradoja. En el capítulo anterior sostuve que trabajar a fondo es más valioso que nunca en esta economía que se halla en pleno proceso de transformación. Sin embargo, si eso es verdad, uno esperaría que esta destreza fuera promovida no solamente por individuos ambiciosos, sino también por las corporaciones interesadas en sacar el mayor provecho posible de sus empleados. Como se ve con toda claridad en los ejemplos anteriores, está ocurriendo lo contrario. Se está dando mayor prioridad a otros conceptos diferentes al de trabajar a fondo, entre los que se cuentan, como ya lo vimos, los encuentros fortuitos, la comunicación rápida y la presencia activa en las redes sociales.

Ya es bastante desalentador que se dé prioridad a otras tendencias y no a trabajar a fondo, pero, para empeorar las cosas, lo que hacen en realidad muchas de estas tendencias es *disminuir* nuestra capacidad de profundidad. Por ejemplo, puede que las oficinas abiertas generen oportunidades para el trabajo colaborativo,* pero lo hacen a costa de una «colosal distracción», para citar los resultados de los experimentos adelantados en un especial de la televisión británica titulado *The Secret Life of Office Buildings*. «Si estás empezando a trabajar en algo y suena un teléfono cerca, tu concentración se altera —afirma el neurocientífico que llevó a cabo los expe-

---

* En la segunda parte explico en detalle por qué esta afirmación no es necesariamente cierta.

rimentos en el programa—. Aunque no tengas conciencia de eso en el momento, lo cierto es que el cerebro responde a las distracciones.»[9]

Algo similar ocurre con el auge de los mensajes en tiempo real. La bandeja de entrada del correo electrónico, en teoría, solo puede distraerte cuando decidas abrirla, mientras que los sistemas de mensajes instantáneos están diseñados para mantenerse siempre activos, con lo cual se magnifica el impacto de la interrupción. Gloria Mark, profesora de Informática en la Universidad de California, en Irvine, es experta en la ciencia de la fragmentación de la atención. En un reconocido estudio, Mark y los colegas que participaron en la elaboración del artículo afirman, tras observar a un grupo de trabajadores del conocimiento en diversas oficinas reales, que las interrupciones, por cortas que sean, aumentan la cantidad de tiempo requerido para terminar la tarea, en una proporción bastante significativa. Mark resume el tema con un sobreentendido típicamente académico: «Los sujetos reportan que esta situación es muy perjudicial».[10]

Obligar a los productores de contenido a usar las redes sociales también tiene efectos negativos sobre la capacidad para trabajar a fondo. Los periodistas serios, por ejemplo, necesitan concentrarse en su labor —ahondar en fuentes complejas, encontrar hilos conductores, tejer una prosa elocuente— y, por eso, pedirles que interrumpan este pensamiento profundo a todo lo largo del día para que participen en los frívolos ires y venires de esta práctica, resulta irrelevante (y un poco degradante), en el mejor de los casos, y arrolladoramente distractor, en el peor. George Packer, respetado escritor de plantilla de *The New Yorker*, plasma con maestría este temor en un ensayo donde relata por qué no tuitea: «Twitter es el crac de los adictos a los medios. Me da miedo, no porque yo sea moralmente superior a este, sino porque creo que no puedo manejarlo. Creo que podría llegar a ser de esos que dejan morir de hambre a su hijo».[11] Como dato revelador, por la misma época en que Packer escribió ese ensayo, se hallaba ocupado también escribiendo su libro *The Unwinding*, que salió poco después y ganó el National Book Award, a pesar de que el escritor no usa las redes sociales (o, quizás, gracias a eso).

Para resumir, las grandes tendencias en el mundo actual de los negocios disminuyen nuestra capacidad para llevar a cabo un trabajo a fondo, aunque puede decirse que los supuestos beneficios de esas tendencias (un aumento en la cantidad de los encuentros fortuitos, respuestas más rápidas a las necesidades y una mayor exposición) son menores que los beneficios que se derivan de un compromiso con trabajar a fondo (por ejemplo, la capacidad para aprender rápidamente cosas difíciles y producir a un nivel superior). En el presente capítulo me propongo explicar esta paradoja. La escasez del trabajo en profundidad, según arguyo, no se debe a alguna debilidad fundamental del hábito. Cuando examinamos más de cerca las razones por las que acogemos la distracción en nuestros lugares de trabajo, vemos que estas son más arbitrarias de lo que podíamos esperar (se basan en ideas erradas, mezcladas con la ambigüedad y la confusión que suelen ir de la mano del trabajo del conocimiento). Mi objetivo es convencerte de que, aunque la preferencia por la distracción es un auténtico fenómeno en la actualidad, esta se basa en unos fundamentos inestables que se pueden desechar con facilidad una vez decidimos cultivar la ética de trabajar a fondo.

El agujero negro de las mediciones

En el verano de 2012, Tom Cochran, el director de tecnología de Atlantic Media, activó la alarma al constatar la cantidad de tiempo que invertía en los correos electrónicos. Como cualquier amante de la tecnología, Cochran decidió cuantificar el fenómeno. Tras hacer una medición de su propio comportamiento, concluyó que en una semana recibía en promedio 511 correos y enviaba 284. Esto equivalía a 160 correos diarios en una semana de trabajo de cinco días. Haciendo más cálculos, Cochran observó que, aunque lograra invertir en promedio solo treinta segundos por mensaje, la cifra seguía siendo alta: una hora y media al día dedicada a pasar información de un lado a otro, como si fuera un *router* humano. Parecía demasiado tiempo dedicado una actividad que no era un componente fundamental de sus labores.

Como relata Cochran en su blog de la *Harvard Business Review*, donde escribió acerca del experimento, estas sencillas estadísticas lo llevaron a pensar en el resto de la compañía. ¿Cuánto tiempo dedicaban los empleados de Atlantic Media pasando información en lugar de concentrarse en las tareas especializadas para las que habían sido contratados? Dispuesto a obtener la respuesta a esta pregunta, Cochran reunió estadísticas de toda la compañía sobre los correos electrónicos que se enviaban al día y el promedio de palabras que contenía cada uno. Luego, combinó estos números con el promedio de velocidad de escritura, lectura y salario de los empleados. El resultado: descubrió que la porción de los sueldos que paga Atlantic Media para que sus empleados procesen correos electrónicos es de más de un millón de dólares al año; cada mensaje enviado o recibido le costaba a la compañía un promedio de noventa y cinco centavos de costes laborales. «Ese método de comunicación "gratis y desprovisto de fricciones" —resumía Cochran—, tenía un coste equivalente al de un pequeño avión ejecutivo Learjet.»¹²

El experimento de Cochran arrojó un interesante resultado acerca del coste real de un comportamiento en apariencia inofensivo. Sin embargo, la verdadera importancia de esta historia radica en el experimento mismo y, en particular, en su complejidad. A fin de cuentas, resulta bastante difícil responder una pregunta tan sencilla como: ¿cuál es el impacto de los actuales hábitos relacionados con los correos electrónicos sobre los resultados financieros de la compañía? Cochran tuvo que adelantar una investigación en toda la empresa y reunir estadísticas a partir de su infraestructura informática. También tuvo que recabar información sobre los salarios y la velocidad de lectura y de escritura, para luego procesar todo mediante un modelo estadístico que arrojó un resultado final. Aun así, el resultado es intercambiable y no permite distinguir cuánto valor *se produjo* gracias a este uso frecuente y costoso del correo electrónico, para compensar parte de su coste.

Este ejemplo puede generalizarse a la mayoría de los comportamientos que potencialmente entorpecen o favorecen trabajar a fondo. Aunque aceptamos en abstracto que la distracción tiene costes y que la profundidad tiene valor, estos impactos, como determinó Tom Cochran, son difíciles de medir. No se trata de un rasgo particular de los hábitos relacionados con la distracción y la profundidad: en términos generales, a medida que el trabajo del conocimiento plantea unas exigencias más complejas a los trabajadores, se vuelve más difícil medir el valor de los esfuerzos de un individuo específico. El economista francés Thomas Piketty se refirió de forma explícita a este punto en su estudio acerca del crecimiento extremo de los salarios de los ejecutivos. El supuesto sobre el que se basa su razonamiento es que «es objetivamente difícil medir las contribuciones de cada individuo a los resultados de la compañía».[13] Dado que no se cuenta con mediciones de este tipo, se producen situaciones irracionales, tales como los salarios exagerados de los ejecutivos respecto a su productividad marginal. Aunque algunos detalles de la teoría de Piketty son controvertidos, se considera —para citar a uno de sus críticos— como «incuestionablemente cierto» el supuesto de base según el cual cada vez es más difícil medir las contribuciones de los individuos.[14]

Por esta razón, no cabe esperar que se detecten con facilidad los impactos sobre los resultados financieros de esos comportamientos perjudiciales para la profundidad. Como descubrió Tom Cochran, esas mediciones se ubican en una región opaca resistente a cualquier cálculo. Es una región que yo llamo el *agujero negro de las mediciones*. Por supuesto, el hecho de que sea difícil llevar a cabo mediciones sobre el trabajo a fondo no implica automáticamente que los negocios no vayan a adoptar ese tipo de trabajo. Disponemos de muchos ejemplos de acciones cuyo impacto sobre los resultados financieros es difícil de medir pero que, aun así, prosperan en nuestra cultura empresarial. Aquí podemos mencionar, por ejemplo, las tres tendencias que señalamos en el inicio de este capítulo, o los salarios exagerados de los ejecutivos que llaman la atención de Thomas Piketty. Sin embargo, dada la ausencia de mediciones claras que lo sustenten, cualquier comportamiento en el ámbito de los negocios está a merced de fuerzas inestables y caprichos cambiantes, y, en medio de esta confusión, al trabajo a fondo no le ha ido muy bien.

La realidad de este agujero negro de las mediciones es

el trasfondo de los argumentos que veremos a continuación en este capítulo. En las próximas secciones describo diversas actitudes mentales y sesgos que han alejado a las empresas del trabajo a fondo y las han llevado hacia alternativas más distractoras. Ninguno de esos comportamientos sobreviviría mucho tiempo si hubiera claridad respecto a cómo estos impactan de forma negativa en los resultados financieros, pero el agujero negro de las mediciones impide que haya claridad y propicia ese cambio hacia la distracción que cada vez vemos más en el mundo profesional.

El principio de la menor resistencia

A la hora de hablar de comportamientos distractores en el lugar de trabajo, hay que decir que un lugar dominante lo ocupa la *cultura de la conectividad*, en la cual se espera que las personas lean y respondan rápidamente los correos electrónicos (y medios de comunicación similares). En su investigación sobre este tema, la profesora Leslie Perlow, de la Escuela de Negocios de Harvard, descubrió que los profesionales que fueron objeto de sus observaciones pasan entre veinte y veinticinco horas a la semana *fuera de la oficina*, revisando el correo electrónico, pues creen que es importante responder los mensajes (internos o externos) en un plazo no superior a una hora después de su llegada.

Quizás afirmes —como lo hacen muchos— que este comportamiento es necesario en muchos negocios en los que el ritmo es acelerado. Sin embargo, aquí viene lo interesante: Perlow puso a prueba esta aseveración. Para ello, convenció a los ejecutivos del Boston Consulting Group, una firma de consultoría donde la presión es grande e impera la cultura de la conectividad, de que le dejaran observar los hábitos de trabajo de uno de sus equipos. La investigadora quería poner a prueba una pregunta sencilla: ¿es útil de verdad para su trabajo mantenerse conectado de manera permanente? Para eso, adoptó una medida extrema: les pidió a los miembros del equipo que se desconectaran del todo durante un día a la semana, que se abstuvieran de toda conectividad dentro o fuera de la compañía.

«En un comienzo, el equipo se mostró reacio al experimento —relata Perlow en relación con una de las pruebas—. El socio que estaba a cargo del proyecto, quien se había mostrado entusiasta con la idea, se puso nervioso al pensar en tener que decirles a sus clientes que los miembros de su equipo estarían desconectados un día a la semana.» Los consultores estaban igualmente nerviosos y les preocupaba «poner en peligro su carrera». Sin embargo, el equipo no perdió a sus clientes, ni sus miembros perdieron su trabajo. Por el contrario, los consultores disfrutaron más de él, desarrollaron una mejor comunicación entre ellos y encontraron ocasiones para el aprendizaje (como era previsible, dada la conexión entre la profundidad y el desarrollo de las destrezas que mencionábamos en el capítulo anterior). Quizá lo más importante de todo es que lograron «ofrecer a los clientes un mejor producto».[15]

A partir de esta constatación podemos lanzar una pregunta: ¿por qué tantas compañías hacen lo mismo que el Boston Consulting Group, es decir, promueven una cultura de la conectividad, aunque es probable que esta, como descubrió la profesora Perlow en su estudio, sea perjudicial para el bienestar de sus empleados y para la productividad, además de que tal vez no contribuya a mejorar los resultados financieros? Creo que la respuesta puede encontrarse en la siguiente realidad laboral.

El principio de la menor resistencia: en un entorno empresarial, donde no hay una clara retroalimentación respecto al impacto que diversos comportamientos tienen sobre los resultados financieros, siempre tendemos a tener aquellos que resultan más fáciles en el momento.

Para volver a nuestra pregunta de por qué persisten las culturas de la conectividad, la respuesta, según el principio que acabamos de enunciar, es que «así *es más fácil*». Dos razones explican la veracidad de esta aseveración. La primera tiene que ver con la satisfacción de las necesidades. Si trabajas en un entorno laboral donde puedes obtener una respuesta a una pregunta o una determinada información en el momento mismo en el que surge la necesidad, tu vida se hace más fácil, por lo menos en ese instante. Si no pudieras contar con un tiempo de respuesta tan breve, tendrías que planificar tu trabajo de otra manera, ser más organizado y prepararte para dejar a un lado ciertas actividades y dedicar tu atención a otro asunto, mientras te llega la respuesta que buscas. Todo esto haría más difícil tu vida laboral cotidiana (aunque produzca más satisfacción y un mejor resultado en el largo plazo). El auge de la mensajería instantánea a nivel profesional, tal como lo mencionábamos en este capítulo, es una muestra de esta mentalidad llevada al extremo. Si tu jornada laboral se hace más fácil al recibir, en un plazo de una hora, una respuesta por correo electrónico, entonces recibir una respuesta en cuestión de minutos a través de la mensajería instantánea aumenta la ganancia en una magnitud considerable.

La segunda razón por la que una cultura de la conectividad te facilita la vida es porque crea un entorno donde se vuelve aceptable vivir todo el día en función de la bandeja de entrada de tu correo: respondes con celeridad el último mensaje, mientras que los que están detrás se van acumulando, al mismo tiempo que te sientes complacido por tu productividad (más adelante volveremos a este punto). Si tuvieras que pasar las actividades relacionadas con el correo electrónico a la periferia de tu jornada laboral, tendrías que redefinir tus prioridades para determinar en qué debes trabajar y por cuánto tiempo. Este tipo de planificación es difícil. Pensemos, por ejemplo, en la metodología de gestión de actividades que propone David Allen en su libro *Getting Things Done*, un reconocido sistema que contribuye a manejar de manera inteligente las diversas e igualmente importantes obligaciones laborales.[16] Este sistema propone un diagrama de flujo de *quince elementos* para tomar una decisión sobre lo que debemos hacer enseguida.[17] Por supuesto que lo más fácil es simplemente contestar a la última cadena de correos electrónicos que hemos recibido.

Hago particular referencia a la conectividad permanente como estudio de caso en la presente discusión, pero este es solo uno de los ejemplos de comportamiento en el ámbito empresarial que son contrarios a la profundidad y pueden reducir el valor de los resultados financieros de la compañía, pero que prosperan porque, a falta de mediciones, la mayoría de la gente termina haciendo lo que le resulta más fácil.

Otro ejemplo es la práctica común de convocar con regularidad reuniones para proyectos. Estas reuniones tienden a acumularse y a fragmentar el tiempo de trabajo, al punto de que se vuelve imposible concentrarse de manera sostenida durante el día. ¿Por qué subsisten? *Porque es lo más fácil.* Para muchas personas, estas reuniones periódicas se convierten en una forma simple (pero burda) de organización personal. En lugar de manejar su tiempo y sus obligaciones de manera autónoma, la persona emprende las acciones relacionadas con determinado proyecto cada vez que se aproxima la reunión semanal y, por lo general, lo que presenta es un simulacro de progreso.

También existe la práctica molesta y muy común de reenviar un correo a uno o más colegas, titulado con la pregunta abierta: «¿Ideas al respecto?». El remitente necesita unos cuantos segundos para escribir este correo, pero se requieren muchos minutos (e, incluso, en algunos casos varias horas) y mucha concentración para producir una respuesta coherente. Si el remitente se tomara la molestia de elaborar más el mensaje, se reduciría en una fracción significativa el tiempo que invierten todos los participantes. ¿Por qué, entonces, son tan comunes esos correos electrónicos que consumen tiempo y que se podrían evitar con tanta facilidad? Desde la perspectiva del remitente, *son más fáciles*. Es una manera de evacuar un asunto de su bandeja de entrada —por lo menos temporalmente— con una mínima inversión de tiempo.

El principio de la menor resistencia, que no es sometido a un análisis detallado por causa del agujero negro de las mediciones, estimula las culturas laborales que nos evitan la incomodidad a corto plazo de la concentración y la planificación, a expensas de una satisfacción a largo plazo y de la producción real de valor. Así, este principio nos lleva hacia un trabajo superficial, en una economía que, paradójicamente, cada vez premia más la profundidad. No se trata, sin embargo, de la única tendencia que saca partido del agujero negro de las mediciones para reducir la profundidad. También debemos tomar en consideración la exigencia siempre presente y siempre irritante de la «productividad», tema que analizaremos a continuación.

El estado de ocupación como sustituto de la productividad

Existen muchas dificultades relacionadas con ser profesor en una universidad orientada a la investigación. Sin embargo, una de las ventajas de esa profesión es la claridad. Para saber si lo estás haciendo bien o mal como investigador académico, basta responder a la pregunta: ¿estás publicando artículos importantes? La respuesta a esta pregunta se puede cuantificar con un simple número, como el *índice h*: una fórmula cuyo nombre proviene de su creador, Jorge Hirsch. La fórmula mide el impacto del investigador en su respectivo campo a través de la cantidad de publicaciones y las veces que estas han sido citadas. En la ciencia informática, por ejemplo, un índice h por encima de 40 es difícil de alcanzar y, una vez que se llega a él, se considera que el profesor tiene un muy buen nivel de carrera a largo plazo. Por otra parte, si tu índice h solo tiene un dígito, lo más probable es que te veas en apuros cuando la universidad considere tu caso en relación con la permanencia. El Google Scholar, una herramienta que los académicos usan con frecuencia para encontrar artículos investigativos, calcula automáticamente su índice h, de tal manera que puedes determinar, varias veces en una semana, cuál es tu situación. (Por si te interesa saberlo, en el momento de escribir este capítulo, mi índice era de 21.)[18]

Esta claridad simplifica las decisiones acerca de los hábitos que el profesor debe adoptar o abandonar. Veamos la explicación que el fallecido ganador del premio Nobel, el físico Richard Feynman, dio durante una entrevista sobre una de sus estrategias de productividad menos ortodoxas:

Para hacer un trabajo de gran calidad en física, es necesario disponer de enormes cantidades de tiempo [...]. Se necesita mucha concentración [...]. Por eso inventé un mito acerca de mí mismo: que soy irresponsable. Soy activamente irresponsable. A todo el mundo le digo que no hago nada. Si alguien me pide que participe en un comité de admisiones, yo le digo que no, y añado: «Es que soy irresponsable».[19]

Feynman evitaba los trabajos administrativos a toda costa, pues sabía que estos reducirían su capacidad para hacer lo que más le interesaba de su vida profesional: «Hacer un trabajo de gran calidad en física». Podemos suponer que Feynman era malo para responder correos electrónicos y quizá se habría cambiado de universidad si alguien lo hubiera puesto a trabajar en una oficina abierta y le exigiera ser activo en Twitter. Tener claridad sobre lo importante equivale a tener claridad sobre lo que no es importante.

Menciono el ejemplo de los profesores porque pertenecen a un sector un poco fuera de lo común dentro de los trabajadores del conocimiento. En efecto, en términos generales, en otras áreas no hay la misma transparencia que en la academia respecto a los niveles de excelencia del desempeño de los trabajadores del conocimiento. Acerca de esta falta de claridad, el crítico social Matthew Crawford dice: «Los gerentes viven en un paisaje psíquico desconcertante, sometidos a la ansiedad por causa de los vagos imperativos ante los cuales deben responder».[20]

Aunque Crawford se refería de forma específica a los padecimientos del gerente medio en el ámbito del trabajo del conocimiento, el «paisaje psíquico desconcertante» que menciona se aplica a muchos cargos en este sector. Como relata en su libro de 2009, *Shop Class as Soulcraft* —que es una oda a los oficios tradicionales—, Crawford se retiró de su trabajo como director de un *think tank* en Washington D. C. y abrió un taller de reparación de motocicletas, justo para huir de ese desconcierto. La sensación de recibir una máquina dañada, manipularla de diversas formas y finalmente gozar de la evidencia tangible del éxito (pues la motocicleta sale del taller en perfecto estado de funcionamiento) le proporciona un sentido concreto del logro. En la época en que se pasaba los días girando en torno a informes y estrategias de comunicación, difícilmente podía obtener un sentido del logro similar.

Una realidad parecida crea problemas para muchos trabajadores del conocimiento. Quieren demostrar que son miembros productivos de un equipo y que ganan en la medida en que trabajan, pero no tienen una claridad suficiente respecto a la meta. No cuentan con un parámetro como el índice h o un número determinado de motocicletas reparadas que sirvan como evidencia de su valor. Para superar esta carencia, muchos están volviendo sus ojos a una época en que la productividad era más universalmente observable: la era industrial.

Para comprender esta afirmación, recordemos que tras el surgimiento de las cadenas de montaje apareció el Movimiento de la Eficiencia, fundado por Frederic Taylor, famoso por monitorizar, cronómetro en mano, la eficiencia de los movimientos de los trabajadores, con el fin de encontrar maneras de aumentar la velocidad de sus labores. En la era Taylor, no había ambigüedades respecto a la productividad: se reducía a la cantidad de artilugios producidos por unidad de tiempo. Al parecer, en el paisaje empresarial de hoy en día, muchos trabajadores del conocimiento, despojados de otras ideas, están volviendo a esta antigua definición de la productividad en su esfuerzo por afianzar su valor en el paisaje desconcertante de su vida profesional.

(David Allen, por ejemplo, usa la expresión específica «maniobrar artilugios» para describir un flujo de trabajo productivo.)[21] Los trabajadores del conocimiento, según mis observaciones, tienden a estar en un estado de ocupación cada vez más visible porque carecen de una mejor forma de demostrar su valor. Podemos darle un nombre a esta tendencia.

El **estado de ocupación como sustituto de la productividad:** a falta de indicadores claros respecto a lo que significa ser productivo y valioso en un empleo, muchos trabajadores del conocimiento acuden a un indicador industrial de la productividad: hacer muchas cosas, de una manera visible.

Esta mentalidad es otra explicación para la popularidad de muchos comportamientos que destruyen la profundidad. Si envías y respondes correos electrónicos a todas horas, si programas reuniones y asistes a ellas sin pausa, si envías tus contribuciones en sistemas de mensajería instantánea como Hall pocos segundos después de que alguien plantee una nueva pregunta, o si te paseas por todo el espacio de la oficina abierta lanzando ideas a todas las personas con las que te encuentras, esos comportamientos darán la apariencia pública de que estás ocupado. Si usas ese estado de ocupación como sustituto de la productividad, esos comportamientos te parecerán cruciales para convencerte a ti mismo y a los demás de que estás haciendo bien tu trabajo.

Esta mentalidad no es necesariamente irracional. Para algunas personas, este comportamiento es realmente crucial para su trabajo. En 2013, por ejemplo, la nueva directora ejecutiva de Yahoo!, Marissa Mayer, prohibió a los empleados trabajar desde casa. Tomó esta decisión tras revisar los registros del servidor de la red privada que usan los trabajadores de Yahoo! para conectarse desde un lugar remoto a los servidores de la compañía. Mayer estaba molesta porque los empleados que trabajaban desde casa no se conectaban un número suficiente de veces a lo largo del día. En cierto sentido, estaba castigando a sus empleados por no pasar más tiempo revisando su correo electrónico (una de las razones principales por las que los usuarios se conectan a los servidores). «Si no están visiblemente ocupados —señaló—, asumo que no son productivos.»[22]

Visto de manera objetiva, sin embargo, este concepto es anacrónico. El trabajo del conocimiento no es una cadena de montaje, y extraer valor a partir de la información es una actividad que, muchas veces, es entorpecida por el estado de ocupación en lugar de ser favorecida por el mismo. Recordemos el caso de Adam Grant, el académico del capítulo anterior, que se convirtió en el catedrático titular más joven de Wharton gracias a su estrategia de apartarse del mundo exterior para concentrarse en la escritura. Este comportamiento es lo opuesto de estar públicamente ocupado. Si Grant trabajara en Yahoo!, con toda seguridad, Marissa Mayer lo habría despedido. Sin embargo, esta estrategia para la profundidad produjo una inmensa cantidad de valor.

Por supuesto que podríamos eliminar esta tendencia anacrónica relacionada con el estado de ocupación si pudiéramos demostrar su impacto negativo en los resultados financieros, pero el agujero negro de las mediciones entra en escena e imposibilita esa claridad. Esta poderosa mezcla de ambigüedad laboral y ausencia de mediciones sobre la eficacia de diferentes comportamientos favorece la propagación —en el desconcertante paisaje psíquico de nuestro trabajo cotidiano— de comportamientos que podrían parecer ridículos si se observan con objetividad.

No obstante, como veremos a continuación, incluso las personas que tienen una noción clara de lo que significa triunfar en su área específica de trabajo del conocimiento pueden estar alejadas de la profundidad. Lo único que se necesita es una ideología lo suficientemente seductora para convencer a la persona de desestimar el sentido común.

El culto a internet

Veamos el caso de Alissa Rubin, corresponsal jefe de *The New York Times* en París. Su puesto anterior era jefe de corresponsales en Kabul, Afganistán, donde trabajaba como reportera desde el frente, en la reconstrucción de la posguerra. Por la época en que me encontraba redactando este capítulo, Rubin estaba publicando una serie de artículos contundentes sobre la complicidad del Gobierno francés en el genocidio de Ruanda.[23] En otras palabras, Rubin es una periodista seria, muy buena en su oficio. Adicionalmente, quizás obedeciendo a las presiones de sus empleadores, también publica en Twitter.

En el perfil de Twitter de Rubin se ve una permanente y, en cierto sentido, inconexa cadena de mensajes, uno cada dos o cuatro días, como si Rubin recibiera de los responsables del departamento de redes sociales del *Times* una nota en que le recuerdan alimentar su cuenta de Twitter para complacer a sus seguidores. Con escasas excepciones, los tuits de Rubin tan solo mencionan algún artículo que ha leído últimamente y que le ha gustado.

Rubin es una reportera, no una personalidad de los medios. El valor que ella le aporta a su periódico es su capacidad para cultivar fuentes importantes, para desmenuzar los hechos y para escribir artículos que calen en el lector. Periodistas como Alissa Rubin son los que hacen que el *Times* tenga la reputación que tiene, y esta es la base del éxito comercial del periódico en una época de «cliqueo» adictivo y omnipresente. Siendo así, ¿por qué obligan a Alissa Rubin a interrumpir a ratos su trabajo necesariamente profundo con el fin de generar un contenido superficial para un servicio ofrecido por una compañía de medios que no tiene nada que ver con la suya y cuya sede principal está en Silicon Valley?[24] Quizá la pregunta más importante sea: ¿por qué este comportamiento le parece normal a la mayoría de la gente? Si logramos responder estos interrogantes, podremos comprender mejor la última tendencia que quiero examinar en relación con la pregunta de por qué trabajar a fondo se ha vuelto tan paradójicamente escaso.

Podemos encontrar el fundamento a una respuesta a esta pregunta en una advertencia hecha por el fallecido teórico de la comunicación y profesor de la Universidad de Nueva York, Neil Postman. A comienzos de los años noventa, cuando comenzaba a despegar la revolución de los ordenadores personales, Postman sostenía que nuestra sociedad sostenía una inquietante relación con la tecnología. Según él, ya no reflexionábamos sobre el equilibrio entre riesgos y ganancias ni entre nuevas eficiencias y nuevos problemas en torno a las nuevas tecnologías. En lugar de eso, comenzamos a suponer que todo lo relacionado con la alta tecnología estaba bien. Punto final.

A esta cultura le dio Postman el nombre de *tecnópolis*,[25] y no tuvo pelos en la lengua para ponernos en guardia respecto a ella. «Tecnópolis elimina las alternativas para otra cosa que no sea ella misma, a través de la estrategia que Aldous Huxley señala en *Un mundo feliz* —afirma en su libro de 1993 sobre este tema—. No las vuelve ilegales. No las vuelve inmorales. Ni siquiera las vuelve impopulares. Pero sí las hace invisibles y, por lo tanto, irrelevantes.»[26]

Postman murió en 2003, pero lo más probable es que, de estar vivo hoy en día, expresaría su asombro al ver la velocidad con que sus temores de los años noventa se cristalizaron, en una avalancha provocada por el ascenso repentino e imprevisible de internet. Por fortuna, Postman tiene un heredero intelectual que mantiene vigente esta discusión en la Era de internet: el crítico social Evgeny Morozov. En un libro de 2013, titulado *To Save Everything, Click Here*, Morozov se propone descorrer el velo que cubre nuestra obsesión tecnopólica con «la internet» (él lo escribe así, entre comillas, para poner énfasis en su función como ideología), y dice: «Esta propensión a considerar "la internet" como una fuente de sabiduría y de asesoría en materia de políticas es lo que la transforma y la lleva a dejar de ser un simple conjunto de cables sin interés para convertirse en una seductora y fascinante ideología: quizá la uberideología contemporánea».[27]

Según la crítica de Morozov, hemos convertido «la internet» en sinónimo del futuro revolucionario de los negocios y el Gobierno. Hacer que tu empresa esté a tono con «la internet» equivale a ir con los tiempos, e ignorar estas tendencias es como seguir produciendo herraduras en la era del automóvil. Ya no vemos las herramientas de internet como productos lanzados por compañías que buscan el lucro, financiadas por inversionistas que esperan obtener ganancias y administradas por jóvenes de veintitantos años que muchas veces improvisan. Por el contrario, nos precipitamos a poner en un pedestal esos adminículos digitales como estandartes del progreso y precursores de un nuevo mundo (me atrevo a decir) feliz.

Este internet-centrismo (para usar otro de los términos de Morozov) es la cara visible de la tecnópolis de hoy en día. Es importante que reconozcamos esta realidad, porque explica la pregunta con la que abrimos esta sección. *The New York Times* tiene un departamento de redes sociales y presiona a sus periodistas, como Alissa Rubin, para que adopten un comportamiento distractor, porque en la tecnópolis y en la era centrada en internet estas cosas no se discuten. La alternativa, o sea, no hacer de internet el centro de todo es, como diría Postman, «invisible y, por lo tanto, irrelevante».

Esta invisibilidad explica el alboroto que mencionaba anteriormente, a propósito de las declaraciones de Jonathan Franzen respecto a que los novelistas no deberían publicar en Twitter. La gente se encolerizó no porque esté versada en estrategias de marketing editorial y esté en desacuerdo con la conclusión de Franzen, sino porque le sorprendió que una persona seria hubiera sugerido la irrelevancia de las redes sociales. En una tecnópolis centrada en internet, una afirmación de este cariz es el equivalente a quemar una bandera, es decir, una profanación y no un debate.

Quizás el alcance prácticamente universal de esta mentalidad quede bien retratado en una experiencia que viví hace poco en mi trayecto hacia el campus de Georgetown, donde trabajo. Estaba esperando que cambiara el semáforo para cruzar Connecticut Avenue y tenía delante de mí un camión de una compañía de transporte de alimentos refrigerados. Este tipo de transporte es un negocio complejo y competitivo que requiere destrezas tanto para manejar los sindicatos como para programar las rutas. Es la última industria a la antigua usanza y, en muchos sentidos, lo opuesto a las nuevas compañías de tecnologías orientadas al consumidor, que tanto interés reciben en la actualidad. Lo que más me llamó la atención mientras esperaba detrás de ese camión, sin embargo, no fue la complejidad ni la envergadura de esa compañía, sino una publicidad gráfica que habían pegado en el vehículo (cuyo coste quizá fue muy alto) y en el de toda la flota de camiones de la compañía, que decía: «Danos "Me gusta" por Facebook».

El trabajar a fondo se encuentra en gran desventaja en la tecnópolis, porque se basa en valores como la calidad, la destreza y la pericia, que son a todas luces anticuados y no tecnológicos. Peor aún, para fomentar el trabajo a fondo la mayoría de las veces se requiere rechazar muchas de esas cosas que son nuevas y de alta tecnología. Trabajar a fondo queda relegado frente a comportamientos más distractores de alta tecnología, tales como el uso profesional de las redes sociales, no porque el primero sea empíricamente inferior a este último. De hecho, si tuviéramos mediciones sólidas que dieran cuenta del impacto de estos comportamientos en los resultados financieros de la empresa, es muy probable que nuestra tecnópolis se desmoronara. Sin embargo, el agujero negro de las mediciones impide que tengamos esta claridad y nos lleva, por el contrario, a erigir todo aquello que esté relacionado con internet en una «uberideología», como temía Morozov. En dicha cultura, no es de sorprender que trabajar a fondo luche por competir contra el dulce sonsonete de los tuits, los «Me gusta», las fotos etiquetadas, los muros, las entradas de blog y los demás comportamientos que nos han enseñado a considerar como necesarios, por la sencilla razón de que existen.

Malo para los negocios, bueno para ti

Trabajar a fondo *debe* ser una prioridad en el clima empresarial de hoy en día. He resumido algunas de las explicaciones que aclaran esta paradoja. Entre ellas encontramos las siguientes realidades: trabajar a fondo es difícil y el trabajo superficial es fácil; dada la ausencia de metas claras para tu trabajo, la apariencia de estar visiblemente ocupado que se da en el trabajo superficial se vuelve aceptable; nuestra cultura ha adoptado la creencia de que cualquier comportamiento relacionado con «la internet» es bueno, sin importar el impacto que tenga sobre nuestra capacidad para producir cosas valiosas. Todas estas tendencias se han afianzado gracias a la dificultad de hacer una medición directa del valor de la profundidad o del coste que acarrea ignorarla.

Si crees en el valor de la profundidad, esta realidad anuncia malas noticias para los negocios en general. Estos se verán abocados a perder la posibilidad de obtener grandes ganancias en su producción de valor. Sin embargo, para ti como individuo, hay buenas noticias en el panorama. La miopía de tus colegas y de tus empleadores te permitirá obtener grandes ventajas personales. Suponiendo que se mantengan las tendencias que hemos señalado, la profundidad se hará cada vez más escasa y, por lo tanto, cada vez más valiosa. Ya establecimos que no hay nada defectuoso de forma intrínseca en trabajar a fondo y que no hay nada fundamentalmente necesario en los comportamientos distractores que desplazan al trabajo en profundidad. Con este punto de partida, puedes continuar avanzando con confianza hacia la meta final de este libro: desarrollar sistemáticamente tus capacidades personales para asumir la profundidad y, de esta forma, obtener grandes beneficios.

Capítulo 3

Trabajar con profundidad tiene sentido

Ric Furrer se dedica a la herrería. Es especialista en prácticas antiguas y medievales de metalurgia, a las que se ha consagrado meticulosamente en su taller, Door County Forgeworks. «Hago todo mi trabajo a mano y uso herramientas que multiplican mi fuerza, sin limitar mi creatividad o mi interacción con el material —explica. Este es el fundamento intelectual de su arte—. Un resultado que me puede llevar a dar cien golpes a mano, se puede alcanzar de un solo golpe con una máquina estampadora. Esta es la antítesis de lo que yo me propongo y, por eso, en todas mis obras se ve la evidencia del uso de ambas manos.»[1]

Gracias a un documental de 2012, transmitido por Public Broadcasting System (PBS), nos pudimos adentrar en el mundo de Furrer. Trabaja en el espacio de lo que en otro tiempo fuera un granero, en una granja de Wisconsin, no muy lejos de la hermosa Sturgeon Bay, en el lago Michigan. Furrer muchas veces deja la puerta del granero abierta (sospecho que para ventilar el espacio y evacuar el calor producido por la fragua): su labor tiene como telón de fondo los campos agrícolas que se extienden hacia el horizonte. El escenario es idílico aunque el trabajo puede parecer, a primera vista, tosco. En el documental, vemos a Furrer tratando de recrear una espada de la era vikinga.

Usa una técnica de mil quinientos años de antigüedad para fundir *acero de crisol*: una forma pura nada habitual (para la época) del metal. El resultado es un lingote no mucho mayor en volumen que tres o cuatro teléfonos móviles apilados. Este denso lingote se convierte después en la hoja de una espada larga y afilada.

«Esta parte, el impacto inicial, es terrible», dice Furrer mirando a la cámara, al tiempo que pone a calentar metódicamente el lingote, lo golpea con un martillo, le da la vuelta, lo golpea y lo vuelve a poner en las llamas para comenzar una vez más. El narrador del documental explica que se necesitan *ocho horas* de martilleo para terminar de darle la forma deseada al metal. Observando a Furrer trabajar, le cambia a uno la perspectiva sobre el sentido de su trabajo. Está claro que no está golpeando el metal con la monotonía del minero que ataca con una pica las paredes de una mina de carbón. Cada golpe es fuerte y, sin embargo, minuciosamente controlado. Furrer mira de cerca el metal, con sus delicadas gafas de intelectual (que parecen fuera de lugar en esa fisonomía de barba tupida y hombros anchos), y le da la vuelta —*un poco* nada más— en cada impacto. «Hay que ser muy suave para no quebrarlo —explica. Después de algunos martillazos más, añade—: Hay que darle con suavidad; lentamente empieza a ceder y uno empieza a disfrutarlo.»[2]

En un momento dado, a mitad de camino en el proceso de la forja, cuando Furrer ha terminado de darle al metal la forma deseada con el martillo, comienza a rotar con cuidado el metal en un canal estrecho lleno de carbón vegetal ardiendo. Mira la espada y dice: «Ya está lista». La levanta, roja por el calor, la sostiene a cierta distancia de su cuerpo y se acerca con paso rápido a un tubo lleno de aceite. Allí hunde la hoja de metal para enfriarla. Al cabo de un momento, aliviado al ver que la hoja no se quebró en pedazos —cosa que suele ocurrir en esta etapa—, Furrer la saca del aceite. El calor residual del metal enciende el combustible y envuelve la espada en llamas. Furrer levanta la espada ardiente sobre su cabeza, con un solo y fuerte brazo, la mira un instante y apaga el fuego. Durante esta breve pausa, las llamas le iluminan la cara, en la que se lee una complacencia palpable.

«Hacerlo bien es la cosa más complicada que sé hacer —explica Furrer—. Y ese es el reto que me mueve. No necesito las espadas, pero *tengo que* hacerlas.»[3]

_____

Ric Furrer es un maestro artesano cuyo trabajo le exige pasar la mayor parte del día en un estado de profundidad: la menor distracción puede arruinar varias horas de esfuerzo. También es una persona que encuentra mucho sentido en su profesión. Esta conexión entre trabajar a fondo y una buena vida es conocida y ampliamente aceptada en el ámbito del trabajo artesanal. «Las satisfacciones que se obtienen cuando nos manifestamos concretamente en el mundo a través de la habilidad manual son conocidas por su capacidad para serenar y aquietar al hombre», explica Matthew Crawford.[4] Y le creo.

Sin embargo, cuando dirigimos nuestra atención hacia el trabajo del conocimiento, esa conexión se vuelve turbia. La claridad tiene allí mucho que ver. Los artesanos como Furrer asumen retos profesionales que son sencillos de definir, pero difíciles de ejecutar: este es un desequilibrio útil cuando estamos buscando una actividad que nos proporcione un sentido de la finalidad. En el trabajo del conocimiento esta claridad se convierte en ambigüedad. Puede ser difícil definir con exactitud qué hace un trabajador del conocimiento en concreto y cómo difiere de cualquier otro: en nuestros peores días, da la sensación de que *todo* el conocimiento se resume en la misma y agotadora serie de correos electrónicos y presentaciones en PowerPoint, donde la única diferencia entre la carrera de un profesional y otro es el contenido de las diapositivas. Furrer también identifica esta insipidez al escribir: «El mundo de las superautopistas de la información me ha dejado más bien frío y desencantado».[5]

Otro asunto que enturbia la conexión entre la profundidad y el sentido en el trabajo del conocimiento es la cacofonía de voces que buscan convencer a los trabajadores del conocimiento de pasar más tiempo en actividades superficiales. Tal como explicamos en el capítulo anterior, vivimos en una era en la que cualquier cosa que se relacione con internet se considera, automáticamente, innovadora y necesaria. Se aplauden los comportamientos que destruyen la profundidad, tales como las respuestas inmediatas a los correos electrónicos y la presencia activa en las redes sociales, mientras que el hecho de evitar esas tendencias genera sospecha. Tal vez nadie vea con malos ojos que Ric Furrer se abstenga de usar Facebook, pero si un trabajador del conocimiento toma la misma decisión, lo etiquetan como una persona excéntrica (lo sé por experiencia propia).

El hecho de que la conexión entre la profundidad y el sentido sea menos clara en el ámbito del trabajo del conocimiento no significa que sea inexistente. La meta del presente capítulo es convencer al lector de que trabajar a fondo *puede* generar una satisfacción, en una economía de la información, similar a la que produce en una economía de oficios tradicionales. En las secciones que siguen presentaré tres argumentos en apoyo a esta afirmación. A grandes rasgos, siguen una trayectoria que va desde lo conceptualmente estrecho a lo conceptualmente ancho: comienzo con una perspectiva neurológica, paso al terreno psicológico y termino en lo filosófico. Me propongo demostrar que, sea cual sea el ángulo desde donde decidamos abordar el tema de la profundidad y el trabajo del conocimiento, es evidente que preferir la profundidad sobre la superficialidad nos permite sacar partido de las mismas sendas productoras de sentido que motivan a artesanos como Ric Furrer. La tesis de este último capítulo de la primera parte es que una vida profunda no solo es económicamente lucrativa, sino que es una vida bien vivida.

Un argumento neurológico a favor de la profundidad

Winifred Gallagher, escritora de libros sobre ciencia, descubrió por accidente la conexión entre la atención y la felicidad a causa de un acontecimiento aterrador e inesperado: un diagnóstico de cáncer. «No era solo cáncer —aclara—, sino una forma muy agresiva y relativamente avanzada de la enfermedad.» Como recuerda Gallagher en *Rapt*, un libro publicado en 2009, al salir del hospital después de recibir el diagnóstico tuvo una repentina y fuerte intuición: «Esta enfermedad quiere monopolizar mi atención pero yo, en la medida de lo posible, voy a concentrarme en mi vida». El tratamiento para el cáncer fue duro y agotador, pero una parte del cerebro de Gallagher sabía, gracias a su entrenamiento como escritora de no ficción, que su hábito de concentrarse en lo bueno de la vida («películas, caminatas y martini a las 18:30») era muy eficaz.[6] Su vida durante este período habría podido convertirse en un cenagal de temor y desesperanza, pero resultó ser agradable en muchos momentos.

Picada por la curiosidad, Gallagher se propuso entender mejor el papel que desempeña la atención, es decir, en qué decidimos concentrarnos y qué decidimos pasar por alto a la hora de determinar nuestra calidad de vida. Tras cinco años de escribir textos de divulgación científica, estaba convencida de ser testigo de una «gran teoría unificada» sobre la mente:

> Como un dedo que apunta hacia la Luna, otras disciplinas diversas, desde la antropología hasta la educación, la economía conductual y la orientación familiar, sugieren igualmente que el manejo diestro de la atención es la condición *sine qua non* de una buena vida y la clave para mejorar prácticamente cualquier aspecto de nuestra experiencia.[7]

Este concepto da un vuelco a la manera como la mayoría de la gente piensa acerca de su experiencia subjetiva de la vida. Tendemos a poner demasiado énfasis en nuestras *circunstancias*, pues asumimos que aquello que nos ocurre (o deja de ocurrirnos) determina cómo nos sentimos. Desde esta perspectiva, los detalles pequeños sobre la manera como pasamos el día no son tan importantes, porque lo que importa son los resultados a gran escala, como obtener un ascenso o ir a vivir a un apartamento mejor. Según Gallagher, varias décadas de investigaciones contradicen esa visión. Lo que ocurre es que el cerebro construye nuestra forma de ver el mundo sobre la base de *las cosas a las que les prestamos atención*. Si diriges toda tu atención a un diagnóstico de cáncer, tú y tu vida se vuelven infelices y sombríos, pero si, por el contrario, diriges tu atención a un martini vespertino, tú y tu vida se vuelven más agradables, aunque las circunstancias en ambos casos son las mismas. Así lo resume Gallagher: «Quién es usted, qué piensa, siente y hace, y qué le gusta son producto de la suma de aquello en lo que usted se concentra».[8]

En *Rapt*, Gallagher analiza la investigación donde se expone esta manera de comprender la mente. Cita, por ejemplo, a Barbara Fredrickson, psicóloga de la Universidad de Carolina del Norte, cuya investigación se especializa en la valoración cognitiva de las emociones. Después de un acontecimiento negativo en la vida, según muestra la investigación de Fredrickson, aquello sobre lo cual decides fijar tu atención influye de manera importante en tu actitud a partir de ese momento. Estas opciones sencillas funcionan como un «botón de reiniciación»[9] para tus emociones. La autora da el ejemplo de una pareja que discute sobre el reparto inequitativo de las labores del hogar. «En lugar de seguir centrando tu atención en el egoísmo y la flojera de tu pareja, puedes fijarte en el hecho de que al menos se ha puesto sobre la mesa un asunto álgido, lo cual es un primer paso hacia la solución del problema y hacia la mejora de tu estado de ánimo.»[10] Esta parece una exhortación simplona a que miremos las cosas por el lado amable, pero Fredrickson descubrió que un uso hábil de estos «puntales» emocionales puede generar resultados más positivos después de un evento negativo.[11]

Los científicos pueden observar este efecto en acción a nivel neurológico. Laura Carstensen, psicóloga de Stanford, para nombrar tan solo un caso, se valió de un escáner de resonancia magnética funcional para estudiar el comportamiento del cerebro de sujetos a los cuales se les presentaban imágenes positivas y negativas. La investigadora descubrió que, en el caso de la gente joven, la amígdala (un centro de las emociones) mostraba gran actividad con ambos tipos de imagen. Al analizar a los sujetos de la tercera edad, la amígdala se activaba solamente en el caso de las imágenes positivas. La hipótesis de Carstensen es que los adultos mayores habían entrenado la corteza prefrontal para inhibir la amígdala ante los estímulos negativos. Estas personas mayores no eran más felices porque sus circunstancias fueran mejores que las de los sujetos jóvenes, sino porque habían programado su cerebro para ignorar lo negativo y saborear lo positivo. Gracias a un manejo diestro de la atención, mejoraron su mundo sin cambiar nada en concreto de él.[12]

——

Ahora podemos tomar distancia y usar la gran teoría unificada de Gallagher para comprender mejor el papel que tiene trabajar a fondo en el empeño de cultivar una buena vida. Esta teoría nos dice que nuestro mundo personal es producto de aquello a lo que prestamos atención. Desde esa perspectiva, pensemos por un momento en el tipo de mundo mental que se construye cuando le dedicamos el tiempo suficiente a ciertas tareas profundas. En el trabajo profundo hay un sentido inherente de la seriedad y la importancia, ya te llames Ric Furrer y te dediques a forjar espadas o trabajes como programador de ordenadores y estés dedicado a optimizar un algoritmo. La teoría de Gallagher predice que, si pasas el tiempo suficiente en este estado, tu mente percibirá que tu mundo es rico en sentido y en importancia.

No obstante, se obtiene un beneficio oculto, pero igualmente importante al cultivar una atención profunda en el trabajo: esta concentración acapara nuestro sistema de la atención y le impide a esta tomar nota de las cosas más pequeñas y desagradables que de manera persistente e inevitable pueblan nuestra vida. El psicólogo Mihaly Csikszentmihalyi, a quien retomaremos en la siguiente sección, identifica de forma explícita esta ventaja al hablar de cultivar «una concentración tan intensa que no queda espacio para pensar en nada irrelevante ni para preocuparse por otros problemas».[13] Esta situación es particularmente pronunciada en el trabajo del conocimiento, donde la omnipresencia de la conectividad genera un apetitoso bufé de distracciones, buena parte del cual —si se le da el suficiente vuelo— le robará sentido e importancia al mundo construido por tu mente.

Para darles un sustento concreto a estas afirmaciones, usaré mi propia experiencia como estudio de caso. Veamos, por ejemplo, los cinco últimos correos electrónicos que envié antes de comenzar a escribir el primer borrador de este capítulo. Escribo primero el título del correo y, a continuación, un resumen del contenido:

Re: URGENTE calnewport Confirmación de registro de marca. Este mensaje era una respuesta a un fraude muy común en el cual una compañía trata de convencer a los dueños de sitios web para que registren su dominio en China. Me tenía muy molesto que me inundaran de correo basura, así es que perdí la paciencia y les respondí (en un ejercicio fútil, por supuesto) diciéndoles que su fraude sería más convincente si escribieran sin errores la palabra *website* en sus correos.

Re: S R. Este mensaje era una conversación con un miembro de mi familia sobre un artículo que leyó en *The Wall Street Journal*.

Re: Nota importante. Este correo era parte de una conversación sobre estrategias de inversión óptimas para la jubilación.

Re: Fwd: Study Hacks. Este correo (que lleva el título de mi blog) era parte de una conversación en la que yo buscaba coordinar una cita con una persona que iba a estar de paso en mi ciudad: una tarea complicada teniendo en cuenta el horario fragmentado del visitante.

Re: Por simple curiosidad. Este mensaje era parte de una conversación en la cual un colega y yo reaccionábamos a ciertos asuntos espinosos relacionados con las políticas en la oficina (de esas que son frecuentes y están llenas de clichés en los departamentos académicos).

Este tipo de correos nos dan una idea de las preocupaciones superficiales que distraen nuestra atención en un entorno laboral del conocimiento. Algunos de los asuntos tratados en estos correos son benignos, como hablar sobre un artículo interesante; otros son vagamente estresantes, como la conversación sobre las estrategias de ahorro para la jubilación (un tipo de conversación en la que casi siempre se concluye que *no* estás haciendo lo correcto); otros son frustrantes, como cuando uno trata de fijar una cita cuando las agendas de las personas están bastante copadas, y otros son directamente negativos, como las respuestas airadas a los estafadores o las conversaciones donde prima la preocupación por causa de las políticas de la oficina.

Muchos trabajadores del conocimiento pasan buena parte de su jornada laboral interactuando con otros en torno a estos asuntos superficiales. Aunque se necesite que estos trabajadores hagan tareas más profundas, el hábito de consultar con frecuencia la bandeja de entrada del correo hace que estos asuntos ocupen una parte principal de su atención. Gallagher nos enseña que esta es una manera insensata de pasar el día, pues la mente entenderá la vida laboral como un espacio dominado por el estrés, la irritación, la frustración y la trivialidad. En otras palabras, el mundo que representa su bandeja de entrada no es un lugar agradable para vivir.

Incluso si tus colegas son amables y tus interacciones con ellos son siempre positivas y optimistas, al permitir que tu atención se desvíe hacia el paisaje seductor de lo superficial, corres el riesgo de caer en otra de las trampas neurológicas identificadas por Gallagher: «Cinco años de análisis sobre la atención han servido para confirmar ciertas verdades caseras —cuenta Gallagher—. [Entre ellas encontramos la noción de que] "una mente ociosa es el taller del diablo"... Cuando pierdes la concentración, tu mente tiende a fijarse en lo que no marcha bien en tu vida y a pasar por alto lo que sí está bien».[14] Desde una perspectiva neurológica, un día de trabajo que pasamos en función de lo superficial muy probablemente será un día agotador y perturbador, incluso si la mayoría de cosas superficiales que ocupan su atención parecen inofensivas o divertidas.

Las implicaciones de estos descubrimientos son claras. En el trabajo (y muy particularmente en el trabajo del conocimiento), aumentar el tiempo que pasamos en estado de profundidad equivale a sacar partido de la maquinaria compleja del cerebro humano, de tal forma que —por diversas razones neurológicas— se maximiza el sentido y la satisfacción asociados a la vida laboral. «Después de llevar a cabo mi duro experimento [con el cáncer]... tengo un plan para vivir el resto de mi vida —concluye Gallagher en su libro—. Escojo mis metas con cuidado... luego les dedico una total atención. En resumen, viviré una vida de concentración, porque es la mejor que existe.»[15] Nos convendría mucho seguir su ejemplo.

Un argumento psicológico a favor de la profundidad

Nuestro segundo argumento para explicar por qué la profundidad genera sentido fue formulado por uno de los psicólogos más conocidos del mundo (y hay que decir que tal vez su apellido sea el que más se escribe con errores en el mundo), Mihaly Csikszentmihalyi. A comienzos de los años ochenta, Csikszentmihalyi, trabajando con Reed Larson, un joven colega de la Universidad de Chicago, inventó una nueva técnica para entender el impacto psicológico de los comportamientos cotidianos. En ese momento era difícil medir de manera precisa el impacto psicológico de diferentes actividades. Si se llevara a una persona a un laboratorio y se le pidiera que evoque cómo se sentía en un momento dado, muchas horas atrás, lo más probable es que no lo recuerde. Si, por el contrario, se le da un diario y se le pide registrar cómo se siente a lo largo del día, lo más probable es que no pueda llenarlo con diligencia: sería demasiado trabajo.

La idea de Csikszentmihalyi y de Larson consistía en sacar partido de una novedosa tecnología (para la época), de tal manera que pudieran hacerle la pregunta al sujeto en el momento preciso en que era relevante. A cada sujeto del experimento le dieron un busca. Estos aparatos sonaban en intervalos escogidos al azar (en la actualidad, las aplicaciones de los teléfonos inteligentes cumplen una función similar). Cuando el busca sonaba, los sujetos registraban lo que estaban haciendo en ese momento preciso y cómo se sentían. En algunos casos, se les daba un diario para que registraran esta información mientras que en otros casos se les daba un número de teléfono al que debían llamar para que un encuestador les hiciera unas preguntas. El busca sonaba ocasionalmente, pero era difícil ignorarlo, razón por la cual era muy probable que los sujetos hicieran todo el experimento. Como los sujetos registraban las respuestas sobre una actividad *en el momento mismo* en que la estaban desarrollando, las respuestas eran más precisas. Csikszentmihalyi y Larson le dieron a este sistema el nombre de «método de muestreo de experiencias» (MME).[16] Gracias a él, se obtiene una perspectiva nunca antes vista sobre la manera como nos sentimos en un momento concreto de nuestra vida cotidiana.

Entre muchos aportes, el trabajo de Csikszentmihalyi con el MME contribuyó a validar una teoría que venía desarrollando desde un decenio atrás: «Por lo general, los mejores momentos ocurren cuando el cuerpo o la mente de una persona va al punto máximo de sus límites, en un esfuerzo voluntario por lograr algo difícil y que merezca la pena».[17] Csikszentmihalyi le da a dicho estado mental el nombre de *estado de flujo* (este psicólogo popularizó el término con la publicación, en 1990, del libro referenciado [*Flow*, en español *Fluir*]). Al mismo tiempo, este descubrimiento rebatió la sabiduría convencional. La mayoría de la gente suponía (y todavía hoy ocurre así) que la relajación es el camino a la felicidad. Queremos trabajar menos y pasar más tiempo en una hamaca. Sin embargo, los resultados de los experimentos de Csikszentmihalyi con el MME demuestran que la gente se equivoca:

> Irónicamente, es más fácil disfrutar el trabajo que el tiempo libre, porque —como ocurre en las actividades donde hay estado de flujo— el trabajo implica metas, reglas y retos. Todo ello contribuye a que uno se involucre en el trabajo, se concentre en él y se deje llevar. El tiempo libre, en cambio, es desestructurado y se requiere un mayor esfuerzo para darle una forma que nos produzca satisfacción.[18]

Al hacer mediciones empíricas, constatamos que las personas están más felices en el trabajo y menos felices cuando están relajadas. Como confirma el MME, cuantas más experiencias de estado de flujo ocurren en una semana dada, mayor es la satisfacción en la vida de un sujeto. Al parecer, los seres humanos se sienten mejor cuando están inmersos en una actividad que representa un desafío.

Por supuesto que hay un traslapo entre la teoría del flujo y las ideas de Gallagher que resaltábamos en la sección anterior. Ambas apuntan a la importancia de la profundidad por encima de la superficialidad, pero dan explicaciones diferentes sobre dicha importancia. Gallagher afirma que el *contenido* de aquello en lo cual nos concentramos es crucial. Si prestamos una atención profunda a cosas importantes y, por ende, ignoramos cosas negativas superficiales, tendremos una experiencia más positiva e importante de nuestra vida laboral. La teoría del flujo de Csikszentmihalyi, por el contrario, no se pronuncia respecto al contenido de nuestra atención. Aunque este psicólogo quizás estaría de acuerdo con la investigación citada por Gallagher, su teoría indica que la sensación de hacer algo de manera profunda es gratificante *en sí misma*. A nuestra mente le gusta el reto, independientemente del tema.

———

La conexión entre trabajar a fondo y el estado de flujo es clara: el trabajo profundo es una actividad apropiada para generar un estado de flujo (las frases que usa Csikszentmihalyi para explicar la generación del estado de flujo incluyen nociones tales como estirar los límites de la mente, concentrarse y perderse en una actividad, todas las cuales se encuentran en trabajar a fondo). Como hemos visto, el estado de flujo genera felicidad. La combinación de estas dos ideas constituye un poderoso argumento psicológico a favor del trabajo profundo. Varias décadas de investigaciones derivadas de los experimentos originales de Csikszentmihalyi relacionados con el MME confirman que el acto de hacer trabajo profundo ordena la conciencia de una manera que hace que la vida valga la pena. Csikszentmihalyi incluso afirma que las compañías modernas deben dar cabida a esta realidad, y sugiere que «se deben rediseñar los trabajos de tal forma que se acerquen lo más posible a las actividades donde se genera estado de flujo».[19] No obstante, siendo consciente de que un rediseño de este tipo sería difícil y perturbador, Csikszentmihalyi explica que es incluso más importante que el *individuo* aprenda a buscar oportunidades para fluir. En último término, esta es la lección más destacada de nuestra breve incursión en el mundo de la psicología experimental: crear nuestra propia vida laboral en torno a la experiencia del estado de flujo producida por trabajar a fondo es el camino para obtener una satisfacción profunda.

Un argumento filosófico a favor de la profundidad

Nuestro argumento final a favor de la conexión entre la profundidad y el sentido exige que nos distanciemos de los mundos concretos de la neurociencia y la psicología, y adoptemos una perspectiva filosófica. Para llevar a cabo esta reflexión, acudiré a dos académicos que conocen bien este tema: Hubert Dreyfus, quien fue profesor de filosofía en Berkeley durante más de cuarenta años, y Sean Dorrance Kelly, quien se desempeñaba como director del Departamento de Filosofía de Harvard en el momento en que yo escribí este libro. En 2011, Dreyfus y Kelly publicaron un libro titulado *All Things Shining*, que explora la forma como las nociones de la sacralidad y el sentido han evolucionado a lo largo de la historia de la cultura humana. Los autores se proponen reconstruir esta historia porque les preocupa el punto al que hemos llegado en la época actual. «El mundo era, en sus diversas formas, un mundo de cosas sagradas y brillantes —explican Dreyfus y Kelly al principio del libro—. Ahora, las cosas brillantes parecen lejanas.»[20]

¿Qué ocurrió entre ese momento y nuestros días? La respuesta corta es, según los autores, Descartes. A partir del escepticismo de Descartes surgió la creencia radical de que el individuo que buscaba la certeza era alguien que se adscribía a un Dios o un rey del cual emana la verdad. Por supuesto que la Ilustración que vino a continuación dio paso al concepto de los derechos humanos y liberó a muchos de la opresión. Sin embargo, como destacan Dreyfus y Kelly, a pesar de todas sus bondades en el ámbito político, en el campo metafísico esta forma de pensar dejó al mundo desprovisto del orden y la sacralidad esenciales para producir sentido. En el mundo posterior a la Ilustración *nos* impusimos la tarea de identificar qué tiene sentido y qué carece de él, un ejercicio que puede parecer arbitrario e inducir un nihilismo insidioso. «La aclamación metafísica del individuo autónomo que propició la Ilustración no solo conduce a una vida aburrida —manifiestan con preocupación Dreyfus y Kelly—; lleva de manera prácticamente inevitable a una vida casi invivible.»[21]

A primera vista, este problema puede parecer alejado de la búsqueda relacionada con la satisfacción que se deriva de la profundidad, pero cuando miramos la solución de Dreyfus y Kelly, descubrimos nuevas perspectivas sobre las fuentes de sentido en las actividades profesionales. Esta conexión parece menos sorprendente cuando sabemos que la respuesta de ambos al nihilismo moderno se basa en el mismo asunto con el que abrimos este capítulo: la habilidad del artesano.

Según sostienen Dreyfus y Kelly en la conclusión de su libro, el arte de los oficios tradicionales es la clave para reabrir un sentido de la sacralidad de una manera responsable. Para ilustrar esta afirmación, utilizan como ejemplo el relato de un artesano fabricante de ruedas de carruaje. «Como cada pedazo de madera es diferente, tiene su propia personalidad —escriben después de un pasaje donde detallan el arte de la fabricación de estas ruedas—. El carretero tiene una relación íntima con la madera con la que trabaja. Debe cultivar y cuidar sus virtudes sutiles.»[22] El artesano, al apreciar las «virtudes sutiles» del medio con el que trabaja, tiene en sus manos un elemento crucial en el mundo posterior a la Ilustración: una fuente de sentido que se sitúa por fuera del individuo. El carretero no decide arbitrariamente qué virtudes de la madera con la que trabaja son valiosas y cuáles no; este valor es inherente a la madera y a la labor que esta debe llevar a cabo.

Como explican Dreyfus y Kelly, dicha sacralidad suele estar presente en la habilidad del artesano. El trabajo de este, concluyen, «no es *generar* un sentido, sino *cultivar* la capacidad para *discernir* los sentidos que *ya están allí*».[23] Esto libera al artesano del nihilismo propio del individualismo autónomo, a través de un mundo de sentido donde hay orden. Al mismo tiempo, este sentido parece más sensato que las fuentes citadas en épocas pasadas. En efecto, según dan a entender los autores, el fabricante de ruedas de carruaje no puede usar la calidad inherente de un pedazo de pino para justificar una monarquía despótica.

———

Regresando al asunto de la satisfacción profesional, la interpretación que hacen Dreyfus y Kelly del arte de los oficios tradicionales como un camino para encontrar sentido permite comprender por qué el trabajo de personas como Ric Furrer nos llama la atención a tantas personas. Como podrían perfectamente afirmar estos filósofos, la cara de satisfacción de Furrer en su trabajo, al extraer arte de un metal tosco, expresa el aprecio por una realidad escurridiza y valiosa en la modernidad: un vistazo de lo sagrado.

Una vez que la hemos comprendido, podemos conectar esta sacralidad inherente a las artes de los oficios tradicionales con el universo del trabajo del conocimiento. Para ello, debemos hacer primero dos observaciones. La primera quizá parezca obvia, pero merece la pena insistir en ella: no hay nada intrínseco acerca de los oficios *manuales* tradicionales en lo que respecta a la creación de esa fuente particular de sentido. Cualquier ocupación —ya sea física o cognitiva— que requiera altos niveles de destreza puede también generar un sentido de la sacralidad.

Para elaborar este punto, pasemos de los ejemplos anticuados de los carreteros o los herreros al ejemplo moderno de la programación de ordenadores. Analicemos la siguiente cita del genio de la escritura de código, Santiago González, donde le describe su trabajo a un entrevistador:

> Un código hermoso es corto y conciso. Si uno le mostrara ese código a otro programador, él diría: «Qué código tan bien escrito». Es como escribir un poema.[24]

González habla sobre la programación de ordenadores en términos similares a los que usan los artesanos de la madera para referirse a su oficio, en los pasajes citados por Dreyfus y Kelly.

En el libro *The Pragmatic Programmer*, que goza de muy buena reputación en el ámbito de la programación de ordenadores, vemos esta conexión entre la escritura de código y el arte de los oficios tradicionales. En el prefacio se cita el credo del picapedrero medieval: «Nosotros, cuyo oficio es cortar simples piedras, debemos tener siempre en mente las catedrales».[25] El libro afirma que los programadores de ordenadores deben ver su trabajo de la misma manera:

> Dentro de la estructura general de un proyecto, siempre hay espacio para la individualidad y la destreza. Dentro de cien años, nuestra ingeniería parecerá tan arcaica como las técnicas de construcción de las catedrales medievales a la luz de la ingeniería civil contemporánea, pero nuestra destreza seguirá siendo tan admirable.[26]

En otras palabras, no es necesario que te dediques a labores que requieran esfuerzos similares a los del herrero en su taller para generar el sentido que mencionan Dreyfus y Kelly. Encontramos un potencial similar de destreza en la mayoría de los trabajos cualificados de la economía de la información. Independientemente de que tu oficio sea escritor, especialista en marketing, consultor o abogado, tu trabajo es un arte; si pules tus habilidades y las aplicas con respeto y cuidado, podrás, como el carretero diestro, generar sentido en los esfuerzos cotidianos de tu vida profesional.

En este punto, algunas personas podrían argüir que *su* tipo específico de trabajo del conocimiento no se puede convertir en una fuente de sentido porque es demasiado insustancial. Sin embargo, esta es una forma errónea de pensar, que nuestra visión del arte de los oficios tradicionales puede contribuir a corregir. En nuestra cultura actual le damos mucha importancia al contenido específico del trabajo. Nuestra obsesión con la consigna «Haz lo que más te apasione» (que es el tema de mi libro anterior) es motivada por la idea (errónea) de que lo más importante para la satisfacción profesional son los elementos específicos del trabajo que uno escoja. Según esta perspectiva, habría algunos trabajos excelsos, que podrían ser fuente de satisfacción —tal vez trabajar para una organización sin ánimo de lucro o fundar una compañía de software— mientras que los demás serían sosos y carecerían de encanto. La filosofía de Dreyfus y Kelly nos libera de esas trampas. Los artesanos que ellos citan no tienen trabajos excelsos. A lo largo de buena parte de la historia de la humanidad, los oficios de herrero y de carretero no fueron glamurosos. Sin embargo, eso no importa, pues los aspectos específicos del trabajo son irrelevantes. El sentido que se encuentra a través de esos esfuerzos se debe a la habilidad y la apreciación inherentes al arte de los oficios tradicionales y no a los resultados del trabajo.

La segunda observación clave sobre este argumento es que cultivar las destrezas constituye necesariamente una tarea profunda y, por lo tanto, requiere un sólido compromiso con trabajar a fondo. (Recordemos que en el primer capítulo afirmé que trabajar a fondo es necesario para afinar las destrezas y para aplicarlas después a un nivel superior.) Por lo tanto, trabajar a fondo es esencial para obtener una fuente de sentido, de la manera descrita por Dreyfus y Kelly. De allí se desprende que asumir el trabajo profundo en nuestra profesión y orientarlo hacia el cultivo de las destrezas es un esfuerzo que puede transformar un trabajo en el área del conocimiento, de tal manera que deje de ser una obligación agotadora y llena de distracciones y se convierta en algo satisfactorio: la puerta de entrada a un mundo lleno de cosas luminosas y extraordinarias.

Homo sapiens profundis

Los dos primeros capítulos de la primera parte eran pragmáticos. En ellos afirmábamos que trabajar a fondo es cada vez más valioso en nuestra economía, pero que, al mismo tiempo, es cada vez más escaso (por razones más bien arbitrarias). Esto representa una clásica incongruencia del mercado: si cultivas esta destreza, prosperarás profesionalmente.

En contraste, este capítulo final tiene poco que añadir a la discusión práctica sobre el progreso laboral y, *sin embargo*, es absolutamente necesario para que estas primeras ideas adquieran fuerza. En las páginas que siguen describo un programa riguroso para transformar tu vida profesional de tal forma que se centre en la profundidad. Se trata de una transición difícil y, como ocurre con muchos esfuerzos de este tipo, unos argumentos razonados y pragmáticos pueden motivar al lector solo hasta cierto punto. En último término, la meta que te propongas debe estar en consonancia con tus intereses más humanos. En ese capítulo sostengo que, para asumir la profundidad, es inevitable dicha consonancia. Ya sea que asumas la actividad del trabajo profundo desde la perspectiva de la neurociencia, la psicología o la elevada filosofía, todos estos caminos implican una conexión entre la profundidad y el sentido. Es como si nuestra especie hubiera evolucionado hacia un punto en el que prospera en la profundidad y se estanca en la superficialidad, y se hubiera convertido en algo que podríamos llamar *Homo sapiens profundis*.

Anteriormente cité a Winifred Gallagher, la nueva discípula de la profundidad, y ahora la cito de nuevo: «Viviré una vida de concentración, porque es la mejor que existe».[27] Creo que esta es la manera más apropiada de resumir el argumento de este capítulo en la primera parte: una vida profunda es una buena vida, comoquiera que se la mire.

Segunda parte

LAS REGLAS

Trabajar con profundidad

Poco después de encontrarme con David Dewane para tomarnos un trago en un bar de Dupont Circle, empezamos a hablar de la *máquina de la eudemonía*. Dewane es profesor de Arquitectura y le gusta explorar la intersección entre lo conceptual y lo concreto. La máquina de la eudemonía es un buen ejemplo de esta intersección. La máquina (que debe su nombre al término griego *eudaimonia*, usado para designar un estado en el que alcanzamos la totalidad de nuestro potencial humano) es, en realidad, un edificio. «El objetivo de la máquina —me explicó David— es crear un entorno donde los usuarios pueden entrar en un estado de profunda realización humana, donde se trabaja llevando al límite máximo las capacidades personales.» En otras palabras, es un espacio diseñado para el fin único de llevar a cabo el trabajo más profundo posible. Como podrás imaginarte, el tema me llamó muchísimo la atención.

Para explicarme cómo funciona la máquina, Dewane tomó un bolígrafo e hizo un bosquejo del plano. La estructura es un rectángulo estrecho de un solo piso que consta de cinco habitaciones, ubicadas en fila, una detrás de otra. No hay pasillos compartidos: para llegar a la siguiente habitación hay que atravesar la anterior. Como explica Dewane, «[la ausencia de circulación] es crucial, porque no le permite a uno pasar de largo por alguno de los espacios en el proceso de ir profundizando en la máquina».

La primera habitación a la que se entra directamente desde la calle recibe el nombre de «galería». Según el plano de Dewane, esta habitación debe contener muestras de trabajo profundo producido en el edificio. Su propósito es inspirar a los usuarios de la máquina mediante la creación de «una cultura de sano estrés y de presión social».

Después de la galería viene el salón. Allí, Dewane imagina un lugar donde los usuarios tengan acceso a un café de excelente calidad y quizás, incluso, a un bar. También hay sillones y wifi. El salón está diseñado para crear un estado de ánimo que «oscila entre la curiosidad intensa y la argumentación». Es un lugar para debatir, para cocinar ideas y, en general, para trabajar en aquellas que el usuario desarrollará con más profundidad en la máquina.

Al salir del salón se entra en la biblioteca. En esta habitación se conserva un registro permanente de todas las obras producidas en la máquina, así como libros y otros recursos usados en la obra. Hay fotocopiadoras y escáneres para recolectar la información necesaria para el proyecto. Dewane describe la biblioteca como «el disco duro de la máquina».

La siguiente habitación es un espacio de oficinas. En ella hay un salón de conferencias común y corriente con un tablero y cubículos provistos de escritorios. «La oficina —explica Dewane— es para una actividad de baja intensidad.» Para usar mi terminología, este es el espacio donde se llevan a cabo los esfuerzos superficiales necesarios para el proyecto. Dewane imagina que allí se podría ubicar a un administrador con un escritorio, que pueda ayudar a los usuarios a mejorar sus hábitos de trabajo para optimizar su eficiencia.

La última habitación de la máquina es un conjunto de lo que Dewane llama «cámaras para trabajar a fondo» (él adoptó el término «trabajar a fondo» tras la lectura de mis artículos sobre el tema). Cada cámara debe tener una dimensión de 1,8 por 3 metros; de otro lado, cada una de ellas estará protegida por paredes a prueba de ruidos. (Según el plan de Dewane, deben tener 45 centímetros de espesor.) «El objetivo de las cámaras de trabajo profundo es permitirle a la persona tener una concentración total y un flujo de trabajo ininterrumpido», según explica Dewane. El arquitecto se imagina un proceso en el cual uno pasa noventa minutos dentro, se toma una pausa de noventa minutos y repite la misma operación dos o tres veces. En ese momento, el cerebro de la persona habrá llegado a su límite de concentración para ese día.

Por ahora, la máquina de la eudemonía solo es un conjunto de planos arquitectónicos, pero, incluso bajo esta forma, a Dewane le entusiasma su potencial para el trabajo profundo. «Me parece que [este diseño] es la mejor idea arquitectónica que he producido», me dijo.

———

En un mundo ideal —en el que se acepta y se celebra el verdadero valor de trabajar a fondo— todos tendríamos acceso a algo similar a la máquina de la eudemonía. Tal vez no con el diseño exacto de David Dewane, pero sí, de una manera general, con un entorno (y una cultura) laboral diseñados para extraer la mayor cantidad de valor posible de nuestro cerebro. Por desgracia, este sueño está muy lejos de nuestra realidad actual: nos encontramos en unas oficinas abiertas, muy propicias para la distracción, nos vemos bombardeados por los correos electrónicos y debemos asistir a reuniones sin cesar. En nuestro medio laboral actual, los colegas buscan que les respondamos rápidamente su último correo electrónico en lugar de esperar a que produzcamos los mejores resultados posibles. Dicho de otro modo, como lector de este libro eres un discípulo de la profundidad en un mundo superficial.

Esta regla —la primera de cuatro que presento en la segunda parte del libro— aspira a reducir ese conflicto. Puede que no tengas acceso a tu propia máquina de la eudemonía, pero las estrategias que veremos a continuación te ayudarán a simular sus efectos en medio de una vida profesional llena de distracciones. Estas estrategias te mostrarán cómo transformarte de tal manera que el trabajo profundo se convierta en una parte habitual y fundamental de tu horario cotidiano. (Las reglas 2, 3 y 4 te ayudarán a sacar el mayor partido de este hábito de trabajar a fondo mediante tácticas para entrenar tu capacidad para la concentración y así luchar contra las distracciones.)

Sin embargo, antes de pasar a las estrategias, quisiera tratar un asunto que quizás te ronde la cabeza: ¿por qué necesitamos poner tanta energía en este empeño? En otras palabras, ¿por qué, una vez que hemos aceptado que el trabajo profundo es valioso, no basta simplemente con dedicarse a él? ¿En verdad necesitamos cosas tan complicadas como la máquina de la eudemonía (o algún equivalente) para algo tan sencillo como recordar que debemos concentrarnos con mayor frecuencia?

Por desgracia, a la hora de reemplazar la distracción por la concentración, las cosas no son tan sencillas. Para comprender por qué, veamos más de cerca uno de los principales obstáculos para la profundidad: la necesidad de dirigir nuestra atención hacia algo más superficial. Casi todos reconocemos que esta necesidad puede complicar nuestros esfuerzos por concentrarnos en cosas difíciles, pero casi nadie sabe lo fuerte e insistente que es.

Consideremos un estudio llevado a cabo en 2012 por los psicólogos Wilhelm Hofmann y Roy Baumeister,[1] en el cual se dotó con un busca a cada miembro de un grupo de 205 adultos alemanes. Estos aparatos se activaban en momentos escogidos al azar. (Es el mismo experimento que mencionamos en la primera parte.) Cuando el busca sonaba, se le pedía al sujeto que hiciera una pausa para pensar qué deseos estaba experimentando en el momento o qué había sentido en los treinta minutos previos, y luego se le pedía que respondiera unas preguntas sobre estos deseos. Al cabo de una semana, los investigadores habían recopilado más de 7.500 muestras. Resumiré sus hallazgos en una breve frase: *La gente lucha contra sus deseos todo el día.* Así lo expresó Baumeister en *Willpower*, un libro que escribió tras el experimento y a cuatro manos con el escritor de temas científicos John Tierney, y cuyo título significa «fuerza de voluntad»: «El deseo era la norma y no la excepción».[2]

Los cinco deseos más comunes contra los cuales luchaban estos sujetos incluyen, como era de esperar, comer, dormir y tener sexo. Sin embargo, en la lista también encontramos deseos de «hacer una pausa en el trabajo [duro], revisar el correo electrónico y las redes sociales, navegar por internet, escuchar música o ver televisión».[3] Las tentaciones de internet y televisión eran particularmente fuertes: los sujetos lograban resistir estas distracciones tan adictivas solo la mitad de las veces.

Estos resultados no son los más deseables si tenemos en mente la meta de cultivar el hábito de trabajar a fondo, pues significan que estamos bajo el bombardeo permanente del deseo de hacer cualquier cosa diferente del trabajo profundo a lo largo del día. Si eres como los sujetos del estudio de Hofmann y Baumeister, estos deseos muchas veces ganarán la partida. Es posible que, en este punto, pienses que no te ocurrirá lo mismo que a ellos, pues sí entiendes la importancia de la profundidad y, por lo tanto, serás más riguroso en tu determinación de mantenerte concentrado. Se trata de un noble sentimiento, pero muchas décadas de investigación previa ponen de manifiesto su futilidad. Una línea de investigación que se ha vuelto muy importante, y que se inició con una serie de artículos académicos también escritos por Baumeister, ha logrado establecer la siguiente verdad (inesperada por entonces) respecto de la fuerza de voluntad: *Disponemos de una cantidad finita de fuerza de voluntad que disminuye a medida que la usamos.*

En otras palabras, la voluntad no es una manifestación del carácter, no es un recurso que se pueda desplegar de manera ilimitada; funciona, más bien, como un músculo, que se cansa. Por esta razón a los sujetos del estudio de Hofmann y Baumeister les costaba tanto luchar contra sus deseos. Al cabo del tiempo, estas distracciones agotaban sus reservas finitas de fuerza de voluntad hasta el punto de que ya no podían seguir resistiendo. Lo mismo te ocurrirá a ti, sin importar cuáles sean tus intenciones... a menos que manejes tus hábitos de manera inteligente.

¿Cuál es la idea motivadora que sustenta las estrategias que veremos a continuación? La clave para desarrollar un hábito de trabajar a fondo es ir más allá de las buenas intenciones y crear *rutinas* y *rituales* en la vida laboral, diseñados para minimizar la cantidad de fuerza de voluntad que uno debe usar para hacer la transición y mantenerse en un estado de concentración ininterrumpida. Si decides, por ejemplo, en medio de una tarde en la que has estado distraído navegando en internet, fijar tu atención en una tarea exigente desde el punto de vista cognitivo, tendrás que sacar grandes reservas de tu fuerza de voluntad finita para alejarte del atractivo de internet. Como es de suponer, estos intentos fracasarán en repetidas ocasiones. Si, por el contrario, pones en práctica unas rutinas y rituales (como, por ejemplo, escoger una hora y un lugar tranquilos para hacer tu trabajo profundo en las tardes), necesitarás menos fuerza de voluntad para empezar y para no interrumpir. A largo plazo, lograrás llevar a cabo esos esfuerzos profundos con más frecuencia.

A la luz de lo anterior, las seis estrategias que presentamos a continuación se pueden considerar como un arsenal de rutinas y rituales diseñados teniendo en cuenta que la fuerza de voluntad es limitada, con el fin de maximizar la cantidad de trabajo profundo que puedes hacer en tu programación cotidiana. Entre otras cosas, estas estrategias te exigirán comprometerse con un patrón específico para programar tu trabajo profundo, así como desarrollar rituales para poner a punto tu concentración antes de comenzar cada sesión. Algunas de estas estrategias hacen uso de un sencillo método heurístico para acaparar el centro de motivación de tu cerebro, en tanto que otras están diseñadas para recargar, de la manera más rápida posible, tus provisiones de fuerza de voluntad.

Podrías limitarte a intentar hacer del trabajo profundo una prioridad. Sin embargo, respaldar esa decisión con las estrategias que propongo (o con estrategias inventadas por ti mismo, motivadas por los mismos principios) aumentará significativamente la probabilidad de que conviertas el trabajo profundo en una parte crucial de tu vida profesional.

¿Cuál es tu filosofía de la profundidad?

El afamado científico informático Donald Knuth tiene en alta consideración el trabajo profundo. Como explica en su sitio web, «para hacer lo que yo hago se requieren largas horas de estudio y de concentración ininterrumpida».[4] Un candidato al doctorado llamado Brian Chappell, padre de familia y empleado a tiempo completo, también valora el trabajo profundo, pues es la única manera que tiene para avanzar en su tesis, dadas sus limitaciones de tiempo. Chappell me contó que su primer encuentro con la idea de trabajo profundo había sido «un momento emocional».

Menciono este par de ejemplos porque, aunque Knuth y Chappell están de acuerdo con respecto a la importancia de la profundidad, difieren en las *filosofías* mediante las cuales integran la profundidad a su vida laboral. En la siguiente sección mostraré cómo Knuth pone en práctica una especie de enfoque monástico que prioriza trabajar a fondo y trata de eliminar o minimizar los demás tipos de trabajo. Chappell, por su parte, hace uso de una estrategia rítmica, según la cual hace trabajo profundo a la misma hora (de cinco a siete y media de la mañana), todos los días entre semana, sin excepción, antes de comenzar su jornada laboral, lleno de ocasiones propicias para la distracción. Ambos enfoques funcionan, pero no de manera universal. La manera de proceder de Knuth puede ser buena para una persona cuya principal obligación profesional sea concebir grandes ideas, pero si Chappell adoptara el sistema de rechazar todo lo que sea superficial, lo más probable es que perdería su trabajo.

Necesitas una filosofía propia para integrar el trabajo profundo a tu vida profesional. (En la introducción a esta regla, decía que tratar de programar el trabajo profundo de una manera que no sea constante resulta ineficaz para manejar las reservas limitadas de fuerza de voluntad.) Ahora bien, este ejemplo apela a nuestro buen juicio: debes ser sensato a la hora de escoger una filosofía que se adapte a tus circunstancias específicas, pues un desacierto en ese sentido podría echar por la borda los hábitos laborales para trabajar a fondo antes de que estos lleguen a consolidarse. Esta estrategia te ayudará a evitar sinsabores. A continuación, veremos cuatro filosofías diferentes sobre la profundidad, para integrar el trabajo profundo a la programación diaria. Merece la pena que te tomes el tiempo necesario para ver cuál es la manera de proceder que más te conviene.

La filosofía monástica de la programación del trabajo profundo

Volvamos a Donald Knuth. Son muy conocidas sus innovaciones en la ciencia informática, entre las que se incluye, con notoriedad, el desarrollo de una rigurosa técnica para analizar el desempeño de los algoritmos. Sin embargo, entre sus colegas, Knuth también tiene mala reputación por su manera de concebir las comunicaciones electrónicas. Si visitas el sitio web de Knuth en Stanford, con la intención de encontrar su dirección de correo electrónico, lo que verá es la siguiente nota:

> Soy un hombre feliz desde el 1 de enero de 1990, fecha en la cual dejé de tener dirección de correo electrónico. Lo había usado desde 1975, y me parece que quince años de correo electrónico es más que suficiente en la vida. El correo electrónico es una herramienta maravillosa para las personas que necesitan estar encima de todo. Pero no para mí. Mi

papel consiste en estar debajo de las cosas. Para hacer lo que yo hago se requieren largas horas de estudio y de concentración ininterrumpida.[5]

Knuth explica que no es su intención cortar del todo los lazos con el mundo exterior. Anota que la escritura de sus libros le exige comunicarse con miles de personas y que le interesa responder sus preguntas y comentarios. ¿Cuál es su solución? Poner una *dirección postal*. Dice que su asistente administrativa lee las cartas que llegan a esa dirección y selecciona las que considera relevantes. Si el asunto es urgente, se lo hace saber a Knuth, y todo lo demás queda para que él lo trabaje en conjunto, cada tres meses, más o menos.

Knuth pone en práctica lo que yo llamo una *filosofía monástica* del trabajo profundo. Esta filosofía busca maximizar la profundidad mediante la eliminación o la reducción drástica de las obligaciones superficiales. Los adeptos de la filosofía profunda suelen tener una meta profesional bien definida y altamente valorada, y el grueso de su éxito profesional proviene de hacer ese oficio específico excepcionalmente bien. Esta claridad les permite eliminar la mayor parte de las preocupaciones superficiales que tienden a enredar la vida laboral de las personas cuya propuesta de valor es más variada.

Knuth define su meta profesional de la siguiente manera: «Trato de aprender todo lo que pueda sobre ciertas áreas de la ciencia informática; luego trato de condensar esos conocimientos de tal forma que sean accesibles para las personas que no tienen tiempo para estudiar todo eso». Tratar de convencer a Knuth de las ventajas intangibles que se pueden obtener al crear un grupo de seguidores en Twitter, o sobre las oportunidades inesperadas que podrían provenir de un uso más liberal del correo electrónico, será un intento fallido, pues dichas conductas no sirven para alcanzar directamente su meta de adquirir conocimientos exhaustivos sobre la ciencia informática y luego escribir sobre ellos de una forma accesible. Otra persona comprometida con el trabajo profundo de tipo monástico es el aclamado escritor de ciencia ficción Neal Stephenson. Si visitas el sitio web de Stephenson, verás que no hay ninguna dirección de correo electrónico ni postal. Podemos entender el porqué de esta omisión al leer un par de ensayos que Stephenson publicó en su anterior sitio web (en el servidor de The Well), a comienzos de la década de 2000, que se conserva en el Internet Archive. En uno de esos ensayos, archivado en 2003, Stephenson resume así su política de comunicaciones:

> A las personas que deseen interrumpir mi concentración les pido amablemente abstenerse de hacerlo. También les advierto que no contesto correos electrónicos [...]. Para que el mensaje clave de [mi política de comunicaciones] no se pierda en palabrería, lo formularé de manera sucinta, así: Todo mi tiempo y atención ya están comprometidos, desde hace tiempo. Por favor, no insista.[6]

Para ampliar la justificación de esta política, Stephenson escribió un ensayo titulado *Why I Am a Bad Correspondent* [Por qué soy un mal corresponsal]. El punto central que sustenta esta inaccesibilidad es la siguiente decisión:

> Para decirlo en otras palabras, la ecuación de la productividad no es lineal. Esto explica por qué soy un mal corresponsal y por qué casi nunca acepto invitaciones a dar conferencias. Si organizo mi vida de tal manera que pueda disponer

de porciones de tiempo largas y consecutivas, puedo escribir novelas. Sin embargo, si esas porciones están separadas y fragmentadas, mi productividad como novelista se reduce de manera drástica.[7]

Stephenson identifica dos opciones excluyentes entre sí: puede escribir buenas novelas a un ritmo constante o puede contestar montones de correos electrónicos y dar conferencias, con lo cual podría escribir novelas de baja calidad a un ritmo mucho más lento. Él escogió la primera opción, y esta decisión implica que debe evitar la mayor cantidad de fuentes de trabajo superficial en su vida profesional. (Este asunto es tan importante para Stephenson que decidió estudiar sus repercusiones —tanto positivas como negativas— en su novela de ciencia ficción *Anathem*,[8] en la que describe un mundo donde una élite intelectual vive en órdenes monásticas, aislada de las masas y la tecnología distractora, dedicada a producir pensamientos profundos.)

Según mi experiencia, la filosofía monástica hace que muchos trabajadores del conocimiento se pongan a la defensiva. Sospecho que la claridad que sus adeptos tienen respecto al valor que le aportan al mundo toca una fibra sensible de aquellos cuya contribución a la economía de la información es más compleja; al decir «más compleja» no quiero decir «inferior». Un alto ejecutivo, por ejemplo, puede desempeñar un papel vital en el funcionamiento de una compañía de miles de millones de dólares, aunque no sea capaz de señalar a su favor una medida precisa como una novela acabada y decir: «Esto es lo que produje este año». Por lo tanto, el número de individuos a los que puede funcionarles bien la filosofía monástica es limitado, y no hay nada de malo en ello. Si no perteneces a este grupo, no debes sentir mucha envidia ante la radical sencillez de la propuesta. Por otra parte, si perteneces a ese grupo (eres una persona cuya contribución al mundo es medible de manera precisa, clara e individualizada),* debes pensar en serio en esta filosofía, ya que puede ser el factor decisivo entre una carrera promedio y una destacada.

La filosofía bimodal de la programación del trabajo profundo

Al comienzo de este libro relaté una historia sobre el revolucionario psicólogo y pensador Carl Jung. En los años veinte, por la época en que Jung buscaba separarse del pensamiento restringido de su mentor, Sigmund Freud, el psicólogo suizo comenzó a hacer retiros habituales en una rústica casa de piedra que construyó en los bosques a las afueras del pueblo de Bollingen. Cuando estaba allí, Jung se encerraba todas las mañanas a escribir sin interrupción en un cuarto que apenas disponía de lo necesario. Luego meditaba e iba a dar una caminata por el bosque, con el fin de preparar su mente para la jornada de escritura del día siguiente. El propósito de estos esfuerzos de Jung era aumentar la intensidad de su trabajo profundo, de tal manera

---

* Uso de manera relativamente vaga la palabra «individualizada». La filosofía monástica no se aplica *únicamente* a aquellos que trabajan solos. Existen ejemplos de emprendimientos profundos en los que el trabajo lo hace un grupo reducido de personas. Pensemos, por ejemplo, en equipos de composición de canciones como Rodgers y Hammerstein, o en equipos de invención como los hermanos Wright. Lo que realmente quiero decir al usar este término es que esta filosofía se aplica bien a aquellos que pueden trabajar para materializar sus metas claras y prescinden de las otras obligaciones que se derivan del hecho de pertenecer a una gran organización.

que pudiera llegar a un nivel que le permitiera tener éxito en su combate intelectual contra Freud y sus seguidores.

Recordar esta historia nos permite destacar algunos puntos importantes: Jung *no* tenía un enfoque monástico en su manera de abordar el trabajo profundo. Donald Knuth y Neal Stephenson, nuestros ejemplos anteriores, se esforzaban por eliminar completamente las distracciones y la superficialidad de su vida profesional. Jung, en cambio, buscaba esta eliminación solo durante los períodos de retiro. El resto del tiempo lo pasaba en Zúrich, donde su vida no era en absoluto monástica: atendía un consultorio en el que veía pacientes hasta casi caer la noche; era un participante activo de la vida cultural de los cafés zuriqueses; dictaba y escuchaba conferencias en las reputadas universidades de la ciudad. (Dicho sea de paso, Einstein se doctoró en una universidad de Zúrich y más adelante fue profesor en otra. Como nota interesante, conoció a Jung y los dos compartieron muchas cenas en las que conversaron sobre algunas de las ideas clave de la teoría especial de la relatividad de Einstein.) En otras palabras, la vida de Jung en Zúrich es similar en muchos sentidos al arquetipo moderno del trabajador del conocimiento de la era digital superconectada: si reemplazamos la palabra «Zúrich» por «San Francisco» y «carta» por «tuit», perfectamente podríamos estar hablando de un famoso director ejecutivo de la industria informática.

La manera de proceder de Jung es lo que yo llamo *filosofía bimodal* del trabajo profundo. En esta modalidad, el trabajador divide su tiempo de tal forma que dedica porciones claramente definidas a labores profundas y el resto queda para lo demás. Durante el período de trabajo profundo, el trabajador bimodal actúa de forma monástica, buscando una concentración intensa e ininterrumpida. Durante el tiempo superficial, no se prioriza la concentración. Esta división del tiempo entre lo profundo y lo abierto puede darse en múltiples escalas. Por ejemplo, en la escala de una semana, puede dedicarle un fin de semana largo a la profundidad y el resto al tiempo abierto. De manera similar, en la escala de un año, puede dedicarle un trimestre a la mayoría de las labores que requieren profundidad (como hacen muchos académicos durante el verano o durante su año sabático).

La filosofía bimodal considera que el trabajo profundo puede generar una alta productividad, *pero solo* si el sujeto le dedica el tiempo suficiente a esta labor para llegar a una intensidad cognitiva máxima: ese es el estado en el que se producen los verdaderos avances. Según esta filosofía, la unidad mínima de tiempo para el trabajo profundo tiende a ser, por lo menos, un día entero. Para los adeptos de esta modalidad, separar unas cuantas horas por la mañana, por ejemplo, no es suficiente para lograr sus cometidos.

La filosofía bimodal es típica de las personas que no pueden triunfar si prescinden de los compromisos que implican ciertas tareas que no son profundas. Jung, por ejemplo, necesitaba su práctica clínica en el consultorio para pagar las cuentas, y la escena de la vida cultural de los cafés para estimular su pensamiento. La combinación de ambas estrategias permite atender dos frentes indispensables.

Encontramos un ejemplo contemporáneo de filosofía bimodal en Adam Grant, el profesor de la Escuela de Negocios de Wharton que mencionamos en la primera parte. Como recordarás, el horario de Grant durante su rápido ascenso en el cuerpo profesoral de Wharton es un interesante caso de filosofía bimodal en acción. En la escala del año académico, ponía todos sus cursos en un semestre y luego dedicaba el siguiente al trabajo profundo. Durante el semestre dedicado a la profundidad, aplicaba el enfoque bimodal en una escala mensual. Una o dos veces al mes dedicaba un período de dos a cuatro días a una forma de trabajo completamente monástica. Cerraba la puerta de su oficina, ponía un mensaje de respuesta automática en el correo electrónico y trabajaba en su investigación de manera ininterrumpida. Aparte de estos momentos de aislamiento, Grant estaba accesible. En cierto sentido, así debe ser: en su éxito de librerías de 2013, titulado *Give and Take*, el autor aboga por la práctica de dar a los demás tiempo y atención, sin esperar nada a cambio, como estrategia clave en el avance profesional.

Las personas que ponen en práctica la filosofía bimodal del trabajo profundo admiran la productividad de los monásticos, pero también valoran los resultados que obtienen gracias a los comportamientos superficiales en su vida laboral. Quizás el mayor obstáculo para implementar esta filosofía es que incluso para tener períodos cortos de trabajo profundo se requiere de una flexibilidad que muchos trabajadores no creen tener al alcance de la mano, dadas sus circunstancias. Si te sientes incómodo nada más con pensar en no consultar el correo electrónico durante una hora, es comprensible que la idea de desaparecer durante todo un día te parezca imposible. No obstante, tengo la sospecha de que el sistema de trabajo bimodal es compatible con una cantidad de trabajos mayor de la que te imaginas. Anteriormente, por ejemplo, describí un estudio de la profesora Leslie Perlow, de la Escuela de Negocios de Harvard. En ese estudio, se le pidió a un grupo de consultores de gerencia desconectarse durante un día entero a la semana. Aunque los consultores temían que sus clientes se enojaran, nada de eso ocurrió. Los sujetos del estudio de Perlow descubrieron, lo mismo que Jung y Grant, que la gente suele respetar su derecho a no estar disponible, siempre y cuando esos períodos estén bien definidos y se le anuncie debidamente, y que vuelva a estar accesible cuando estos terminen.

La filosofía rítmica de la programación del trabajo profundo

En los primeros días del programa de televisión *Seinfeld*, el cómico Jerry Seinfeld continuaba trabajando en diversos clubes nocturnos. Durante este período, un escritor y cómico llamado Brad Isaac, que trabajaba en presentaciones en vivo por las noches, se encontró por casualidad con Seinfeld en un club, mientras esperaba entrar en escena. Como explicó Isaac en un artículo de *Lifehacker*, ahora clásico: «Allí vi una oportunidad. Tenía que preguntarle a Seinfeld si podía darle algunos consejos al cómico joven que era yo en ese entonces. Sus palabras me servirían toda la vida».[9]

El consejo de Seinfeld para Isaac comenzaba con una indicación de sentido común: «Para ser un mejor cómico tienes que hacer mejores chistes», y luego pasaba a explicar que la manera para crear mejores chistes era escribir todos los días. A continuación, Seinfeld le describió una técnica específica que usaba para mantener esta disciplina. Tenía un calendario en la pared. Cada vez que escribía un chiste ponía una equis roja en la fecha correspondiente. «Al cabo de unos días, vas a tener una cadena —le dijo Seinfeld—. Mantén el ritmo y verás que la cadena se vuelve más larga con el paso de los días. Te va a encantar mirar la cadena, sobre todo cuando ya lleves algunas semanas. Lo que sigue es impedir que se rompa la cadena.»

Este *método de la cadena* (como lo llaman algunos) se volvió famoso entre los escritores y los entusiastas del ejercicio físico: comunidades a las que les viene bien hacer cosas difíciles de manera constante. En lo que nos concierne, se trata de un ejemplo específico de un enfoque general para integrar la profundidad en la vida: es la *filosofía rítmica*. Esta filosofía sostiene que la manera más fácil para comenzar con constancia las sesiones de trabajo profundo es convertirlas en un hábito. En otras palabras, la meta consiste en generar un *ritmo* para hacer este trabajo, de tal forma que no sea necesario invertir enormes cantidades de energía para decidir cuándo y cómo vamos a hacer el trabajo profundo. El método de la cadena es un buen ejemplo de filosofía rítmica en la programación del trabajo profundo, pues combina un sencillo método heurístico (hacer el trabajo todos los días), con una forma fácil de recordar que debemos hacer el trabajo: equis rojas en el calendario.

Otra forma común de implementar la filosofía rítmica consiste en reemplazar la ayuda visual del método de la cadena con una hora fija para comenzar el trabajo profundo. Así como mantener indicadores visuales de nuestros avances nos ayuda a reducir la barrera que nos separa del trabajo profundo, saber a qué hora hacemos el trabajo profundo reduce esta barrera, pues se elimina la necesidad de tomar decisiones respecto a la programación del día.

Es el caso de Brian Chappell, el laborioso candidato a doctor que presenté en páginas precedentes. Chappell adoptó por pura necesidad la filosofía rítmica para programar su trabajo profundo. Cuando estaba en un momento clave de la redacción de su tesis doctoral, le ofrecieron un trabajo de tiempo completo en la universidad donde había estudiado. Desde el punto de vista profesional, era una buena oportunidad y Chappell la aceptó gustoso. Sin embargo, académicamente hablando, un trabajo de tiempo completo, sumado a la llegada de su primer hijo, no le permitía encontrar la profundidad necesaria para escribir los capítulos que le faltaban.

En un comienzo, Chappell asumió un compromiso difuso con el trabajo profundo. Su idea era dedicar períodos de noventa minutos al trabajo profundo (pues suponía, con toda la razón, que se necesita tiempo para entrar en un estado de concentración) y decidió que trataría de programar esos segmentos de trabajo durante el día cuando las circunstancias fueran convenientes. Como era previsible, esta estrategia no resultó ser muy productiva. Durante un taller intensivo de redacción al que Chappell había asistido el año anterior, había logrado producir un capítulo entero de la tesis al cabo de una semana de riguroso trabajo profundo. En cambio, tras aceptar aquel trabajo de tiempo completo, logró producir tan solo un capítulo adicional *en todo un año*.

La lentitud de ese proceso productivo llevó a Chappell a asumir el método rítmico. Se impuso como regla levantarse y empezar a trabajar a las cinco y media de la mañana en la tesis. A las siete y media se detenía, desayunaba y salía a trabajar, habiendo cumplido con sus obligaciones académicas del día. Complacido con el progreso, decidió empezar a las cuatro y cuarenta y cinco, para tener más tiempo de profundidad en la mañana.

En la entrevista que le hice a Chappell para la redacción de este libro, me describió su método rítmico de programación del trabajo profundo como una estrategia «astronómicamente productiva y desprovista de toda culpabilidad». En su rutina producía entre cuatro y cinco páginas de prosa académica al día. También lograba generar borradores de los capítulos de la tesis a un ritmo de un capítulo *cada dos o tres semanas*: una producción fenomenal, teniendo en cuenta que también tenía un trabajo de 9 a 5. «¿Por qué no iba a poder ser tan prolífico? —concluyó—. Nada me lo impedía.»

Hay un contraste interesante entre la filosofía rítmica y la filosofía bimodal. Es posible que la primera no sea ideal para alcanzar los niveles más intensos de profundidad que se ven en las sesiones de concentración diarias de la estrategia bimodal. La ventaja, sin embargo, es que esta estrategia funciona mejor a la luz de la realidad de la naturaleza humana. Mediante rutinas sólidas para el trabajo profundo que garantizan resultados pequeños de manera habitual, el trabajador que adopta la programación rítmica logra completar un mayor número de horas de trabajo profundo al año.

La decisión de optar entre la filosofía bimodal y la rítmica tal vez dependa, en última instancia, del tipo específico de autocontrol que tengas en los asuntos relacionados con el manejo del tiempo. Si eres Carl Jung y estás enzarzado en una intensa discusión intelectual con los seguidores de Sigmund Freud, tal vez reconozcas la importancia crucial de sacar tiempo para concentrarte en tus ideas. Por otra parte, si estás escribiendo una tesis y nadie te está presionando para que termines, te convendrá el hábito que caracteriza a la filosofía rítmica para mantener el progreso.

Sin embargo, lo que lleva a muchas personas a preferir la filosofía rítmica no es un simple asunto de autocontrol, sino también la realidad de que en algunos trabajos uno no puede desaparecer durante varios días seguidos cuando sea necesario asumir la profundidad. Muchos jefes consideran que eres libre de concentrarte con la intensidad que quieras... siempre y cuando le respondas rápido los correos electrónicos. Tal vez por esta razón la filosofía rítmica es una de las que se adopta con más frecuencia para hacer trabajo profundo en los puestos corrientes de oficina.

La filosofía periodística de la programación del trabajo profundo

A comienzos de los años ochenta, el periodista Walter Isaacson tenía algo más de treinta años y empezaba su ascenso fulgurante en la revista *Time*. En aquel momento, el joven periodista estaba claramente en el radar de las clases pensantes. Christopher Hitchens, por ejemplo, quien por entonces escribía en el *London Review of Books*, decía que era «uno de los mejores periodistas de revistas de Estados Unidos».[10] Había llegado el momento de que Isaacson escribiera un libro importante, pues este se consideraba un paso necesario en la escalera de los logros de un periodista. Así, pues, Isaacson escogió un tema complejo: una biografía entrelazada de seis personajes que desempeñaron un papel importante en los inicios de la Guerra Fría y sus políticas. Trabajó asociado con un joven editor de la revista *Time*, Evan Thomas, para producir un libro voluminoso: un relato épico de 864 páginas titulado *The Wise Men: Six Friends and the World They Made*.[11]

Este libro, publicado en 1986, tuvo una buena acogida en ciertos círculos. *The New York Times* lo describió como «un relato de rica textura» y el *San Francisco Chronicle* afirmó con entusiasmo que los dos jóvenes escritores habían «dado forma a un plutarco de la Guerra Fría».[12] Menos de un decenio después, Isaacson llegó al cenit de su carrera periodística al ser nombrado jefe de redacción de la revista *Time* (luego ocupó el cargo de director ejecutivo de un importante centro de estudios y escribió famosas biografías de personajes como Benjamin Franklin, Albert Einstein y Steve Jobs).

Lo que me interesa de Walter Isaacson, sin embargo, no es el logro que alcanzó con la escritura de su primer libro sino la manera como lo hizo. Debo decir que para descubrir esta historia fue crucial una afortunada conexión personal. Por la época de la publicación de *The Wise Men*, mi tío John Paul Newport, quien también trabajaba por entonces como periodista en Nueva York, compartió con Isaacson la renta de una casa de verano. Mi tío todavía recuerda con admiración los hábitos de trabajo de Isaacson:

> Siempre era asombroso... Podía retirarse un rato a su habitación, mientras los demás nos divertíamos en el balcón, y se ponía a trabajar en el libro. [...] Se quedaba allá veinte minutos o una hora, tiempo durante el cual todos escuchábamos las teclas de la máquina de escribir. Luego bajaba y se veía igual de relajado que los demás. [...] El trabajo nunca parecía molestarle: subía a trabajar a su habitación con alegría cuando tenía tiempo libre.

Isaacson era metódico: siempre que tenía tiempo disponible se sumía en un estado de profundidad necesario para emprender su libro y empezaba a teclear. Al parecer, así se puede escribir como actividad adicional un volumen de casi novecientas páginas, mientras se pasa casi todo el resto del día en un trabajo que lo lleva a uno convertirse en uno de los mejores articulistas de revistas de Estados Unidos.

A este tipo de estrategia, con la cual se puede hacer trabajo profundo en cualquier momento del día, la llamo la *filosofía periodística*. Este nombre se explica por el hecho de que periodistas como Walter Isaacson están entrenados para sentarse a escribir en cualquier momento, tal como lo exige la naturaleza de su trabajo, en el cual las fechas de entrega son perentorias.

Esta manera de proceder no es apta para el novato del trabajo profundo. Tal como afirmé al empezar a hablar sobre esta regla, la capacidad para pasar mentalmente de lo superficial a lo profundo no es fácil. Si no tienes práctica, dichos cambios pueden agotar drásticamente tus reservas limitadas de fuerza de voluntad. Este hábito también requiere un gran sentido de la confianza en las propias capacidades: debes estar convencido de que tu trabajo es importante y que tendrá éxito. Por lo general, este tipo de convicción suele reposar en unos logros profesionales previos. Isaacson, por ejemplo, tal vez tenía mayor facilidad para sentarse a escribir de repente que un novelista principiante, pues ya era un escritor reputado para ese momento. *Sabía* que tenía la capacidad para escribir una biografía épica y comprendía que esa actividad era clave para su avance profesional. Esta confianza es crucial como motivación para emprender esfuerzos arduos.

Me inclino hacia la filosofía periodística de la programación del trabajo profundo porque es la que más me conviene para integrar esos esfuerzos en mi vida laboral. En otras palabras, no sigo el método monástico (aunque a veces me da envidia la desconexión sin remordimientos de mi colega, el científico informático Donald Knuth), ni entro en fases de profundidad como las del sistema bimodal, y, aunque me llama la atención la filosofía rítmica, hay algo en mis horarios que me impide mantener un hábito diario. Mi método, que es una oda a Isaacson, me lleva a tomar cada semana como viene y a programar en ella la mayor cantidad de trabajo profundo posible. Para escribir este libro, por ejemplo, tuve que aprovechar todos los ratos libres que surgían. Si mis hijos hacían la siesta, yo sacaba el portátil y me encerraba en la oficina que tengo en casa. Si un fin de semana mi esposa quería visitar a sus padres en Annapolis, cerca de donde vivimos nosotros, yo aprovechaba que había más personas para cuidar a los niños y me sentaba en un rincón tranquilo de la casa para escribir. Si se cancelaba una reunión en el trabajo o si tenía la tarde libre, me iba a alguna de las bibliotecas de la universidad y escribía algunos cientos de palabras más.

Debo admitir que no soy purista en la aplicación de la filosofía periodística. Por ejemplo, no tomo todas mis decisiones relacionadas con el trabajo profundo según el momento. Lo que hago, al comienzo de la semana, es planear cuándo voy a hacer trabajo profundo y luego ajusto esas decisiones, según sea necesario, al comenzar cada día (véase la regla n.º 4 para mayores detalles sobre mis rutinas de programación). Al reducir la necesidad de tomar decisiones sobre el trabajo según el momento, puedo tener mayores reservas de energía mental para la reflexión profunda en sí misma.

En términos generales, la filosofía periodística del trabajo profundo es difícil de ejecutar. Sin embargo, si confías en el valor de lo que quieres producir y tienes práctica en la destreza de hacer trabajo profundo (destreza que continuaremos desarrollando a través de las estrategias que veremos a continuación), verás que se trata de una buena manera de programar momentos para la profundidad en medio de un horario exigente.

Ritualiza

Una observación que no suele hacerse respecto a las personas que usan la mente para crear cosas valiosas es que casi nunca tienen hábitos laborales producto del azar. Tenemos el caso del ganador del premio Pulitzer, el biógrafo Robert Caro. Como se relata en un perfil suyo, «cada centímetro de la oficina de Caro en Nueva York está sujeto a unas reglas»:[13] el lugar donde pone los libros, la forma como apila los cuadernos, lo que pone en la pared e incluso la ropa que usa para ir a la oficina, todo está especificado según una rutina que ha variado poco a lo largo de la carrera de Caro. «Me he entrenado para aprender a ser organizado»,[14] explica.

La vida laboral de Charles Darwin tenía una estructura similar en cuanto a su rigurosidad durante el período en que se hallaba escribiendo *El origen de las especies*. Como recordaría más adelante su hijo Francis, Charles Darwin salía a dar una corta caminata a las siete de la mañana. Luego desayunaba solo y se retiraba a su estudio de 8 a 9:30. La siguiente hora la dedicaba a leer su correspondencia del día anterior y luego volvía a su estudio, desde la 10 hasta el mediodía. Después de esta sesión, rumiaba ideas retadoras mientras caminaba por una ruta fija que comenzaba en el invernadero de su propiedad y le daba toda la vuelta a esta. Caminaba hasta quedar satisfecho con las ideas que contemplaba en su cabeza y así declaraba haber llegado al final de su jornada de trabajo.[15]

El periodista Mason Currey, quien pasó cinco años catalogando los hábitos de pensadores y escritores famosos (gracias a él me enteré de los dos ejemplos anteriores), resume de la siguiente forma esta tendencia hacia la sistematización:

> Existe la creencia popular de que los artistas trabajan por inspiración, es decir, que son iluminados por un rayo de genio creativo que sale de quién sabe dónde [...], pero espero que [mi obra] deje en claro que esperar la llegada de la inspiración es un pésimo plan. De hecho, creo que el mejor con-

sejo que puedo darle a cualquier persona que quiera hacer un trabajo creativo es ignorar la inspiración.[16]

En una columna publicada en *The New York Times* sobre este tema, David Brooks hace un resumen tosco de esta realidad: «[Las grandes mentes creativas] piensan como los artistas pero trabajan como los contadores».[17]

———

Esta estrategia sugiere que, para sacar el mayor provecho de las sesiones de trabajo profundo, es necesario crear rituales que tengan el mismo nivel de rigurosidad y especificidad que vemos en los grandes pensadores mencionados anteriormente. Copiar estas conductas se justifica por una razón: las grandes mentes de personajes como Caro y Darwin no llevan a cabo estos rituales porque sí; lo hacen porque el éxito de su trabajo depende de su capacidad para ir a lo profundo, una y otra vez. No tenemos forma de ganar un premio Pulitzer ni concebir una gran teoría sin llevar nuestro cerebro al límite. Esos rituales minimizan la fricción de la transición hacia la profundidad, con lo cual se puede ir a lo profundo más fácilmente y mantenerse en ese estado por más tiempo. Si estos personajes se hubieran quedado esperando a que les llegara la inspiración para sentarse a trabajar en serio, sus logros habrían sido muchísimo menores.

No existe un único ritual *correcto* de trabajo profundo: a cada persona y a cada tipo de proyecto le sirve algo diferente. Sin embargo, podemos mencionar algunos puntos generales clave en relación con un ritual eficaz:

- **Dónde trabajar y durante cuánto tiempo.** Tu ritual debe especificar una ubicación determinada para canalizar los esfuerzos relacionados con el trabajo profundo. Este lugar puede ser tan normal como tu oficina de siempre, con la puerta cerrada y el escritorio despejado de todo lo demás. (Cuando va a hacer un trabajo difícil, a un colega le gusta poner en la puerta un letrero como el de los hoteles que dice «No molestar».) Si te es posible identificar un lugar que usarás *solamente* para hacer trabajo profundo —por ejemplo, un salón de conferencias donde puedas estar solo o una biblioteca silenciosa— verás que el efecto positivo puede ser mayor. (Si trabajas en una oficina abierta, la necesidad de encontrar un lugar para hacer trabajo profundo se vuelve particularmente importante.) Sin importar el lugar donde trabajes, es clave asignarse un tiempo específico, para que la sesión de trabajo sea un reto concreto y no una carga sin límites fijos.

- **Cómo trabajar una vez que comiences.** Tu ritual requiere reglas y procesos fijos, para que el esfuerzo sea estructurado. Por ejemplo, puedes fijar la regla de no consultar internet mientras haces trabajo profundo, o puedes imponerte un patrón como el número de palabras escritas en cada intervalo de veinte minutos, para mantener la concentración. Si no contaras con esta estructura, tendrías que hacer un esfuerzo mental constante para decir qué debes y qué no debes hacer durante estas sesiones y determinar si realmente estás trabajando duro. Estas distracciones agotan tus reservas de fuerza de voluntad.
- **Cómo apoyar el trabajo.** El ritual debe contemplar de qué manera va a obtener tu cerebro el apoyo necesario para funcionar a un buen nivel de profundidad. Por ejemplo, el ritual puede especificar que la sesión

comienza con una buena taza de café o garantizar el acceso a comida adecuada para mantener la energía o hacer ejercicio suave, como caminar, para seguir teniendo la mente despejada. (Nietzsche decía: «Solo tienen valor las ideas que hemos producido mientras vamos caminando»).[18] Este apoyo también puede incluir factores relacionados con el entorno, como organizar el material de base para tu trabajo, con lo cual se reduce la disipación de la energía (como vimos en el ejemplo de Caro). Para maximizar el éxito, es necesario dar apoyo a los esfuerzos que te permitirán ir a lo profundo. Al mismo tiempo, este apoyo debe sistematizarse para no perder energía mental pensando qué hay que hacer en cada momento.

Los puntos que acabamos de mencionar te ayudarán a moldear tu ritual para el trabajo profundo. Sin embargo, ten presente que encontrar un ritual que se ajuste a tus necesidades puede requerir un poco de experimentación: trabaja en ello. Cuando hayas encontrado el sistema que te satisface, verás que su impacto es significativo. El trabajo profundo es un asunto serio que no se debe tomar a la ligera. Acompañar estos esfuerzos con un ritual complicado (y tal vez extraño a los ojos de observadores externos) le dará a tu mente la estructura y el compromiso que se requieren para entrar en un estado de concentración en el que podrás crear cosas valiosas.

Haz gestos excepcionales

A comienzos del invierno de 2007, J. K. Rowling hacía grandes esfuerzos por terminar la escritura de *Harry Potter y las reliquias de la muerte*, el libro final de la serie. La presión era intensa, pues este volumen tenía la responsabilidad de unir los seis libros anteriores, de tal forma que satisficiera a los millones de seguidores de la saga. Rowling debía llevar a cabo un trabajo profundo para poder cumplir esas exigencias. Sin embargo, cada vez tenía mayor dificultad para lograr su cometido en la oficina de su casa en Edimburgo, Escocia. Rowling recuerda en una entrevista: «Un día en que estaba tratando de terminar *Las reliquias de la muerte* llegó el limpiador de las ventanas, los chicos estaban en casa, los perros ladraban». Era demasiado. La autora emprendió, entonces, una acción extrema para obtener la concentración necesaria: reservó una suite del Hotel Balmoral, un hotel de cinco estrellas ubicado en el corazón de la ciudad de Edimburgo. «Me vine a este hotel porque era bonito, pero no tenía la intención de quedarme —explicó—. Lo que pasa es que el primer día de escritura transcurrió de maravilla y seguí viniendo. Entonces terminé de escribir aquí el último libro de la serie de *Harry Potter*.»[19]

En retrospectiva, no es de sorprender que Rowling hubiera decidido quedarse. El entorno era ideal para su proyecto. El Balmoral, uno de los hoteles más lujosos de Escocia, está ubicado en un clásico edificio victoriano de mampostería ornamentada, que consta de una alta torre con reloj. Se encuentra a poca distancia del Castillo de Edimburgo, una de las fuentes de inspiración de Rowling para la concepción de Hogwarts.

La decisión de Rowling de reservar una suite de un lujoso hotel cerca del Castillo de Edimburgo es un ejemplo clásico de una estrategia curiosa pero eficaz de trabajo profundo: *el gesto excepcional*. El concepto es sencillo: al producirse un cambio radical en el entorno normal, sumado quizás a una inversión significativa de esfuerzo o dinero para llevar a cabo el trabajo profundo, se aumenta la percepción sobre la importancia de la tarea en cuestión. Este refuerzo de la importancia de la tarea reduce el instinto de la mente de posponer la labor y le da a uno una inyección de motivación y energía.

Escribir un capítulo de *Harry Potter*, por ejemplo, es un trabajo duro y requiere de mucha energía mental, sin importar dónde se haga. Ahora bien, si uno paga más de mil dólares diarios para escribir ese capítulo en la suite de un antiguo hotel, a pocas manzanas de un castillo al estilo Hogwarts, es más fácil *reunir* las energías para comenzar y mantener el ritmo de trabajo que si uno se queda en la oficina que tiene en casa.[20]

Al estudiar los hábitos de otras personas conocidas por su trabajo profundo, observamos que la estrategia del gesto excepcional aparece con frecuencia. Durante el tiempo en que Bill Gates trabajó como director ejecutivo de Microsoft, eran famosas sus «semanas para pensar», en las cuales dejaba a un lado sus habituales obligaciones laborales y familiares, y se iba a una cabaña con montones de papeles y de libros. Su meta era pensar profundamente, sin ninguna distracción, sobre asuntos de gran calado, relevantes para su compañía. En una de esas famosas semanas llegó a la conclusión de que internet se iba a convertir en una gran fuerza de la industria. No había nada que le impidiera físicamente a Gates pensar de manera profunda en su oficina de la sede central de Microsoft en Seattle, pero el entorno especial del lugar de retiro le ayudaba a alcanzar los niveles deseados de concentración.[21]

Alan Lightman, físico del MIT y reputado novelista, también saca partido de los gestos excepcionales. En su caso, se retira cada verano a «una islita» en Maine, para pensar profundamente y recargarse. En el año 2000, cuando describió su gesto en una entrevista, la isla no solo carecía de internet sino que tampoco tenía teléfono. Así se explicaba entonces el autor: «Son dos meses y medio en los que siento que puedo recobrar algo de silencio en mi vida... algo que es muy difícil encontrar».[22]

No todo el mundo tiene la libertad para pasar dos meses en una isla apartada, pero muchos escritores, entre los que se cuentan Dan Pink y Michael Pollan, simulan esa experiencia a lo largo del año mediante la construcción (que muchas veces exige grandes esfuerzos monetarios y físicos) de cabañas apartadas en el jardín de su casa para poder escribir. Pollan, por su parte, incluso escribió un libro sobre la experiencia de construir una cabaña en el bosque, detrás de su anterior casa en Connecticut.[23] Estas construcciones alejadas del resto de la casa no son estrictamente necesarias para estos escritores, quienes solo necesitan un ordenador portátil y una superficie donde ponerlo para hacer su oficio. Sin embargo, no son las comodidades de la cabaña lo que genera valor, sino el gesto excepcional que representa el diseño y la construcción de ese espacio, con el propósito exclusivo de propiciar una mejor experiencia de escritura.

No todos los gestos extraordinarios tienen que ser permanentes. William Shockley, el físico patológicamente competitivo de Bell Labs que no logró finalizar por sí solo la invención del transistor (como relato en la siguiente estrategia, dos miembros de su equipo hicieron el descubrimiento en un momento en que Shockley estaba en otro lugar, trabajando en un proyecto diferente), se encerró en la habitación de un hotel en Chicago, adonde había viajado para asistir a una conferencia. No salió de allí hasta no haber afinado los detalles de un mejor diseño del transistor, que le venía dando vueltas en la cabeza. Cuando finalmente salió de la habitación, envió por correo aéreo las notas al complejo de Bell Labs, en Murray Hill, Nueva Jersey, para que un colega las anotara en su diario de laboratorio y la innovación se timbrara con sello de tiempo. La forma del transistor en la que trabajó Shockley durante aquella jornada de trabajo profundo le valió compartir el premio Nobel concedido por esta invención.[24]

Un ejemplo aún más extremo de gesto excepcional para lograr importantes resultados es la historia de Peter Shankman, un emprendedor y pionero de las redes sociales. Shankman es un conferencista muy reputado y pasa buena parte de su tiempo volando de una ciudad a otra. En un momento dado, comprendió que ese entorno a 30.000 pies de altitud es ideal para concentrarse. Así lo explicó en su blog: «Confinado en mi silla sin tener nada frente a mí, nada que me disperse, nada que me distraiga, no me queda más remedio que prestar atención a mis pensamientos».[25] Poco después de hacer este descubrimiento, firmó un contrato para escribir un libro cuyo manuscrito debía entregar dos semanas después. Necesitaba una gran concentración para cumplir esta meta. La idea que se le ocurrió a Shankman para lograrlo fue muy poco convencional: compró un billete de ida y vuelta a Tokio en primera clase. Escribió durante todo el vuelo a Japón, se tomó un *espresso* en el salón de los pasajeros de clase ejecutiva en el aeropuerto, tomó el vuelo de regreso y escribió también durante todo el trayecto. Llegó de nuevo a Estados Unidos tan solo treinta horas después de haberse ido, con un manuscrito terminado en la mano. «El viaje me costó cuatro mil dólares y valió toda la pena del mundo»,[26] explicó.

En todos estos ejemplos, lo que permite alcanzar una mayor profundidad no es solo el cambio de entorno o la búsqueda de silencio. La fuerza dominante es la actitud psicológica de comprometerse en serio para llevar a cabo la tarea que uno se ha propuesto. Gestos tales como ir a un lugar apartado para concentrarse en un proyecto de escritura, o tomarse una semana lejos del trabajo habitual para pensar, o encerrarse en la habitación de un hotel para afinar un importante invento sirven para que la meta en cuestión sea una prioridad mental y se movilicen así los recursos intelectuales necesarios. En ocasiones, para ir a lo profundo se necesita hacer algo excepcional.

No trabajes solo

La relación entre el trabajo profundo y la colaboración es compleja. Sin embargo, merece la pena intentar comprenderla, pues sacarle partido al trabajo colaborativo puede aumentar la calidad del trabajo profundo en la vida profesional.

Conviene empezar nuestra aproximación a este tema mirando desde la distancia lo que a primera vista parece un conflicto irresoluble. En la primera parte de este libro critiqué a Facebook por el diseño de su nueva sede administrativa. En particular, indiqué que la meta de la compañía de crear la mayor oficina abierta del mundo —un espacio gigantesco donde van a trabajar 2.800 empleados— representa un absurdo ataque a la concentración.[27] Tanto la intuición como los resultados de diversas investigaciones señalan que compartir un espacio de trabajo con una gran cantidad de colegas es terriblemente distractor y crea un entorno que dificulta la tarea de dedicarse a pensar en serio. En un artículo publicado en *Bloomberg Businessweek* en 2013, donde se resumían las investigaciones más recientes sobre este asunto, se hacía un llamamiento a poner punto final a la «tiranía de las oficinas abiertas».[28]

No obstante, la preferencia por el diseño de estas oficinas abiertas no obedece al capricho. Como señala Maria Konnikova en *The New Yorker*, cuando este concepto surgió por primera vez su meta era «facilitar la comunicación y el flujo de las ideas».[29] Esta afirmación estaba en sintonía con el espíritu del mundo empresarial estadounidense que quería acoger esa forma no convencional de proceder de las nuevas empresas. Josh Tyrangiel, jefe de redacción de *Bloomberg Businessweek*, por ejemplo, explicaba así la ausencia de oficinas en la sede de Bloomberg: «La oficina abierta es espectacular; garantiza que todo el mundo se sintonice con la misión general y [...] estimula la curiosidad entre personas que trabajan en disciplinas diferentes».[30] Jack Dorsey justificaba el diseño de las oficinas abiertas de Square diciendo: «Nos gusta que la gente trabaje en espacios abiertos porque creemos en la serendipia: nos gusta que la gente camine por ahí y se encuentre con los demás y aprenda cosas nuevas».[31]

En relación a ello, podemos darle a este principio —según el cual surgen colaboraciones inteligentes y nuevas ideas cuando se le permite a la gente tener encuentros al azar— el nombre de *teoría de la creatividad por serendipia*. Podemos conjeturar de manera razonable que, cuando Mark Zuckerberg decidió crear la mayor oficina abierta del mundo, esta teoría motivaba su decisión, así como también la creación de muchas otras oficinas de espacio abierto en Silicon Valley y en otros lugares. (Existen otros factores, menos destacados, tales como la posibilidad de ahorrar dinero y aumentar los niveles de supervisión, pero casi no se les menciona porque no son tan atractivos.)

Esta decisión entre promover la concentración y promover la serendipia pareciera indicar que el trabajo profundo (una labor individual) es incompatible con la generación de avances creativos (una labor colaborativa). Sin embargo, esta conclusión es errónea. Se basa, a mi juicio, en una concepción incompleta de la teoría de la creatividad y la serendipia. Para sustentar esta afirmación, veamos cuáles son los orígenes de esta concepción particular respecto al motor de los descubrimientos y los avances.

La teoría en cuestión tiene muchas fuentes, pero yo tengo una conexión personal con una de las mejor conocidas. Durante mis siete años en el MIT, trabajé en el lugar donde anteriormente se ubicaba el famoso edificio conocido como Building 20. Esta estructura, localizada en la intersección entre las calles Main y Vassar, en Cambridge, Massachusetts —que finalmente fue demolida en 1998—, funcionó como refugio temporal durante la Segunda Guerra Mundial y se usó para albergar a la población cada vez mayor del Laboratorio de Radiación. Como se relata en un artículo de 2012 publicado en *The New Yorker*, en un comienzo se consideraba que el edificio era un fracaso: «La ventilación era mala y los corredores eran oscuros. Los muros eran delgados y había goteras en el techo. Durante el verano, el edificio era un horno y durante el invierno era un congelador».[32]

Sin embargo, cuando la guerra terminó, continuaron llegando científicos a Cambridge. El MIT necesitaba espacio, así es que en lugar de demoler inmediatamente el Building 20, como se les había prometido a los funcionarios locales (a cambio de una legislación laxa), la universidad continuó usando el edificio para trasladar allí la gente que no cabía en otros lugares. El resultado fue una mezcla heterogénea de diversos departamentos —desde ciencias nucleares hasta lingüística y electrónica— que compartían el edificio de techos bajos, junto con otros usuarios tales como un taller mecánico y un negocio de reparación de pianos.

Como la construcción del edificio era barata, todo el mundo se sentía en libertad para reordenar el espacio según sus necesidades. Los pisos y las paredes se podían mover y se podían colocar los equipos en las vigas. En un relato sobre la creación del primer reloj atómico por parte de Jerrold Zacharias, el artículo de *The New Yorker* que mencionaba anteriormente destaca la importancia de la versatilidad del edificio, pues Zacharias pudo quitar dos pisos del laboratorio para instalar el cilindro de tres pisos que necesitaba para su aparato experimental.

En los corrillos informales del MIT se decía que esta combinación aleatoria de diferentes disciplinas en un edificio grande y reconfigurable era propicia para encuentros al azar y para un espíritu de la inventiva que generaba descubrimientos y avances a un ritmo acelerado, además de dar pie a la innovación en temas tan diversos como la gramática de Chomsky, los radares de navegación Loran y los videojuegos, todo en las mismas décadas productivas de la posguerra. Cuando finalmente se demolió el edificio para hacerle lugar al Stata Center, diseñado por Frank Gehry y presupuestado en 300 millones de dólares (allí pasé yo algún tiempo), se lamentó profundamente la desaparición del Building 20. Para rendir tributo al «palacio de madera laminada» que el Stata Center había reemplazado, el diseño interior de este último se hizo con tablas de madera laminada sin acabados y zonas de concreto y marcas de construcción expuestas.[33]

Más o menos por la misma época en que se construía precipitadamente el Building 20, se llevaba a cabo un proyecto de creatividad y serendipia sistemática a 320 kilómetros hacia el suroeste, en Murray Hill, Nueva Jersey. Fue allí donde el director de Bell Labs, Mervin Kelly, dirigió la construcción de la sede de un nuevo laboratorio que estimularía abiertamente la interacción entre todos sus científicos e ingenieros. Kelly desestimaba el enfoque estándar de las universidades, según el cual cada departamento ocupa un edificio diferente, y prefirió conectar los espacios en una estructura continua mediante largos corredores: algunos tan largos que si uno se ponía en un extremo parecía que la estructura terminaba en un punto de fuga.[34] El cronista de Bell Labs, Jon Gertner, anota respecto al diseño: «Era prácticamente imposible recorrer este pasillo sin encontrarse con gente conocida, problemas nuevos, distracciones e ideas. Un físico caminando hacia la cafetería a la hora del almuerzo parecía un imán pasando junto a unas limaduras de hierro».[35]

Esta estrategia, mezclada con la audaz contratación que hacía Kelly de las mentes más brillantes del mundo, produjo algunas de las más notables innovaciones de la historia de la civilización moderna. En las décadas posteriores a la Segunda Guerra Mundial, el laboratorio produjo, entre otros logros: la primera celda solar, el láser, el satélite de comunicaciones, el sistema de comunicación celular y las redes de fibra óptica. Al mismo tiempo, sus teóricos formularon teorías de la información y teorías de la codificación, sus astrónomos se ganaron el premio Nobel por validar empíricamente la teoría del Big Bang y, quizá lo más importante de todo, sus físicos inventaron el transistor.

La teoría de la creatividad y la serendipia parece, pues, justificada por esta demostración histórica. Podemos afirmar con bastante seguridad que la invención del transistor fue posible gracias a que Bell Labs pudo poner en un solo edificio a físicos del estado sólido, teóricos cuánticos y experimentadores de primera línea, de tal manera que pudieran tener encuentros fecundos y aprender de la experiencia diversa de todos. Es muy poco probable que esta invención hubiera surgido de un solo científico dedicado al pensamiento profundo en solitario, como el equivalente académico de Carl Jung en su torre de piedra.

En este punto es necesario aportar ciertos matices para la comprensión de lo que *realmente* generó la innovación en lugares como el Building 20 y Bell Labs. Para eso, debemos volver a mi experiencia en el MIT. Al llegar como estudiante de doctorado en el otoño de 2004, yo formaba parte del primer grupo de alumnos nuevos que entrarían al Stata Center, que, como ya he dicho, reemplazó al Building 20. Como el centro era nuevo, a los estudiantes recién llegados nos hacían visitas guiadas para mostrarnos sus características. Según nos explicaban, Frank Gehry había dispuesto las oficinas en torno a espacios comunes y había diseñado cajas de escaleras abiertas entre pisos adyacentes, en un esfuerzo por propiciar los encuentros fortuitos y fecundos que habían caracterizado el edificio anterior. Sin embargo, lo que me llamó la atención en ese momento fue una peculiaridad que no se le había ocurrido a Gehry, sino que había sido añadida poco tiempo atrás, ante la insistencia de la facultad: juntas especiales en las jambas de las puertas para reforzar el aislamiento del sonido. Los profesores del MIT —algunos de los cuales trabajaban en las tecnologías más innovadoras del mundo— no querían saber nada de las oficinas abiertas. Exigían, por el contrario, la posibilidad de encerrarse en un lugar sin distracciones.

Esta combinación de oficinas a prueba de ruidos conectadas a grandes áreas comunes da como resultado una arquitectura del tipo *hub-and-spoke* (eje y radios) para la innovación, en la cual se apoyan tanto la serendipia de los encuentros como el pensamiento profundo de manera aislada. Es un espacio organizado de tal forma que incluye, en un extremo, al pensador solitario, aislado de la inspiración pero libre de toda distracción y, en el otro extremo, al pensador que trabaja en colaboración con otros, en una oficina abierta, en contacto con la inspiración pero esforzándose para encontrar la profundidad que le permita desarrollar esas ideas.[36]

Si reflexionamos sobre los casos que mencionábamos anteriormente, el Building 20 y Bell Labs, vemos que también en ellos se encontraba este tipo de arquitectura. Ninguno de los dos edificios ofrecía nada parecido a una moderna oficina abierta. Por el contrario, eran construcciones con oficinas privadas, conectadas entre sí mediante corredores compartidos. Las propiedades creativas de estos edificios estaban relacionadas, más bien, con el hecho de que las oficinas compartían un pequeño número de pasillos conectores, lo cual obligaba a los investigadores a interactuar cuando debían ir de un lugar a otro. Dicho en otras palabras, esos extensos corredores funcionaban como centros efectivos de interacción.

Por estas razones, podemos cuestionar el concepto de las oficinas de espacio abierto, destructoras de la profundidad, sin dejar a un lado la teoría de la creatividad y la serendipia para producir innovación. La clave está en mantenerlas a las dos en una estructura en estrella. Merece la pena exponerse de manera habitual a ideas nuevas en un centro de interacción, pero es conveniente mantener un espacio aislado para poder trabajar profundamente sobre los hallazgos.

Con todo, no basta con delimitar los terrenos de esos dos tipos de esfuerzos. Incluso cuando se regresa a un espacio aislado, el trabajo en solitario no es necesariamente la mejor estrategia. Piensa, por ejemplo, en la invención que ya hemos mencionado antes, el transistor de punto de contacto de Bell Labs. Este descubrimiento fue posible gracias a un numeroso grupo de investigadores, cada uno con una especialidad diferente, que conformaron un *equipo de investigación en física de estado sólido* para encontrar una alternativa más confiable y más pequeña que la de los tubos de vacío. Las conversaciones orientadas a la colaboración del grupo fueron la condición necesaria para la creación del transistor: un claro ejemplo de la utilidad del comportamiento interactivo.

Una vez que el grupo de investigación sentó las bases intelectuales para el trabajo, el proceso de innovación pasó a la fase del desarrollo en un espacio aislado. Lo interesante de este caso de innovación en particular es que, aunque pasó a la etapa del pensamiento aislado, seguía siendo un emprendimiento colaborativo. Dos investigadores en especial —el experimentalista Walter Brattain y el teórico cuántico John Bardeen— trabajaron durante un mes en 1947 para hacer una serie de descubrimientos que condujeron a la creación del primer transistor de estado sólido.[37]

Brattain y Bardeen trabajaron juntos durante este período en un pequeño laboratorio, muchas veces hombro con hombro, llevándose mutuamente hacia diseños mejores y más eficientes. Estos esfuerzos se caracterizaban por su naturaleza profunda, aunque se trata de un tipo de trabajo profundo del que todavía no hemos hablado. Brattain se concentraba intensamente en un trabajo de ingeniería que le permitiera hacer un diseño para explotar el último hallazgo teórico de Bardeen. Luego, Bardeen se concentraba intensamente para entender lo que revelaban los últimos experimentos de Brattain, tratando de expandir su marco teórico para dar cabida a esas observaciones. Este proceso de toma y daca constituye una forma colaborativa de trabajo profundo (común en los círculos académicos), que saca partido de lo que yo llamo el *efecto del tablero*. En algunos tipos de problemas, trabajar con otras personas que comparten el mismo tablero (real o simbólico) puede permitirnos llegar más lejos que si trabajamos solos. La presencia de otra persona que está esperando nuestros hallazgos —ya se trate de alguien que comparte el mismo espacio físico o de alguien que colabora con nosotros de manera virtual— puede servir para contrarrestar el instinto natural de evitar la profundidad.

Ahora podemos tomar distancia y sacar algunas conclusiones sobre el papel de la colaboración en el trabajo profundo. El éxito del Building 20 y de Bell Labs indica que el aislamiento no es indispensable para hacer un trabajo profundo productivo. En efecto, estos dos ejemplos indican que, para muchos tipos de trabajo —especialmente cuando se buscan las innovaciones— el trabajo profundo colaborativo puede producir mejores resultados. Debes considerar la opción de esta estrategia cuando vayas a contemplar cuál es la mejor manera de integrar la profundidad a tu vida profesional. Al hacerlo, ten en cuenta las dos observaciones siguientes:

- *En primer lugar*, la distracción sigue siendo un factor nocivo para la profundidad. Por lo tanto, el modelo de la estructura en forma de estrella debe considerarse con cuidado. Separa tu búsqueda de encuentros propicios para la serendipia de tus esfuerzos para pensar de manera profunda una vez que hayas obtenido la inspiración que buscabas. Debes tratar de optimizar cada esfuerzo por separado, en lugar de mezclarlos y entorpecer ambas metas.
- *En segundo lugar*, incluso cuando te retires a un espacio aislado para pensar profundamente, no dejes de

aprovechar el efecto del tablero cuando sea razonable hacerlo. Al trabajar hombro con hombro junto a otra persona para resolver un problema, es posible que ambos lleguéis a niveles más profundos de pensamiento y, por lo tanto, generen resultados más valiosos que si cada cual trabaja en solitario.

Dicho de otro modo, en lo relacionado con el trabajo profundo conviene considerar el uso del trabajo colaborativo cuando sea apropiado, pues los resultados de tu labor pueden alcanzar niveles superiores. Por otra parte, no conviene entronizar esta búsqueda de interacción y azar constructivo al punto de llegar a afectar la concentración ininterrumpida que se requiere para extraer algo útil del remolino de ideas que nos rodean.

Una ejecución de tipo empresarial

La historia que relataré a continuación ha hecho carrera en el mundo de la consultoría empresarial. A mediados de los años noventa, Clayton Christensen, profesor de la Escuela de Negocios de Harvard, recibió una llamada de Andy Grove, director ejecutivo y presidente de la junta directiva de Intel. Grove se había enterado de la investigación de Christensen relacionada con la innovación disruptiva y le pidió que fuera a California para que conversaran sobre las implicaciones que su teoría podría tener en Intel. Al llegar, Christensen habló sobre los elementos básicos de la innovación disruptiva: muchas veces, las compañías afianzadas son desbancadas por empresas emergentes que comienzan ofreciendo productos baratos a la franja inferior del mercado pero que luego, con el paso del tiempo, logran mejorar sus productos baratos *de tal manera* que comienzan a abrir un agujero en la franja superior del mercado. Grove sabía que Intel debía hacer frente a esta amenaza de los procesadores baratos, producidos por compañías advenedizas como AMD y Cyrix. Motivado por esta nueva manera de ver la innovación disruptiva, Grove concibió la estrategia que sacaría al mercado los procesadores de la familia Celeron, un producto de menor desempeño que ayudaría a Intel a luchar con éxito para superar los desafíos que planteaban los nuevos competidores en segmentos inferiores. Esta es la parte más conocida de la historia. Sin embargo, hay otra que muchos ignoran. Como recuerda Christensen, Grove le preguntó durante una pausa en la reunión: «¿Cómo lo hago?». Christensen le respondió con un discurso sobre estrategia empresarial, referido a la creación de una nueva unidad de negocio y demás. Grove lo cortó en seco y le dijo malhumorado: «Usted es un académico ingenuo. Le pregunté *cómo* hacerlo y lo que usted me está diciendo es *qué* hacer. *Yo sé lo que debo hacer. Lo que no sé es cómo*».

Como explicó posteriormente Christensen, esta división entre el *qué* y el *cómo* es crucial, pero no se le presta mucha atención en el mundo profesional. Muchas veces es fácil identificar cuál es la estrategia necesaria para alcanzar una meta, pero lo que les cuesta trabajo a las compañías es determinar cómo ejecutar la estrategia una vez que esta ha sido identificada. Me enteré de esta historia en un prólogo que Christensen escribió para el libro *The 4 Disciplines of Execution*, donde se analizan diversos estudios de caso de consultoría que sirven para describir «cuatro disciplinas» (expresión abreviada con la fórmula 4DX) que permiten a las compañías implementar con éxito sus estrategias de alto nivel.[38] Lo que más me llamó la atención al leer este libro es que la distancia entre el *qué* y el *cómo* era relevante para mi búsqueda personal respecto a cómo pasar más tiempo haciendo trabajo profundo. Así como Andy Grove había identificado la importancia de competir en la franja inferior del mercado de los procesadores, yo había identificado la importancia de priorizar el trabajo profundo. Lo que yo necesitaba era ayuda para identificar cómo ejecutar esta estrategia.

Entusiasmado con estos paralelismos, resolví adaptar el marco de las 4DX a mis hábitos de trabajo personales y descubrí, para mi sorpresa, que eran muy útiles para emprender acciones eficaces orientadas a alcanzar mi meta del trabajo profundo. Es cierto que esas ideas fueron concebidas para el mundo de los grandes negocios, pero los conceptos de base se pueden aplicar en áreas donde es necesario hacer un trabajo importante en medio de otras obligaciones y distracciones. Teniendo en cuenta lo dicho, resumo en las siguientes secciones las cuatro disciplinas del marco de las 4DX y, en cada caso, describo cómo las adapté a mi necesidad específica de desarrollar hábitos de trabajo profundo.

Disciplina n.° I: *Concentrarse en lo sustancialmente importante*

Según declaran los autores de *The 4 Disciplines of Execution*, «cuanto más queremos abarcar, menos logramos hacer».[39] Luego pasan a explicar que la ejecución debe tener como objetivo un número pequeño de «metas sustancialmente importantes». Esta simplicidad ayuda a la empresa a concentrar su energía para llegar a un grado suficiente de intensidad, de tal manera que pueda producir resultados reales.

En el caso de un individuo interesado en el trabajo profundo, lo que esto implica es que debe identificar un número pequeño de metas ambiciosas que quiera alcanzar gracias a las horas que dedique a dicho trabajo. La exhortación general de «pasar más tiempo pensando profundamente» no genera mucho entusiasmo. En cambio, tener una meta específica que rinda beneficios profesionales tangibles y sustanciales genera un flujo más estable de entusiasmo. En una columna publicada en 2014, con el título de «The Art of Focus», David Brooks explicaba de la siguiente manera su apoyo a la estrategia que consiste en permitir a las metas ambiciosas ser el motor de un comportamiento donde prima la concentración: «Si quieres ganar la guerra de la atención, no trates de decirles no a las distracciones triviales que encontramos en el batiburrillo de la información; trata de decirle sí al tema que te atrae terriblemente y permite que este invada todo lo demás».[40]

En mi caso particular, por ejemplo, cuando comencé a experimentar con las 4DX, me fijé la meta específica de publicar cinco artículos de alta calidad, revisados por pares, en el siguiente año académico. Era una meta ambiciosa, pues se trataba de un número de artículos superior al que venía publicando, y había recompensas tangibles ligadas a esas metas (en poco tiempo, mi estatus como profesor sería considerado para la permanencia). Combinadas, estas dos propiedades hacían que la meta avivara mi motivación.

Disciplina n.º 2: *Basarse en los indicadores predictivos*

Una vez que has identificado una meta sustancialmente importante, debes medir tus logros. En el marco de las

4DX existen dos tipos de medición con este propósito: los *indicadores de resultados* y los *indicadores predictivos*. Los primeros describen aquello que te propones mejorar en último término. Por ejemplo, si tu meta es mejorar la satisfacción del cliente en tu panadería, el indicador de resultados relevante es la medición de la satisfacción del cliente. Como explican los autores de las 4DX, el problema con los indicadores de resultados es que tenemos acceso a ellos cuando ya es muy tarde para cambiar de conducta: «Cuando los recibimos, las actividades causantes de esos resultados ya están en el pasado».[41]

Los indicadores predictivos, por su parte, «miden los nuevos comportamientos que contribuirán al éxito, el cual se refleja en los indicadores de resultados». En el ejemplo de la panadería, un buen indicador predictivo puede ser el número de clientes que reciben muestras gratis. Esta es una cifra que puedes elevar si regala un mayor número de muestras. Con el incremento de esta cifra, es probable que aumenten también los números de los indicadores de resultados. En otras palabras, los indicadores predictivos te permiten dirigir tu atención en un futuro próximo a la mejora de los comportamientos que controlas directamente y que tendrán un impacto positivo en tus metas a largo plazo.

En el caso de un individuo interesado en el trabajo profundo, es fácil identificar el indicador predictivo relevante: *el tiempo que se pasa en un estado de trabajo profundo, dedicado a una meta sustancialmente importante.* Volviendo a mi ejemplo personal, haber comprendido lo anterior tuvo un fuerte impacto en mi manera de llevar a cabo la investigación académica. Yo prestaba mucha atención a los indicadores de resultados, tales como el número de artículos publicados por año. Sin embargo, estos indicadores no lograban funcionar como motor de cambio de mi comportamiento diario, pues no me llevaban a hacer nada en el corto plazo que pudiera generar de manera inmediata un cambio notable en este indicador de largo plazo. Cuando empecé a llevar un registro de las horas dedicadas al trabajo profundo, estos indicadores se volvieron relevantes en mi vida cotidiana: cada hora adicional de trabajo profundo se reflejaba *ipso facto* en mi cómputo.

Disciplina n.º 3: *Llevar un convincente tablero de resultados*

«La gente no juega igual cuando está llevando cuentas de los resultados»,[42] explican los autores de la 4DX, y añaden que cuando la empresa busca reforzar el compromiso de sus colaboradores para alcanzar una meta sustancialmente importante, es clave que estos cuenten con un espacio público para registrar y seguir la pista a los indicadores predictivos. Este tablero genera un sentido de la competencia que los lleva a concentrarse en estos indicadores, aunque haya otros asuntos que requieran tu atención. También sirve para fortalecer tu motivación. Cuando el equipo de colaboradores ve el éxito que se empieza a producir con los indicadores predictivos, busca perpetuar este desempeño. En la disciplina anterior, decía que el número de horas invertidas haciendo trabajo profundo —en el caso de un individuo interesado en la estrategia de la profundidad— debía ser el indicador predictivo. De allí se desprende que el tablero del individuo debe ser un artefacto físico, ubicado en el entorno de trabajo, donde se registre el número de horas dedicadas al trabajo profundo.

En mis primeros experimentos con las 4DX, encontré una sencilla pero eficaz solución para la implementación del tablero. Tomé un pedazo de cartulina y lo dividí en columnas, una para cada semana del semestre en curso. Luego escribí las fechas de cada semana y pegué la cartulina en la pared, cerca al monitor (en un lugar donde no podía evitar mirarla). Conforme avanzaba cada semana, yo iba llevando un registro de las horas que dedicaba al trabajo profundo poniendo marcas de verificación en cada columna. Para maximizar la motivación que generaba el tablero, cada vez que llegaba a un punto destacado en el recorrido académico (por ejemplo, resolver una prueba clave), encerraba en un círculo la marca correspondiente a la hora en la que había alcanzado ese resultado.* De esta manera, alcanzaba dos propósitos: en primer lugar, lograba hacer una conexión mental entre las horas de trabajo profundo acumuladas y unos resultados tangibles; en segundo lugar, podía calibrar cuántas horas de trabajo profundo necesitaba para cada resultado. Esta cifra (que era mayor a la que yo había supuesto en un primer momento) me sirvió para comprender que debía dedicar más horas semanales al trabajo profundo.

Disciplina n.° 4: *Crear un hábito de rendición de cuentas*

Los autores de las 4DX señalan que el último paso para mantener la atención fija en los indicadores predictivos es «implementar un ritmo de reuniones frecuentes y habituales entre los equipos que tengan a su cargo la meta sustancial-

---

* Podrás hacerte una idea de cómo es mi tablero de registro de las horas en: «Deep Habits: Should You Track Hours or Milestones?», 23 de marzo de 2014. <http://calnewport.com/blog/2014/03/23/deep -habits-should-you-track-hours-or-milestones/>.

mente importante».[43] Durante esas reuniones, los miembros de los equipos deben confrontar sus respectivos tableros, comprometerse con acciones específicas que contribuyan a mejorar los resultados para la siguiente reunión y describir lo que ocurrió con los compromisos asumidos en la reunión anterior. Esta revisión, según los autores, se puede hacer en pocos minutos, pero para que sus efectos sean tangibles, debe ser habitual. Para los autores, esta es la disciplina «donde verdaderamente ocurre la ejecución».[44]

En el caso de un individuo que quiera mantener la atención fija en el hábito del trabajo profundo, lo más probable es que no cuente con ningún equipo de colegas para hacer esta tarea, pero eso no lo exime de la necesidad del hábito de rendición de cuentas. En múltiples lugares de este libro expongo y recomiendo el hábito de la revisión semanal, en la cual debe hacer planes para la siguiente semana (véase la regla n.º 4). En mis experimentos con las 4DX hacía una revisión semanal del tablero para celebrar las buenas semanas y determinar qué había pasado en las malas. Lo más importante era establecer cómo iba a garantizar la obtención de buenos resultados en los días próximos. Esta estrategia me permitía ajustar mi horario con el fin de satisfacer las necesidades de mis indicadores prospectivos, con lo cual podía hacer mucho más trabajo profundo que si no hubiera hecho esas revisiones semanales.

———

El marco de las 4DX se basa en la premisa fundamental de que la ejecución es más difícil que la concepción de las estrategias. Después de analizar cientos de casos, los creadores de estas disciplinas lograron definir unas cuantas que parecen funcionar muy bien para conquistar esta dificultad. Por lo tanto, no debe causarte sorpresa que estas mismas disciplinas puedan tener un efecto similar en tu meta personal de cultivar el hábito del trabajo profundo.

Para concluir, volvamos una última vez a mi ejemplo personal. Como ya he indicado, al adoptar las 4DX me propuse la meta de publicar cinco artículos revisados por pares en el año académico 2013-2014. Se trataba de un objetivo ambicioso, ya que había publicado solo cuatro artículos el año anterior (una hazaña de la que me sentía orgulloso). Durante este experimento con las 4DX, la claridad de la meta, sumada al aporte sencillo pero eficaz de mi tablero con los indicadores prospectivos, me llevó a un nivel de profundidad que nunca antes había alcanzado. En retrospectiva, veo que lo que aumentó no fue tanto la intensidad de mis períodos de trabajo profundo como su regularidad. Antes, me dedicaba al trabajo profundo cuando se acercaba la fecha de entrega de los artículos. Con el hábito de las 4DX mi mente estaba concentrada todo el año. Debo admitir que fue un año agotador (sobre todo teniendo en cuenta que también estaba escribiendo este libro al mismo tiempo). Sin embargo, sirvió para comprobar la validez del marco de las 4DX: en el verano de 2014 me habían aceptado *nueve* artículos para su publicación, cifra que era más del doble de lo que había logrado el año anterior.

Ser perezoso

El ensayista y caricaturista Tim Kreider, en un artículo publicado en 2012 en un blog de *The New York Times*, hace una memorable descripción de sí mismo: «No soy un tipo ocupado. Soy la persona ambiciosa más perezosa que conozco».[45] La aversión de Kreider por el trabajo frenético, sin embargo, sufrió una dura prueba en los meses previos a la publicación del texto en el blog. Así describe este período: «Poco a poco y de manera insidiosa, he comenzado, por obligaciones profesionales, a volverme una persona ocupada... Todas las mañanas me encontraba con la bandeja de entrada de correo llena de mensajes donde se me pedía hacer cosas que no quería hacer o presentándome problemas que debía resolver».[46]

La solución que Kreider ideó fue huir a un «sitio secreto»: un lugar sin televisión y sin internet (para tener acceso a la Red tiene que irse hasta la biblioteca local en bicicleta), donde puede evitar responder a la avalancha de pequeñas obligaciones que parecen inofensivas si se las toma individualmente pero que, en conjunto, son nocivas para sus hábitos de trabajo profundo. «Volví a recordar lo que eran las florecillas amarillas, los insectos y las estrellas —relata Kreider sobre su retiro—. Leí. Y finalmente pude volver a escribir de verdad por primera vez en meses.»

Es importante, dentro de lo que venimos diciendo, reconocer que Kreider no es ningún Thoreau. Kreider no se retiró del mundo de las ocupaciones para formular una crítica social complicada. La necesidad de irse a un «sitio secreto» estaba motivada por un descubrimiento sorprendente pero pragmático: *de esa manera podía hacer mejor su trabajo*. Así lo explica:

La ausencia de ocupación no es vagancia, indulgencia o vicio; es algo tan indispensable para el cerebro como la vitamina D para el cuerpo. Si nos privamos de ella sufrimos una afección mental que nos desfigura tanto como el raquitismo [...]. Paradójicamente, es necesaria para poder hacer cualquier trabajo.[47]

Por supuesto que cuando Kreider habla de hacer cualquier trabajo no se está refiriendo a labores superficiales. En general, para hacer trabajo superficial no se requiere nada distinto de hacerlo. Un artista o un escritor como Kreider, en cambio, necesita hacer trabajo profundo, es decir, tiene que hacer esfuerzos serios para producir las cosas que el mundo valora. Kreider está convencido de que estos esfuerzos necesitan el apoyo de una mente que se entrega con frecuencia al ocio.

Esta estrategia consiste en seguir el ejemplo de Kreider, es decir, inyectar porciones significativas y frecuentes de libertad respecto a tus preocupaciones laborales cotidianas, de tal manera que puedas gozar de la ausencia de ocupación que, paradójicamente, se requiere para hacer trabajo profundo. Podemos alcanzar esta meta de muchas maneras. Puedes, por ejemplo, usar la táctica de Kreider de aislarse por completo del mundo de las labores superficiales e irse a un «lugar secreto», pero muchas personas no están en condiciones de hacerlo. Existe una estrategia más fácil de aplicar, pero que sigue siendo altamente efectiva: al final de la jornada laboral, deja de pensar en los asuntos relacionados con el trabajo hasta la mañana siguiente; no revises el correo después de cenar, no vuelvas a repasar mentalmente las conversaciones de la oficina y no pienses cómo vas a afrontar el siguiente reto, cancela por completo el pensamiento sobre el trabajo. Si necesitas más tiempo extiende tu jornada, pero en cuanto termines destierra el pensamiento sobre el trabajo. Tu mente debe quedar libre para encontrarse con las florecillas amarillas, los insectos y las estrellas de Kreider.

Antes de pasar a describir algunas tácticas que sirven para implementar esta estrategia, quisiera explicar *por qué* la inactividad puede ser provechosa para la capacidad de producir resultados valiosos. Contamos, obviamente, con el aporte personal de Tim Kreider, pero merece la pena tomarse un tiempo para comprender las razones objetivas que dan cuenta del valor de la ociosidad.

Razón n.° I: *La inactividad contribuye a los descubrimientos*

Veamos el siguiente fragmento de un artículo publicado en la revista *Science*, en 2006:

> Durante cientos de años, la literatura científica ha puesto mucho énfasis en los beneficios de la deliberación consciente en la toma de decisiones [...]. Aquí nos proponemos determinar si esta afirmación tiene un sustento sólido. Nuestra hipótesis es que no lo tiene.[48]

Detrás de estas palabras en apariencia insípidas se esconde una afirmación osada. Los autores de este estudio, liderados por el psicólogo holandés Ap Dijksterhuis, se propusieron demostrar que, en la toma de ciertas decisiones, es mejor que sea el inconsciente el que desenrede la madeja. En otras palabras, buscar activamente trabajar en estas decisiones lleva a un resultado *peor* del que se logra si se considera la información relevante y luego se pasa a otra cosa, para dejar que las capas del inconsciente rumien el asunto.

El equipo de trabajo de Dijksterhuis aisló este efecto al darles a unos sujetos la información necesaria para una decisión compleja relacionada con la compra de un automóvil. A la mitad de los sujetos del experimento se le pidió reflexionar detenidamente sobre la información para luego tomar la mejor decisión. A la otra mitad se le dio a leer la información y luego se la distrajo con acertijos fáciles. Enseguida, se le puso a tomar una decisión sin haber tenido tiempo para deliberar de manera consciente. El grupo de los distraídos tuvo mejores resultados.

Las observaciones a partir de experimentos como este llevaron a Dijksterhuis y a sus colaboradores a desarrollar la teoría del pensamiento inconsciente (TPI), un intento por entender los diferentes papeles que la deliberación consciente e inconsciente desempeña en la toma de decisiones. En un nivel superior, esta teoría propone que, para decisiones que requieren la aplicación de reglas estrictas, la participación de la mente consciente es indispensable. Por ejemplo, si necesitas hacer un cálculo matemático, solo tu mente consciente podrá seguir las reglas aritméticas precisas que se necesitan para hacer el procedimiento de manera correcta. De otro lado, en el caso de decisiones en las que se debe tener en cuenta una gran cantidad de información y hay múltiples limitantes vagas e incluso contrastantes, la mente inconsciente da buenos resultados. La hipótesis de la TPI es que esto se debe a que las regiones del cerebro donde se maneja lo inconsciente tienen un mayor ancho de banda neuronal disponible, lo cual les permite mover mayor información y repasar más soluciones potenciales que los centros conscientes de pensamiento. Según esta teoría, nuestra mente consciente es como un ordenador personal en el cual uno puede ejecutar programas cuidadosamente escritos que aportan respuestas adecuadas a problemas limitados, en tanto que la mente inconsciente es como los vastos centros de datos de Google, donde unos algoritmos estadísticos manejan montones de terabytes de información no estructurada y acuden a unas soluciones sorprendentes y muy útiles para preguntas difíciles.

Esta línea de investigación apunta a que darle a nuestro cerebro consciente el tiempo para reposar le permite a la mente inconsciente tomar un camino diferente para afrontar sus retos profesionales más complejos. El hábito del descanso, por lo tanto, no equivale necesariamente a reducir la cantidad de tiempo que le dedica al trabajo productivo, sino que diversifica el tipo de trabajo que lleva a cabo.

Razón n.° 2: *El tiempo de descanso contribuye a recargar las energías necesarias para hacer trabajo profundo*

Un artículo académico que se cita con frecuencia, publicado en 2008 en *Psychological Science*,[49] describe un experimento sencillo. Se formaron dos grupos. A los sujetos del primer grupo se les pidió que hicieran una caminata por un camino de madera en un jardín botánico cerca del campus de Ann Arbor, Michigan, donde se adelantó el estudio. Al otro grupo lo mandaron a caminar por el concurrido centro de la ciudad. A ambos grupos se les asignó una tarea que requería mucha atención, llamada «prueba de rango de dígitos a la inversa». El principal descubrimiento del estudio es que el grupo que fue asignado a trabajar en la naturaleza tuvo un rendimiento 20 % mejor en la realización de la tarea. A la semana siguiente se intercambiaron los lugares a los que se asignaba a cada grupo y, nuevamente, el grupo de la naturaleza obtuvo mejores resultados. No eran los individuos los que determinaban la calidad del rendimiento sino el hecho de que tuvieran la oportunidad de prepararse caminando por el bosque.

Este es uno de los muchos estudios que validan la teoría de la restauración de la atención (TRA), la cual sostiene que pasar un tiempo en la naturaleza puede mejorar nuestra capacidad de concentración. Esta teoría, propuesta por primera vez en los años ochenta por los psicólogos de la Universidad de Michigan Rachel y Stephen Kaplan[50] (este último coautor, junto con Marc Berman y John Jonides, del estudio de 2008 que citamos anteriormente), se basa en el concepto de la fatiga de la atención. Para concentrarse se requiere algo que la TRA llama *atención dirigida*. Este recurso es finito. Si lo agotas, te resultará difícil concentrarte. (Para lo que nos interesa, podemos establecer una semejanza entre este recurso y las reservas limitadas de fuerza de voluntad de Baumeister que mencionamos en la introducción de esta regla.)[51] El estudio de 2008 sostiene que caminar en las abarrotadas calles de la ciudad requiere el uso de la atención dirigida, pues tenemos que determinar cuándo debemos cruzar una calle para que no nos atropellen o cuándo desviar ligeramente el rumbo para hacer el quite a un grupo de turistas que está bloqueando la acera. Al cabo de tan solo quince minutos de este recorrido concentrado, las reservas de atención dirigida del individuo se reducen.

Caminar en la naturaleza, por el contrario, nos expone a aquello que Berman llama «estímulos inherentemente fascinantes», y usa las puestas de sol como ejemplo. Estos estímulos invocan la atención de una manera reducida, lo cual permite que las reservas de la atención dirigida «se reabastezcan». Dicho de otra manera, al caminar por la naturaleza no se está obligado a dirigir la atención, pues los retos del recorrido son pocos (a diferencia de los que se presentan cuando tenemos que cruzar calles) y experimenta una cantidad suficiente de estímulos interesantes para mantener la mente lo bastante ocupada y así evitar la necesidad de dirigir activamente la atención hacia algo. Este estado permite que sus recursos de atención dirigida se reabastezcan. Al cabo de quince minutos de este tipo de reabastecimiento, los sujetos tienen una mejor concentración.

(Sin lugar a dudas, podrás argüir que estar al aire libre viendo un atardecer lo pone a uno de buen humor y que estar de buen humor es lo que contribuye en realidad a la mejora del desempeño en esas tareas. Sin embargo, tras añadir un toque ligeramente sádico al experimento, los investigadores objetaron esa hipótesis repitiendo el experimento en unas condiciones diferentes: esta vez, en medio de un crudo invierno de Ann Arbor. El hecho de caminar al aire libre en unas condiciones climáticas rigurosas no puso a los sujetos de buen humor, pero estos seguían teniendo un mejor desempeño en las tareas que requerían concentración.)

Lo importante para nuestras reflexiones es observar que las implicaciones de la TRA van más allá de los beneficios de la naturaleza. El mecanismo central de esta teoría es la idea de que podemos restaurar nuestra capacidad para dirigir la atención si hacemos una pausa en la actividad en cuestión. Caminar en la naturaleza nos permite tener ese respiro mental, pero lo mismo puede ocurrir gracias a diversas actividades relajadas, siempre y cuando aporten «estímulos inherentemente fascinantes» similares y la libertad de no tener que mantener la atención concentrada. Conversar informalmente con un amigo, escuchar música mientras preparamos la cena, jugar con los hijos, salir a correr, etc. (actividades que puedes avanzar si te obligas a hacer una pausa en el trabajo) desempeñan el mismo papel que caminar en la naturaleza para restaurar la atención.

Por otro lado, si estás consultando el correo electrónico durante esas mismas horas de la noche o decides reservar una hora o dos después de la cena para cumplir con una fecha de entrega que se avecina, estarás robando a los cen tros de la atención dirigida el tiempo de descanso ininterrumpido que necesitan para reabastecerse. Aunque esas actividades breves relacionadas con el trabajo no te consuman mucho tiempo, no debes perder de vista que estas te impiden llegar a los niveles de relajación más profunda en los cuales se produce la restauración de la atención. Solo la seguridad de que ya terminaste la jornada de trabajo por ese día servirá para convencer a tu cerebro de reducir la marcha a un nivel en el que pueda empezar a recargarse para el día siguiente. En otras palabras, tratar de dedicar unos cuantos minutos o unas cuantas horas más al trabajo durante la noche puede reducir tu eficiencia al día siguiente, de tal manera que terminarás haciendo menos que si hubieras respetado los tiempos de descanso.

Razón n.° 3: *Por lo general, el trabajo que hacemos durante el tiempo de descanso no es tan importante*

Para dar un argumento final a favor del respeto al punto límite de finalización de la jornada laboral debemos regresar a Anders Ericsson, el inventor de la teoría de la práctica deliberada. Como recordarás, en la primera parte decíamos que la práctica deliberada es la mejora sistemática de nuestra habilidad en una destreza dada. Es la actividad requerida para volverse más diestro en algo. Como he dicho, el trabajo profundo y la práctica deliberada se solapan en muchos aspectos. Para lo que nos interesa en este libro, podemos decir que la práctica deliberada funciona como sinónimo de los esfuerzos cognitivamente exigentes.

En el ensayo pionero de Ericsson sobre el tema, publicado en 1993 y titulado «The Role of Deliberate Practice in the Acquisition of Expert Performance» [El papel de la práctica deliberada en la adquisición de un desempeño a nivel de experto],[52] el autor dedica una sección a revisar lo que la literatura de investigación sobre el tema revela acerca de la capacidad del individuo para hacer un trabajo cognitivamente exigente. Ericsson señala que, para un novato, una hora de concentración intensa al día parece ser el límite, mientras que otros expertos indican que la cantidad de horas puede ser hasta cuatro, pero casi nunca más que eso.

Uno de los estudios citados, por ejemplo, cataloga los hábitos de práctica de un grupo de violinistas de élite que se estaban formando en la Universität der Künste, de Berlín. El estudio descubrió que los violinistas de élite suman un promedio de tres horas y media al día de práctica deliberada, por lo general separadas en dos momentos diferentes del día. Los violinistas menos talentosos pasaban menos tiempo en estado de profundidad.

Estos resultados implican que nuestra capacidad para el trabajo profundo en un día determinado es limitada. Si programas bien tu día (usando, por ejemplo, las estrategias de productividad descritas en la regla n.º 4), deberías llegar a tu capacidad diaria para el trabajo profundo durante la jornada de trabajo. De allí se desprende que, por la noche, ya no estarás en capacidad de hacer trabajo profundo de manera efectiva. El trabajo que pretendas hacer durante la noche no tendrá la calidad de las actividades de alto valor que realmente sirven para hacer avanzar tu carrera. Tus esfuerzos se ejecutarán a un ritmo lento, con poca energía, y tendrán poco valor. En otras palabras, si no trabajas durante la noche no estarás dejando de hacer cosas importantes.

———

Las tres razones que acabamos de describir justifican la estrategia general de poner punto final de manera estricta a tu jornada de trabajo. Concluyamos ahora añadiendo algunos detalles relacionados con la implementación.

Para que esta estrategia tenga éxito, debes ser firme en tu compromiso de no poner en tu campo de atención ninguna actividad relacionada con el trabajo una vez hayas puesto punto final a la jornada laboral. Este punto incluye, de manera especial, mirar el correo electrónico y navegar en sitios web relacionados con el trabajo. En ambos casos, incluso una breve intrusión del trabajo puede generar una insidiosa fuente de distracción que impedirá que se produzcan las ventajas descritas con anterioridad (casi todos hemos tenido la experiencia de mirar un alarmante correo de trabajo el sábado en la mañana, con lo cual nuestro pensamiento queda impregnado con esta preocupación durante todo el fin de semana).

Otro compromiso crucial que debes respetar para que esta estrategia tenga éxito consiste en implementar un *ritual de cierre*, que deberás poner en práctica al final de la jornada laboral, con el fin de maximizar tus probabilidades de éxito. Este ritual debe garantizar que las tareas, metas o proyectos no concluidos hayan sido revisados y que para cada uno de ellos se haya contemplado una de estas dos posibilidades: (1) tienes un plan adecuado para terminar el proyecto, o (2) el proyecto se reanudará cuando llegue el momento adecuado para hacerlo. El proceso debe ser un algoritmo: una serie de pasos que siempre sigues, uno tras otro. Al terminar, di una frase para indicar que has concluido el proceso (la frase que yo uso en mi ritual de cierre es «Se cierra el día»). Puede que este último paso suene cursi, pero le sirve a tu mente para saber que ya puede abandonar, de manera segura, los pensamientos relacionados con el trabajo hasta el día siguiente.

Para darle mayor concreción a esta sugerencia, me permitiré mostrarte los pasos que sigo en mi propio ritual de cierre (que desarrollé por primera vez cuando estaba redactando mi tesis de doctorado y que siempre pongo en práctica desde entonces, de una manera o de otra). Lo primero que hago es echarle una mirada final a la bandeja de entrada de los correos electrónicos, para asegurarme de que no haya nada que requiera una respuesta urgente antes de terminar el día. Lo siguiente que hago es poner cualquier tarea pendiente que haya anotado en un papel durante el día en mis listas oficiales de tareas (para esto uso Google Docs, porque me gusta poder acceder a ellas desde cualquier ordenador, pero el tipo de tecnología que uno escoja no es relevante para este objetivo). Cuando tengo abiertas estas listas de tareas, reviso rápidamente *todas* las tareas de todas las listas y miro los días que siguen en el calendario. Estas dos acciones me impiden pasar por alto u olvidar cualquier fecha límite o cita que tenga próximamente. Así, reviso todos los compromisos profesionales que debo cumplir. Para finalizar el ritual, uso esta información con el fin de hacer un plan general para el día siguiente. Cuando termino de hacer el plan, digo «Se cierra el día» y dejo de pensar en el trabajo por esa jornada laboral.

El concepto del ritual de cierre tal vez parezca extremo a primera vista, pero podemos justificarlo con una buena razón: el efecto Zeigarnik. Este efecto debe su nombre al trabajo experimental de la psicóloga de principios del siglo xx, Bluma Zeigarnik, quien describe los niveles de atención que ocupan las tareas que todavía tenemos por concluir. El estudio señala que si simplemente interrumpimos el trabajo a las cinco de la tarde y decimos: «Mañana sigo trabajando», lo más probable es que tengas que hacer un gran esfuerzo para que tu mente no se vaya hacia los asuntos profesionales, pues las diversas obligaciones que se quedaron sin resolver en tu mente, como ocurrió en los experimentos de Bluma Zeigarnik, seguirán luchando por obtener tu atención durante la noche (una lucha en la que muchas veces aquellas saldrán victoriosas).

A primera vista, esta dificultad puede parecer insoluble. Como puede atestiguarlo cualquier trabajador del conocimiento que vive ocupado, *siempre* habrá tareas por terminar. La mera idea de que puedas llegar a un punto en que te hayas hecho cargo de todas tus obligaciones es una fantasía. Por suerte, no necesitamos *terminar* una tarea para sacárnosla de la mente. Para obtener apoyo en este punto contamos con nuestro amigo, mencionado anteriormente, el psicólogo Roy Baumeister, quien escribió un artículo en colaboración con E. J. Masicampo, que lleva el jocoso título de «Consider it done!» [¡Dalo por hecho!]. En este estudio, los investigadores comenzaban replicando el efecto Zeigarnik en los sujetos participantes (en este caso, los investigadores les asignaban una tarea y de forma simultánea programaban diversas interrupciones); luego descubrieron que podían reducir significativamente el impacto del efecto Zeigarnik, pidiéndoles a los sujetos participantes que, cuando se producía la interrupción, hicieran un plan para determinar cómo harían para terminar *más adelante* la tarea incompleta. El artículo dice textualmente: «Comprometerse con un plan específico en relación con el cumplimiento de una meta puede, por lo tanto, no solo facilitar ese cumplimiento, sino que también puede liberar recursos cognitivos para otras labores».[53]

El ritual de cierre descrito antes usa esa táctica para luchar contra el efecto Zeigarnik. Por una parte, no lo obliga a uno a identificar explícitamente un plan para cada una de las tareas que tiene en su lista de pendientes (lo que sería muy pesado) y, por otra, lo obliga a uno a anotar todas las tareas en una lista común, y luego a revisar esas tareas antes de hacer un plan para el día siguiente. Este ritual garantiza que no se pase por alto ninguna tarea: cada una de ellas será revisada diariamente y se abordará cuando llegue el momento apropiado. En otras palabras, tu mente queda liberada del deber de seguirles la pista a estas obligaciones en todo momento, pues el ritual de cierre se hace cargo de esta responsabilidad.

Los rituales de cierre pueden ser molestos, pues hacen que debamos añadir otros diez o quince minutos a la jornada laboral, antes de darla por terminada (y, a veces, incluso más), pero son necesarios para recoger los frutos del descanso sistematizado, tal como señalamos anteriormente. Según mi experiencia, pasan más o menos dos semanas antes de que el hábito del ritual de cierre se asiente, es decir, hasta que la mente aprenda a tener fe en el ritual y deje de evocar pensamientos relacionados con el trabajo después de salir de la oficina. Sin embargo, una vez que se asienta, el ritual se convierte en parte de tu vida, hasta el punto de sentirte incómodo cuando lo pasas por alto.

Varias décadas de investigaciones en diversos campos de la psicología apuntan a esta conclusión: permitirle regularmente al cerebro descansar mejora la calidad del trabajo profundo. Cuando trabajes, trabaja con dedicación. Cuando termines, termina. Es posible que el promedio de tus respuestas a los correos electrónicos sufra un poco, pero te sentirás recompensado por este cambio al ver que aumenta el volumen del trabajo verdaderamente importante producido durante el día, gracias a tu capacidad renovada de profundizar más que tus agotados colegas.

Regla n.º 2

Abrir las puertas al aburrimiento

Para comprender mejor cómo se domina el arte del trabajo profundo o de trabajar a fondo, invito al lector a considerar el caso de los asistentes a la sinagoga Knesses Yisroel, en Spring Valley, Nueva York. A las seis de la mañana, en un día cualquiera entre semana, uno encuentra por lo menos veinte automóviles en el estacionamiento. Dentro del edificio hay varios miembros de la congregación trabajando en diversos textos: algunos están leyendo en silencio mientras que otros mueven los labios conforme avanzan en la lectura de un lenguaje antiguo; otros más están debatiendo algunos temas en parejas. En uno de los extremos de la habitación puede haber un rabino dirigiendo un grupo de discusión más grande. Esta actividad matutina representa apenas una pequeña fracción de los cientos de miles de judíos ortodoxos que se levantan temprano en la mañana para poner en práctica un principio central de su fe: dedicar un tiempo del día a estudiar las complejas tradiciones escritas del judaísmo rabínico.[1]

Conocí este mundo a través de Adam Marlin, miembro de la congregación Knesses Yisroel, quien suele asistir a estos grupos de estudio matutino. Según me explicó Marlin, la meta que se propone con esta práctica es descifrar una página del Talmud cada día (aunque a veces no logra llegar a tanto), trabajando en muchas ocasiones con un *chevruta* (un compañero de estudio) para llevar a su límite cognitivo la adquisición de conocimientos.

Lo que me interesa de Marlin no es su erudición sobre los textos antiguos, sino el tipo de esfuerzo que se requiere para adquirir ese conocimiento. En la entrevista que le hice puso gran énfasis en la intensidad mental de su ritual matutino. «Es una disciplina seria y extrema, que tiene mucho del trabajo profundo [sobre el que tú escribes] —me explicó—. Yo manejo un negocio que está creciendo bastante, pero muchas veces el mayor esfuerzo mental que hago durante el día es el de ese estudio.» Y Marlin no es el único que hace ese esfuerzo, pues está imbricado en esta práctica, como le explicó un rabino en cierta ocasión: «No puedes considerar que has cumplido con esta obligación diaria si no has buscado llegar a los límites máximos de tu capacidad mental».

A diferencia de muchos judíos ortodoxos, Marlin llegó tarde a su fe: empezó su rigurosa formación talmúdica pasados los veinte años. Esta información biográfica es interesante para nuestro propósito porque permite hacer una comparación entre el antes y el después, en el caso de Marlin, en relación con los efectos de esta calistenia mental y su sorprendente resultado. Marlin tenía una sólida formación académica antes de empezar esta práctica: tiene *tres grados diferentes* de las mejores universidades de Estados Unidos. No obstante, en los grupos de estudio conoció a personas que solo habían asistido a pequeñas escuelas religiosas, pero que podían sostener sutiles debates intelectuales con él. «Muchas de esas personas tienen gran éxito [profesional] —me dijo—, pero lo que llevó su intelecto a niveles superiores no fue una facultad reputada, sino el estudio profundo, que empezaron desde que estaban en quinto curso.»

Al cabo de un tiempo, Marlin comenzó a observar cambios positivos en su capacidad para el pensamiento profundo. «Últimamente he tenido más ideas creativas en mi vida profesional —relata—. Estoy convencido de que eso está relacionado con mi práctica mental diaria en la sinagoga. Ese esfuerzo permanente me ha ayudado a fortalecer mi músculo mental a lo largo de los años. Yo no me había propuesto esa meta al comenzar, pero ese fue el efecto que se produjo.»

———

La experiencia de Adam Marlin apunta a una realidad importante respecto al trabajo profundo: la capacidad para concentrarnos profundamente es una destreza que debe entrenarse. La idea puede sonar obvia una vez formulada, pero representa una divergencia respecto de la forma como la mayoría de la gente entiende estos asuntos. Según mi experiencia, es común considerar la concentración sin distracciones como un *hábito* (parecido al uso de la seda dental), algo que uno sabe cómo hacer y que considera bueno, pero que no ha puesto en práctica por falta de motivación. Esta forma de ver las cosas es atractiva porque implicaría que uno puede transformar su vida laboral, pasando de la noche a la mañana de un énfasis en la distracción a un énfasis en la profundidad, simplemente si logra acumular la motivación suficiente. Sin embargo, esta visión pasa por alto el hecho de que concentrarse es difícil y que es necesario invertir muchas horas de práctica para fortalecer el «músculo mental». En otras palabras, las ideas creativas que Adam Marlin concibe ahora en su vida profesional poco tienen que ver con una decisión puntual de pensar profundamente, sino que se derivan de su compromiso de entrenar esa destreza todas las mañanas.

No obstante, la idea que acabo de plantear tiene un corolario: los esfuerzos que hagas para hacer más profunda tu concentración resultarán vanos si, al mismo tiempo, no liberas a tu mente de la dependencia de la distracción. Así como los deportistas deben cuidar su cuerpo en todo momento y no solo durante las sesiones de entrenamiento, tendrás que hacer grandes esfuerzos para llegar a niveles más profundos de concentración si te pasas el resto del tiempo huyendo del aburrimiento.

Encontramos pruebas de esta afirmación en la investigación de Clifford Nass, el profesor de comunicaciones de Stanford, ya fallecido, a quien se conoce muy bien por su estudio sobre el comportamiento en la era digital. Entre otros descubrimientos, la investigación de Nass revela que el cambio constante de foco de atención que se vive con el uso de internet tiene un efecto residual negativo en el cerebro. Así resumió Nass estos descubrimientos en una entrevista que en 2013 concedió a Ira Flatow, de National Public Radio:

> Tenemos unas escalas que nos permiten dividir a las personas entre aquellas que hacen *multitasking* todo el tiempo y aquellas que casi nunca lo hacen, y las diferencias son notables. Las personas que hacen *multitasking* todo el tiempo no saben filtrar la irrelevancia. No usan la memoria de trabajo. Viven crónicamente distraídas. Ponen a funcionar unas partes muy grandes del cerebro que son irrelevantes para la tarea en cuestión [...]. Son, francamente, unos desastres mentales.[2]

En ese momento de la entrevista, Flatow le pregunta si las personas crónicamente distraídas reconocen que su cerebro esté cableado de esa manera:

Las personas con las que hablamos siempre dicen: «Mira, cuando realmente tengo que concentrarme, apago todo y me concentro como un láser». Por desgracia, estas personas han desarrollado hábitos mentales que les imposibilitan concentrarse como un láser. *Buscan ansiosamente la irrelevancia. No pueden mantenerse en una sola tarea.*[3] (La cursiva es mía.)

Nass descubrió que cuando el cerebro se acostumbra a la distracción en todo momento, es difícil que se desprenda de esa adicción, incluso cuando *quiere* concentrarse. Para decirlo de forma más concreta: si en cada momento de potencial aburrimiento en la vida (por ejemplo, cuando tiene que esperar cinco minutos en una fila o cuando estás sentado solo esperando en un restaurante a que llegue tu amigo), uno acude a la estrategia de mirar su *smartphone*, entonces lo más probable es que el cerebro haya sido cableado de tal forma que, al igual que los «desastres mentales» que menciona Nass, ya no sea apto para el trabajo profundo, aunque regularmente dedique tiempo para poner en práctica este tipo de concentración.

———

La regla n.º 1 te enseña a integrar el trabajo profundo en la programación de tus actividades y te ofrece apoyo mediante rutinas y rituales diseñados para ayudarte a alcanzar el límite máximo actual de tu capacidad para concentrarse. La regla n.º 2 te ayuda a mejorar significativamente este límite. Las estrategias que siguen a continuación se basan en la idea fundamental de que es necesario practicar para sacar el mayor provecho del hábito del trabajo profundo. Como aclaramos en líneas anteriores, esta práctica debe tomar en consideración dos metas: mejorar tu capacidad para concentrarse con intensidad *y* superar tu deseo de distracción. Estas estrategias comprenden diversos procedimientos, que van desde poner en cuarentena la distracción hasta dominar una forma especial de meditación. Combinadas, estas estrategias te ayudarán a tener una hoja de ruta para un viaje que te llevará de ser un desastre mental, producto de la distracción constante y el desconocimiento de la concentración, a ser una persona que hace uso de un instrumento que sí funciona realmente para concentrarse como un láser.

No hagas pausas en la distracción: haz pausas en la concentración

Muchas personas suponen que pueden pasar de un estado de distracción a uno de concentración según lo necesiten, pero, como acabo de decir, esta suposición es optimista. Cuando nuestro cerebro está cableado para la distracción, la sigue buscando afanosamente. Motivada por esta realidad, la estrategia que propongo está diseñada para ayudarte a recablear tu cerebro y configurarlo de forma más adecuada, de tal manera que le permita mantenerse dedicado a una tarea.

Antes de pasar a examinar los detalles, comencemos con una reflexión sobre una conocida sugerencia para combatir la adicción a la distracción que, a la larga, no resuelve nuestro problema: el *sabbat* de internet (también se le ha dado el nombre de desintoxicación digital). En su forma básica, este ritual consiste en designar un tiempo —suele ser un día de la semana— en el que te abstendrás de usar las tecnologías de la Red. De la misma forma que el *sabbat* de la Biblia hebrea plantea un período de silencio y de reflexión, apropiado para contemplar a Dios y a sus obras, el objetivo del *sabbat* de internet es que recuperes las cosas que te pierdes por estar pegado a una pantalla.

No se sabe con claridad quién creó el concepto de «*sabbat* de internet», pero por popularizar la idea se le asigna el crédito al periodista William Powers, quien promovió esta práctica en su reflexión sobre la tecnología y la felicidad humana, en un libro publicado en 2010 titulado *Hamlet's Blackberry*.[4] Así resumió Powers su visión sobre el tema durante una entrevista: «Haga lo mismo que hizo Thoreau, es decir, aprenda a desconectarse un poco del mundo conectado, pero sin huir de él».[5]

Buena parte de los consejos que se ofrecen para el problema de la distracción siguen este modelo general, que consiste en encontrar un momento para escapar del barullo. Algunas personas reservan un mes o dos al año para huir de esas cadenas, otras siguen el consejo de Powers de sacar un día a la semana e incluso otras dedican una hora o dos al día a este propósito. Todas las variantes de este consejo ofrecen beneficios, pero si consideramos el problema de la distracción en lo relativo al cableado cerebral, resulta evidente que un *sabbat* de internet no sirve por sí solo para curar un cerebro distraído. Si te alimentas de manera sana solo un día a la semana, lo más probable es que no pierdas peso, pues la mayor parte del tiempo estarás devorando alimentos perjudiciales. De manera similar, si resistes la tentación de la distracción solo un día a la semana, lo más probable es que tu cerebro siga experimentando con la misma intensidad la tentación de obtener esos estímulos, pues pasas la mayor parte del tiempo cediendo a ella.

Yo propongo una alternativa al *sabbat* de internet. En lugar de programar interrupciones ocasionales *en la distracción* para poder concentrarse, lo que debes hacer es programar interrupciones ocasionales *en la concentración* para ceder a la distracción. Para hacer más concreta esta sugerencia, hagamos una simplificación y digamos que usar internet es sinónimo de buscar estímulos distractores. Por supuesto que puedes usarla de una manera concentrada y profunda, pero, para un adicto a la distracción, esta es una tarea difícil. De manera similar, asumamos que trabajar sin internet es sinónimo de trabajo concentrado. Por supuesto que puedes encontrar maneras de distraerse sin tener una conexión a internet, pero estas distracciones son más fáciles de resistir.

Una vez se han establecido estas categorizaciones generales, la estrategia funciona de la siguiente manera: programa con anticipación el momento en que vas a usar internet y luego evítalo a toda costa fuera de ese horario. Te sugiero tener una libreta junto al ordenador cuando estés trabajando. Anota allí la *siguiente* hora en la que puedes usar internet. No podrás disfrutar de ningún tipo de conectividad hasta que llegue esa hora, por muy tentador que te resulte.

La idea que motiva esta estrategia es que evitar el uso de un servicio distractor no reduce, por sí solo, la capacidad del cerebro para concentrarse. Lo que enseña a tu mente a no tolerar la ausencia de novedad es el *cambio* constante entre actividades de alto valor con estímulos escasos y actividades de bajo valor con estímulos abundantes, ante la menor señal de aburrimiento o de reto cognitivo. Este cambio constante debilita los músculos mentales encargados de organizar las fuentes captadoras de atención. Al programar un uso limitado de internet (lo cual implica limitar las distracciones) minimizas la cantidad de veces que cedes a la distracción y, de esa manera, haces que se fortalezcan los músculos selectores de la atención.

Por ejemplo, si has programado tu siguiente uso de internet para dentro de treinta minutos, y estás comenzando a sentirte aburrido y con una fuerte necesidad de distracción, los siguientes treinta minutos de resistencia a la distracción se convierten en una sesión de calistenia para la concentración. Por eso, programar la distracción a lo largo del día se convierte en una forma de entrenamiento mental constante. Aunque la idea que sustenta esta estrategia es bastante sencilla, ponerla en práctica puede ser complicado. Para ayudarte a tener éxito en este propósito, te propongo considerar tres puntos importantes.

Punto n.° I: *Esta estrategia funciona incluso si tu trabajo requiere un gran uso de internet o si debes dar respuestas rápidas a los correos electrónicos*

Si tienes que pasar muchas horas al día conectado a internet o si debes responder rápidamente los correos electrónicos, no hay problema: eso significa simplemente que tus *bloques de tiempo dedicado a internet* serán más numerosos que los de una persona cuyo trabajo requiere menos conectividad. El número total de los bloques dedicados a internet o la duración de estos no es tan importante como respetar la integridad de los *bloques dedicados a trabajar fuera de línea*.

Imagina, por ejemplo, que en un período de dos horas entre una reunión y otra programas la revisión del correo cada quince minutos. Para revisar el correo necesitas, en promedio, cinco minutos. En este caso, será suficiente disponer de un bloque dedicado a internet cada quince minutos, dentro de esas dos horas, y el resto del tiempo lo puedes dedicar a los bloques de trabajo fuera de línea. En este ejemplo, terminarás pasando noventa minutos fuera de línea dentro de ese período de dos horas, resistiendo activamente la distracción. Se trata de un valioso entrenamiento para la concentración que se logra sin hacer grandes sacrificios de conectividad.

Punto n.° 2: *Sin importar cómo se programen los bloques dedicados a internet, es imperativo abstenerse de usarla fuera de estos bloques*

Este objetivo es fácil de plantear, pero se complica en medio de la realidad compleja de un día de trabajo común y corriente. Un asunto que deberás enfrentar tarde o temprano al ejecutar esta estrategia es que, mientras te encuentres en medio de un bloque de trabajo fuera de línea, puede surgir la necesidad de recuperar una información que solo está disponible en línea, una información necesaria para seguir avanzando en tu tarea actual. Si tu siguiente bloque dedicado a internet no comienza pronto, es posible que te quedes bloqueado. La tentación en este caso será rendirse rápidamente, buscar la información y volver al bloque de trabajo fuera de línea. *¡No cedas a la tentación!* Internet es seductor: tal vez pienses que solo abrirás uno de los correos que están en la bandeja de entrada, pero te costará trabajo no echar una mirada a los otros mensajes «urgentes» que han llegado en los últimos minutos. No se necesitarán muchas excepciones como esta para que tu mente comience a considerar que la barrera entre los bloques es permeable, lo cual reduce los beneficios de la estrategia.

En esta situación, es crucial que no abandones de inmediato el bloque dedicado a trabajar fuera de línea, incluso si no puedes avanzar mucho en tu trabajo. Si es posible, pasa a otra actividad fuera de línea durante el resto del bloque (o, incluso, utiliza ese tiempo para relajarte). Si esta solución no es factible —por ejemplo, si necesitas terminar muy pronto la actividad fuera de línea—, lo indicado es *cambiar* la programación, de tal forma que tu siguiente bloque de internet comience antes. Sin embargo, la clave al hacer este cambio consiste en no programar el siguiente bloque de internet para que empiece enseguida. Debes dejar que transcurran por lo menos cinco minutos entre el momento actual y el siguiente bloque en que puedes usar internet. Se trata de un lapso corto, que no será un gran obstáculo para tu avance. Sin embargo, desde un punto de vista conductista, es muy importante porque marca una separación entre el deseo de ver internet y la recompensa de hacerlo.

Punto n.º 3: *Programar el uso de internet tanto en el trabajo como en el hogar te servirá para entrenar tu concentración*

Si por las noches, después del trabajo, o durante los fines de semana, no puedes despegarte de la pantalla del *smartphone* o del ordenador portátil, es probable que tu comportamiento fuera del trabajo esté minando los esfuerzos que has venido adelantando durante la jornada laboral para recablear tu cerebro (el cual no distingue entre un entorno y el otro). En este caso, te sugiero mantener la estrategia de programar el uso de internet incluso cuando hayas terminado tu jornada laboral.

Para simplificar las cosas, al programar el uso de internet después del trabajo, puedes darte permiso para ciertas comunicaciones relacionadas con hechos puntuales durante los bloques fuera de línea (por ejemplo, mandarle un mensaje de texto a un amigo para ponerse de acuerdo sobre el lugar donde os vais a encontrar para cenar), o para buscar información concreta (por ejemplo, averiguar la ubicación del restaurante mediante el móvil). Aparte de estas excepciones pragmáticas, sin embargo, deberás dejar a un lado el teléfono, ignorar los mensajes de texto y abstenerte de usar internet. Como ocurre con la variación laboral de esta estrategia, si internet forma una parte muy importante de tu entretenimiento en las noches, no hay problema: programa montones de bloques de internet. Aquí la clave no es evitar ni tampoco reducir la cantidad total de tiempo que le dedicas a un comportamiento distractor, sino darse múltiples oportunidades durante la noche para *resistir* la tentación de pasarse a esas distracciones a la menor señal de aburrimiento.

Un momento en el que esta estrategia se vuelve particularmente difícil fuera del trabajo es cuando nos vemos obligados a esperar (por ejemplo, cuando tenemos que hacer cola en una tienda). En estas situaciones es crucial que, si te encuentras en un bloque fuera de línea, simplemente resistas el aburrimiento temporal y te conformes con la mera compañía de tus pensamientos. El simple hecho de esperar y estar aburrido se ha convertido en una experiencia novedosa en la vida moderna. No obstante, desde la perspectiva del entrenamiento de la concentración, es increíblemente valioso.

———

Resumiendo, si quieres tener éxito en el trabajo profundo, debes recablear tu cerebro para que se sienta cómodo resistiéndose a los estímulos distractores. Lo que acabo de decir no significa que debas eliminar los comportamientos distractores; basta que elimines el poder de estos para acaparar tu atención. La mera estrategia de programar los bloques dedicados a internet es muy útil a la hora de recuperar la autonomía de la atención.

Trabaja como Theodore Roosevelt

Si hubieras sido estudiante de Harvard College durante el año académico de 1876-1877, probablemente habrías notado la presencia de un enérgico principiante, un muchacho de patillas largas, enjuto e intrépido llamado Theodore (Teddy) Roosevelt. Si hubieras querido hacerte amigo de este joven, habrías observado una paradoja.

Por una parte, Teddy parecía tener una atención irremediablemente dispersa, dedicada a lo que uno de sus compañeros de clases designaba como una «sorprendente variedad de intereses». En esta lista de intereses se incluían, según el biógrafo Edmund Morris,[6] actividades como el boxeo, la lucha, el fisiculturismo, las clases de baile, la lectura de poemas y una obsesión inalterable por el naturalismo (a la casera de Roosevelt, en Winthrop Street, no le gustaba mucho la afición de su joven inquilino de disecar y rellenar diversos especímenes en su habitación). Roosevelt desarrolló tanto este interés que publicó su primer libro, *The Summer Birds of the Adirondacks*, en el verano posterior al inicio de sus estudios universitarios. La obra tuvo una excelente acogida en el *Bulletin of the Nuttall Ornithological Club*, una publicación que se toma muy en serio los libros acerca de las aves.[7] Sobre la base de este hecho, Morris declara que, a esa temprana edad, Roosevelt era «uno de los mayores expertos naturalistas de Estados Unidos».[8]

Para sostener esta exuberancia extracurricular, Roosevelt debía programar de manera muy estricta el tiempo que dedicaba a lo que debía ser su interés principal, es decir, sus estudios en Harvard. Morris usó los diarios y las cartas de Roosevelt de ese período para calcular que el futuro presidente no pasaba más de una cuarta parte del día estudiando. Uno podría suponer, por esta razón, que las calificaciones de Roosevelt eran deficientes... pero no. El joven no era el mejor alumno de la clase, pero tampoco tenía que esforzarse demasiado. En su primer año como estudiante universitario obtuvo notas sobresalientes en cinco de las siete materias que veía. Esta paradoja se explica por la forma única en que Roosevelt asumía su trabajo académico. El joven universitario programaba su estudio en un lapso de ocho horas diarias, que comenzaba a las ocho y media de la mañana y terminaba a las cuatro y media de la tarde. Luego restaba el tiempo que pasaba en clases, en su entrenamiento atlético (diario) y en el almuerzo. Los fragmentos que quedaban los dedicaba exclusivamente a estudiar. Como ya ha quedado dicho, estos fragmentos no sumaban un gran número de horas, pero Roosevelt les sacaba gran provecho, pues trabajaba *solamente* en sus labores académicas durante estos períodos, con una *intensidad* extrema. «En comparación con otros estudiantes, el tiempo que Roosevelt pasaba en su escritorio era relativamente corto —explica Morris—, pero su concentración era tan intensa y su lectura tan rápida que podía dedicar más tiempo a otras actividades que la mayoría de sus compañeros.»[9]

———

Esta estrategia busca que apliques la misma intensidad de Roosevelt en su día de trabajo. En concreto, debes identificar una tarea profunda (es decir, un objetivo que solo puedes alcanzar gracias al trabajo profundo) que ocupe un lugar importante dentro de tus prioridades. Calcula cuánto tiempo tardarás en cumplir con esta obligación y ponte un plazo que *reduzca drásticamente* ese tiempo. Si es posible, asume un compromiso público en relación con el plazo: por ejemplo, dile a la persona que espera el proyecto terminado cuándo va a ser la entrega. Si eso no es posible (o si pone en riesgo tu trabajo), motívate a ti mismo poniendo un temporizador en tu teléfono móvil en un lugar donde lo puedas ver mientras trabajas.

En estas circunstancias, solo hay una manera de terminar el trabajo profundo a tiempo: *trabajar con gran intensidad*, es decir, sin consultar el correo electrónico, sin soñar despierto, sin mirar Facebook, sin ir una y otra vez a buscar un café. Como Roosevelt en Harvard, deberás atacar la tarea con todas las neuronas que tengas a tu disposición, hasta que el torrente de la concentración arrase con todo lo demás.

En un comienzo, pon en práctica esta estrategia solo una vez a la semana, para que tu cerebro se entrene en la práctica de la intensidad, pero también para darle tiempo de descansar (y no elevar tus niveles de estrés). Cuando tengas más práctica para concentrarte y, por lo tanto, para reducir el tiempo que requiere hacer la tarea, aumenta la intensidad del ejercicio rooseveltiano. Eso sí, recuerda siempre que los plazos que te has impuesto deben mantenerse. Para lograrlo, necesitarás una concentración a toda prueba.

La principal motivación de esta estrategia es muy clara. El trabajo profundo requiere una concentración que va más allá de los niveles de comodidad a los que están acostumbrados casi todos los trabajadores del conocimiento. El ejercicio rooseveltiano usa los plazos artificiales para ayudarnos a aumentar sistemáticamente el nivel de desempeño. De esta manera se entrenan los centros de atención del cerebro. Un beneficio adicional es que estas sesiones son incompatibles con la distracción, pues no hay manera de ceder a la tentación y, aun así, cumplir los plazos. Por lo tanto, se trata de sesiones cortas en las que, en caso de estar aburrido y querer buscar estímulos más divertidos, se resiste. Como expusimos en la estrategia anterior, cuanto más practicamos la resistencia a la tentación, más fácil nos resulta resistirnos.

Al cabo de unos cuantos meses de practicar esta estrategia, es probable que tu manera de ver la concentración se transformará cuando llegues a niveles de intensidad más fuertes que los que has experimentado antes. Si te pareces en algo al joven Roosevelt, podrás aprovechar el tiempo libre que te quede para dedicarlo a ciertos placeres refinados de la vida, como tratar de impresionar a los juiciosos miembros del Nuttall Ornithological Club.

Medita de manera productiva

Durante los dos años que pasé como investigador posdoctoral asociado en el MIT, mi esposa y yo vivíamos en un apartamento pequeño pero encantador en Pinckney Street, en la zona histórica de Beacon Hill. Aunque vivía en Boston y trabajaba en Cambridge, los dos lugares quedaban cerca: tan solo los separaba un kilómetro y medio de distancia, cada uno en una ribera del río Charles. Decidido a mantenerme en buen estado físico, incluso en el largo y oscuro invierno de Nueva Inglaterra, decidí aprovechar esta cercanía para recorrer a pie, siempre que me fuera posible, el trayecto entre la casa y el trabajo.

Mi rutina consistía en ir caminando al campus de la universidad por las mañanas, cruzando el puente Longfellow, aun en las peores condiciones climáticas (la administración de la ciudad, para mi descontento, muchas veces tarda en retirar la nieve de las aceras después de las tormentas). Cuando llegaba la hora del almuerzo, me ponía ropa deportiva y me iba corriendo hasta mi casa, por una ruta más larga a orillas del río Charles, en la que debía tomar el puente de la avenida Massachusetts. Almorzaba rápidamente, me daba una ducha y tomaba el metro para cruzar de nuevo el río y volver al campus (con lo cual me ahorraba más o menos medio kilómetro). Luego, regresaba a casa caminando, una vez terminada la jornada laboral. Como se ve, pasé *mucho* tiempo movilizándome a pie durante ese período. Esta realidad me llevó a desarrollar la práctica que sugiero al lector para su entrenamiento en el trabajo profundo: la *meditación productiva*.

La meta de la meditación productiva es tomar un período de ocupación física, pero no mental (como caminar, correr, conducir, bañarse) y concentrarse en un problema profesional único y bien definido. Dependiendo de tu profesión, el problema puede consistir en esbozar un artículo, escribir una conferencia, avanzar en una demostración o perfeccionar una estrategia de negocios. Como se hace también en la meditación de plena conciencia, debes regresar al problema cada vez que la mente se dirija hacia otros pensamientos.

Cuando vivía en Boston, me ejercitaba en la meditación productiva por lo menos en una de mis caminatas diarias. Mis resultados mejoraron con la práctica. Mientras caminaba logré, por ejemplo, esbozar partes significativas de varios capítulos de mi último libro y avanzar en algunos complejos problemas técnicos de mi investigación académica.

Te sugiero como lector que adoptes la práctica de la meditación productiva. No tienes que hacer todos los días una sesión seria, pero debes fijarte la meta de llevar a cabo por lo menos dos o tres sesiones en una semana normal. Por fortuna, es fácil encontrar el tiempo para esta estrategia, pues usa lapsos que, de otra manera, habrían significado una pérdida de tiempo (como, por ejemplo, cuando sacamos al perro a la calle o conducimos un vehículo para ir al trabajo). Bien ejecutada, esta práctica te permitirá aumentar tu productividad profesional en lugar de robarle tiempo a tu trabajo. De hecho, puedes incluso programar una caminata durante la jornada laboral con el propósito específico de aplicar la meditación productiva al problema más urgente que tengas en el momento.

Sin embargo, no estoy sugiriendo esta práctica por sus beneficios productivos (aunque estos sean bienvenidos). Me interesa, más bien, su capacidad para mejorar con rapidez la destreza para pensar profundamente. Según mi experiencia, la meditación productiva se basa en las dos ideas clave que presentamos al comienzo de esta regla. La práctica contribuye a fortalecer los músculos de la resistencia a la distracción, pues lo obliga a uno a redirigir repetidamente la atención hacia un problema bien definido; también contribuye a profundizar la concentración, pues obliga a ir a lo profundo de un solo problema.

Para que la meditación productiva sea provechosa es importante reconocer que, como sucede con cualquier forma de meditación, la práctica hace al maestro. Cuando empecé a usar esta estrategia, en mis primeras semanas de posdoctorado, me distraía con mucha frecuencia y, al cabo de largas sesiones dedicadas a «pensar», no eran muchos los resultados que tenía para mostrar. Tuve que hacer más de diez sesiones para comenzar a sentir los resultados. Es probable que te ocurra lo mismo, así que tendrás que ser paciente. Sin embargo, para acelerar un poco este proceso gradual, quisiera hacerte dos sugerencias específicas.

Sugerencia n.º I: *Debes estar atento al momento en que te distraes o empiezas a dar vueltas*

Cuando se tiene poca práctica, al comenzar una sesión, el primer acto de rebelión de la mente es ofrecer pensamientos que no tienen nada que ver, pero que parecen más atractivos. Mi mente, por ejemplo, lograba descarrilar mi atención pensando en el texto de un correo electrónico que necesitaba escribir. Objetivamente hablando, esa línea de pensamiento suena muy aburrida, pero en ese momento puede resultar de un atractivo irresistible. Cuando notes que tu atención se está desviando del problema en cuestión, recuérdate que puedes regresar al pensamiento distractor más tarde y vuelve a centrarte.

En muchos sentidos, las distracciones de este tipo son el enemigo que buscamos combatir al desarrollar el hábito de la meditación productiva. Sin embargo, otro adversario, más sutil pero igualmente efectivo, es la tentación de dar vueltas. Cuando nuestra mente se enfrenta a un problema difícil, intenta evitar el exceso de gasto de energía siempre que le sea posible. Una de las maneras en que puede buscar evitar ese gasto es abstenerse de profundizar en el problema y dar vueltas una y otra vez sobre lo que ya sabe respecto al problema. Por ejemplo, cuando estoy trabajando en una prueba, mi mente tiende a repasar los resultados prelimina-res, con el fin de evitar el trabajo más difícil que es conti-nuar construyendo sobre la base de esos resultados para obtener la solución deseada. Hay que estar en guardia con-tra la tendencia de dar vueltas, pues puede arruinar la tota-lidad de la sesión de meditación productiva. Cuando la veas aparecer, recuérdate que estás dando vueltas y redirige tu atención hacia el siguiente paso.

Sugerencia n.º 2: *Estructura tu pensamiento profundo*

«Pensar profundamente» sobre un problema puede parecer una actividad evidente, pero en realidad no lo es. Cuando nos hallamos en un entorno desprovisto de distracciones mentales, y tenemos un problema difícil y tiempo para pen-sar, los siguientes pasos pueden ser poco evidentes, para sorpresa de muchos. En lo que a mí respecta, es útil dispo-ner de una estructura para este proceso de pensamiento profundo. Sugiero empezar con una revisión detallada de las *variables* relevantes para la resolución del problema y lue-go pasar a almacenar estos valores en tu memoria de trabajo. Por ejemplo, si estás trabajando en la estructura general de un capítulo, las variables relevantes pueden ser los puntos principales que quieres tocar en ese capítulo. Si estás tratan-do de resolver una prueba matemática, deberás contemplar las variables matemáticas, los supuestos o los lemas. Una vez que hayas identificado las variables relevantes, plantea una pregunta específica que debas resolver usando esas variables y que apunte hacia el *siguiente paso*. En el ejemplo del capí-tulo, la pregunta que apunta hacia el siguiente paso puede ser: «¿Cómo voy a abrir este capítulo de manera eficaz?»; y, en el caso de la prueba, la pregunta puede ser: «¿Qué puede salir mal si no asumo que esta propiedad es válida?». Una vez que tenemos almacenadas las variables relevantes e identificada la pregunta que apunta hacia el siguiente paso, nuestra atención tiene una meta específica. Suponiendo que hayas logrado resolver la pregunta que apunta hacia el siguiente paso, la última etapa de esta manera estructurada de pensar profundamente consiste en *consolidar* lo avanzado, mediante una revisión clara de la respuesta que has identificado. En este punto, puedes pasar al siguiente nivel de profundidad comenzando el proceso una vez más. Este ciclo que consiste en revisar y almacenar las variables, identificar y abordar la pregunta que apunta al siguiente paso y luego consolidar lo avanzado es como una rutina de ejercicio intenso para entrenar tu capacidad de concentración. El ciclo te servirá para sacarle mayor provecho a tus sesiones de meditación productiva y para acelerar el ritmo al que mejora tu aptitud para trabajar de manera profunda.

Memoriza las cartas de una baraja

Si se le dan cinco minutos, Daniel Kilov es capaz de memorizar cualquiera de las siguientes cosas: un mazo de naipes en orden aleatorio, una serie de cien dígitos en desorden o 115 formas abstractas (esta última hazaña le permitió establecer un récord nacional en Australia). Así pues, no debe sorprendernos que Kilov haya ganado de manera consecutiva varias medallas de plata en los campeonatos australianos de memoria. Lo que tal vez sí sea sorprendente, si tenemos en cuenta la historia personal de Kilov, es que se hubiera convertido en un atleta de la mente.

«No nací con una memoria excepcional», me contó Kilov. De hecho, en sus años como estudiante de bachillerato se consideraba a sí mismo olvidadizo y desorganizado. Tuvo dificultades académicas y le diagnosticaron un trastorno por déficit de atención. Después de un encuentro casual con Tansel Ali, uno de los más destacados campeones australianos de la memoria, Kilov empezó a entrenar su memoria con disciplina. Cuando obtuvo su diploma del bachillerato ya había ganado su primera medalla en una competición nacional.

Esta transformación en atleta mental de categoría mundial fue rápida, pero no excepcional. En 2006, Joshua Foer, el escritor estadounidense de temas científicos, ganó el campeonato nacional de memoria tan solo un año después de iniciado su intenso entrenamiento. En su libro de 2011, *Moonwalking with Einstein*,[10] de gran éxito por cierto, Foer describe este recorrido. Sin embargo, lo importante de la historia de Kilov es lo que le ocurrió a su desempeño *académico* durante este período de desarrollo intensivo de la memoria. Gracias a ese entrenamiento del cerebro, pasó de ser un estudiante con dificultades, que padecía de trastorno por déficit de atención, a graduarse con honores en una exigente universidad australiana. Poco tiempo después lo aceptaron en un programa de doctorado en otra destacada universidad, donde en la actualidad realiza estudios bajo los auspicios de un renombrado filósofo.[11]

Podemos encontrar una explicación de esta transformación en un trabajo de investigación dirigido por Henry Roediger, quien maneja el Laboratorio de la Memoria en la Universidad de Washington, en Saint Louis. En 2014, Roediger y sus colaboradores enviaron a un equipo de investigadores al Extreme Memory Tournament, en San Diego. Los miembros del equipo llevaban una batería de test cognitivos, con los cuales buscaban comprender en qué se diferenciaban los memorizadores de élite y la población en general. «Descubrimos que una de las mayores diferencias entre los atletas de la memoria y el resto de la gente radica en una destreza cognitiva que no está en función directa con la memoria *sino con la atención*» (la cursiva es mía), según explicaba Roediger en un blog de *The New York Times*.[12] La destreza en cuestión se llama «control de la atención», y mide la capacidad de los sujetos para mantenerse concentrados en la información esencial.

Un efecto secundario del entrenamiento de la memoria es la mejora de nuestra capacidad para concentrarnos. Esta capacidad puede aplicarse con provecho a cualquier actividad que requiera trabajo profundo. Podemos conjeturar, entonces, que Daniel Kilov no se convirtió en un estudiante estrella gracias a esa memoria que le permitía ganar medallas: más bien, el proceso que siguió para mejorar su memoria le permitió (de paso) obtener la destreza para el trabajo profundo que se necesita si se quiere triunfar en el ámbito académico.

La estrategia que se describe te invita a replicar un elemento clave del entrenamiento de Kilov, con el cual lograrás mejorar tu concentración. Se trata, en particular, de aprender una destreza estándar, pero bastante impactante dentro del repertorio de los atletas mentales: la capacidad para memorizar un mazo de naipes en orden aleatorio.

———

La técnica de la memorización de naipes que expondré a continuación es de una persona que conoce bastante bien este reto específico: Ron White, ganador del concurso USA Memory Champion, quien obtuvo un récord mundial en memorización de naipes.* Lo primero que destaca White es que los atletas profesionales de la memoria nunca practican la memorización a través de la repetición de la información en la cabeza, una y otra vez. Aunque este método de memorización es muy común entre los estudiantes que están al borde del colapso, lo cierto es que no tiene en cuenta la manera en que funciona nuestro cerebro. No estamos diseñados para internalizar rápidamente la información abstracta. En cambio, somos muy buenos para recordar escenas. Piensa en un evento memorable reciente en tu vida: puede ser la sesión inaugural de una conferencia a la que hayas asistido o un encuentro con un amigo al que no veías desde hacía mucho tiempo. Trata de recordar la escena con la mayor claridad posible. Dadas estas circunstancias, la mayoría de las personas puede hacer una evocación bastante vívida del evento, aunque no haya hecho un esfuerzo especial por recordarlo en aquel momento. Si hicieras un conteo sistemático de los detalles únicos de este recuerdo, el número total de ítems muy probablemente sería bastante alto. Esto quiere decir que tu mente puede retener montones de información detallada, siempre y cuando la guardes de la forma correcta. La técnica de memorización de los naipes de Ron White se basa en esa idea.

A modo de preparación para esta tarea de memorización a gran escala, White recomienda comenzar por cimentar en la mente la imagen de ir caminando por todos los espacios de tu casa. Puedes comenzar por la puerta de entrada, seguir al pasillo, girar hacia el baño, entrar a la

* El artículo de White que leí para informarme sobre los pasos que presento aquí se puede consultar en línea: Ron White, «How to Memorize a Deck of Cards with Superhuman Speed», en *The Art of Manliness*, 1 de junio de 2012, <http://www.artofmanliness.com/2012/06/01/how-to-memorize-a-deck-of-cards/>.

habitación de invitados, ir a la cocina, pasar a la sala. En cada habitación, evoca una imagen clara de lo que ves.

Cuando hayas memorizado con claridad este recorrido mental por un lugar que conoces bien, fija en tu mente un conjunto de diez objetos en cada uno de esos espacios o habitaciones. White recomienda que las imágenes sean grandes (y, por ende, más fáciles de recordar), como un escritorio en vez de un lápiz. A continuación, establece un orden según el cual vas a mirar cada uno de los objetos en la habitación. Por ejemplo, en el pasillo de la entrada, puedes mirar la alfombra para limpiarte los pies, luego el paragüero, etc. En total, serán cincuenta objetos, así es que debes agregar dos más, quizás en otro baño, para obtener los cincuenta y dos objetos que necesitarás para conectar estas imágenes con cada una de las cartas de un mazo de naipes.

Practica este ejercicio mental que consiste en hacer el recorrido por las diferentes habitaciones de la casa y mirar los objetos en cada una de ellas en un orden establecido. Comprobarás que este tipo de memorización, basada en imágenes visuales de lugares y objetos conocidos, te resultará más fácil que la memorización por repetición que practicabas en tu época de colegial.

El segundo paso de preparación para memorizar un mazo de naipes consiste en asociar una persona o cosa memorable con cada una de las cincuenta y dos cartas. Para facilitar este proceso, trata de mantener la misma asociación lógica entre la carta y la imagen correspondiente. White da el ejemplo de asociar a Bill Gates con el rey de diamantes, pues los diamantes son sinónimo de riqueza. Practica esas asociaciones, hasta llegar al punto en que puedas sacar cualquier carta del mazo y recordar de inmediato la imagen asociada a esta. Como en el caso anterior, el uso de imágenes y asociaciones visuales memorables simplificará la tarea de formar esas conexiones.

Los dos pasos mencionados anteriormente son los pasos *previos*, es decir, las acciones que solo debes ejecutar una vez y que luego sirven de base para memorizar, una y otra vez, cada orden diferente de las cartas que resulte de barajarlas. Cuando se hayan llevado a cabo estos dos pasos, estarás listo para la acción principal, que consiste en memorizar a la mayor velocidad posible el orden de las cincuenta y dos cartas recién barajadas. Aquí el método es sencillo. Comienza el recorrido mental por tu casa. A medida que vayas pasando por cada ítem, mira la siguiente carta del mazo barajado e imagina que la persona o cosa memorable correspondiente se encuentra junto a dicho ítem. Por ejemplo, si el primer ítem es la alfombra del pasillo de la entrada, y la primera carta es el rey de diamantes, imagina que Bill Gates se está limpiando sus costosos mocasines en la alfombra.

En tu cabeza, avanza lentamente por las habitaciones, asociando cada imagen con los objetos correspondientes, en el orden adecuado. Después de terminar el recorrido por una habitación, repite el proceso unas cuantas veces, para afianzar la secuencia imaginada. Al terminar todo el recorrido de la casa, estarás listo para entregarle la baraja a un amigo y recitar el orden aleatorio en que se encuentran estas, sin mirarlas de nuevo. Para ello, harás el recorrido mental por tu casa una vez más, conectando el objeto o la persona memorable con los objetos de las habitaciones.

––––––

Al practicar esta técnica, descubrirás que —al igual que los atletas mentales— puedes aprenderte el nuevo orden del mazo en unos pocos minutos. Por supuesto que esta destreza sirve no solo para impresionar a tus amigos sino, sobre todo, para entrenar la mente. Para seguir los pasos que acabamos de describir, se requiere centrar la atención, una y otra vez, en una meta clara. Así como los músculos se hacen más fuertes al levantar pesas, este ejercicio te llevará a fortalecer tu capacidad general para concentrarse, lo cual te permitirá trabajar a fondo mucho más fácilmente.

Merece la pena recalcar, no obstante, lo obvio: no hay nada especial en el hecho de memorizar las cartas. Cualquier proceso de pensamiento estructurado que requiera una atención imperturbable puede tener un efecto similar, ya sea estudiar el Talmud, como vimos en la introducción de la regla n.º 2, o practicar la meditación productiva, o aprender a tocar de oído en la guitarra un fragmento de una canción (este era uno de mis ejercicios favoritos en el pasado). Si la memorización de cartas te parece rara, escoge otra cosa cuya exigencia cognitiva sea similar. La clave de esta estrategia no es el contenido específico, sino la idea motivadora de que tu capacidad para concentrarte depende de tu compromiso para entrenarla.[13]

Alejarse de las redes sociales

En 2013, Baratunde Thurston, escritor y consultor en medios digitales, llevó a cabo un experimento. Tomó la decisión de desconectarse de la vida en línea durante veinticinco días: nada de Facebook, Twitter ni Foursquare (un servicio que, en 2011, lo designó «Alcalde del año»); ni siquiera usaría el correo electrónico.[1] Thurston necesitaba esa pausa. Este hombre, a quien sus amigos describen como «el hombre más conectado del mundo»,[2] había participado, según sus propias cuentas, en más de 59.000 conversaciones de Gmail y había puesto 1.500 actualizaciones en su muro de Facebook en el año inmediatamente anterior al experimento. «Estaba agotado. Frito. Muerto»,[3] explicó.

Nos enteramos del experimento de Thurston porque él mismo escribió sobre este en un artículo de la revista *Fast Company*, titulado de manera irónica «#UnPlug». Como relata Thurston en el artículo, no le tomó mucho tiempo adaptarse a su vida fuera de línea. «Al final de la primera semana, el ritmo tranquilo de mis días ya me parecía mucho menos extraño. Me sentía menos estresado de no saber nuevas cosas; sabía que seguía existiendo a pesar de no haber compartido en internet pruebas documentales sobre mi existencia.»[4] Thurston hablaba con extraños. Disfrutaba de la comida sin publicar en Instagram su experiencia.

Se compró una bicicleta («descubrí que es más fácil manejar ese aparato si uno no está tratando, al mismo tiempo, de revisar la cuenta de Twitter»). «El final del experimento llegó muy pronto»,[5] se lamentó Thurston. Sin embargo, debía manejar sus compañías noveles y ocuparse del marketing de sus libros, así que a los veinticinco días volvió a reactivar su presencia en línea.

El experimento de Baratunde Thurston resume claramente dos aspectos importantes acerca de las relaciones que se viven en nuestra cultura con redes como Facebook, Twitter e Instagram, así como los sitios de información y entretenimiento del tipo *Business Insider* y *BuzzFeed*, dos categorías de distracción en línea que en las páginas que siguen denominaré colectivamente «herramientas en la Red». El primer aspecto es que cada vez se reconoce más el hecho de que estas herramientas fragmentan nuestro tiempo y reducen nuestra capacidad para concentrarnos. Esta realidad ya no genera mayor debate: todos la sentimos. Se trata de un problema real para personas de todo tipo, pero el problema es especialmente grave si uno está buscando mejorar su capacidad para el trabajo profundo. En la regla anterior, por ejemplo, describía varias estrategias que ayudan a afinar la concentración. Estos esfuerzos serán aún más arduos si, de manera simultánea, uno tiene un comportamiento similar al de Baratunde Thurston antes de llevar a cabo su experimento, es decir, si tu vida —aparte del momento del entrenamiento— sigue estando llena de distracciones por causa de las aplicaciones electrónicas y la navegación en internet. La fuerza de voluntad es un recurso limitado y, por esa razón, cuanto más atractivas sean las herramientas que te piden atención, más difícil te resultará mantenerse concentrado en algo importante. Por lo tanto, para dominar el arte del trabajo profundo, debes recuperar el control del tiempo y la atención, dos cosas que intentan robarte las muchas diversiones que nos rodean. Sin embargo, antes de que comencemos a luchar contra estas distracciones, debemos entender mejor el campo de batalla. Aquí viene el segundo aspecto al que apunta el relato de Baratunde Thurston: la impotencia a la que se enfrentan los trabajadores del conocimiento al examinar este problema de las herramientas en la Red en relación con la atención. Abrumado por las exigencias de tiempo que estas herramientas implican, Thurston sentía que su única opción era ausentarse por completo de internet, aunque por un tiempo limitado. Esta idea según la cual un drástico *sabático de internet** es la única alternativa ante la distracción generada por herramientas en la Red ha hecho carrera en nuestra cultura.

El problema de esta respuesta binaria al problema es que las dos opciones son demasiado severas y, por lo tanto, poco útiles. La noción de abstenerse por completo del uso de internet es, obviamente, una exageración impracticable para la mayoría (a menos que uno sea un periodista interesado en escribir un ensayo sobre la distracción). A nadie le resultará de mucho provecho seguir el ejemplo de Baratunde Thurston. Esta realidad nos lleva a justificar la otra alternativa: aceptar como algo inevitable nuestro actual estado de distracción. A pesar de todas las revelaciones que obtuvo Thurston durante su sabático de internet, fue poco el tiempo que transcurrió antes de que el consultor volvie-

---

* Observe el lector que un *sabático de internet* no es lo mismo que el *sabbat* de internet que mencioné en la regla n.º 2. Este último postula tomar habitualmente pequeñas pausas de internet (por lo general, un día en el fin de semana), mientras que el primero hace referencia a una pausa larga y sustancial de la vida en línea, que puede durar varias semanas e, incluso, más.

ra al estado de fragmentación inicial en el que se encontraba antes de iniciar su experimento. El día que comencé a escribir este capítulo —tan solo seis meses después de la publicación del artículo de Thurston en *Fast Company*—, el reformado consultor ya se encontraba escribiendo una docena de tuits después de haberse levantado.

La regla que presento ahora en este libro busca sacarnos de esa encrucijada, a través de una tercera opción: aceptar que estas herramientas no son malas en sí mismas, incluso que algunas de ellas pueden ser vitales para el éxito y la felicidad, *pero aceptar al mismo tiempo* que uno debe ser más estricto a la hora de permitir que un sitio web capte su atención y su tiempo (y, de paso, dé acceso a sus datos personales), lo cual implica que debe usar una menor cantidad de dichas herramientas. En otras palabras, no voy a decirte que abandones del todo el uso de internet, como hizo Baratunde Thurston durante veinticinco días de 2013. Te pediré, eso sí, que rechaces el estado de distracción ligada a la hiperconexión que lo indujo a llevar a cabo ese drástico experimento. Hay un punto medio y, si te le interesa desarrollar el hábito del trabajo profundo, debes luchar para alcanzarlo.

———

Nuestro primer paso para encontrar ese punto medio en nuestra selección de las herramientas en la Red consiste en comprender cómo funciona el proceso de toma de decisiones que lleva a cabo la mayoría de los usuarios de internet. En el otoño de 2003, comprendí mejor este proceso a raíz de un artículo que escribí para explicar por qué nunca abrí una cuenta de Facebook. Aunque el ensayo tenía el propósito de explicar y no de acusar, muchos lectores se pusieron a la defensiva y respondieron con justificaciones de *su propio* uso del servicio. Veamos algunos ejemplos de esas justificaciones:

- «Lo que me atrajo en un principio de Facebook fue su componente de entretenimiento. Puedo ver en qué andan mis amigos, pongo fotos divertidas, hago comentarios rápidos.»
- «[Cuando] abrí mi cuenta [no sabía por qué]... Por pura curiosidad entré a un foro sobre cuento corto. [Allí] mejoré mi escritura y conseguí buenos amigos.»
- «Uso Facebook porque muchos de mis amigos del colegio están ahí.»[6]

Lo que me llama la atención de esas respuestas (representativas de la mayoría de los comentarios que recibí sobre este tema) es que son sorprendentemente irrelevantes. No dudo que el primer comentador de esta lista se entretiene con el uso de Facebook, pero también supongo que esa persona no padecía de un déficit de opciones de entretenimiento antes de empezar a usar el servicio. Incluso me atrevería a apostar que ese usuario podría perfectamente evitar el aburrimiento, aunque cancelaran de forma repentina el servicio. En el mejor de los casos, Facebook creó una opción de entretenimiento adicional (bastante mediocre, en mi opinión), además de las muchas que ya existen.

Otro comentarista señala que hizo amigos en un foro sobre literatura. No dudo de la existencia de esos amigos, pero podemos suponer que esas amistades son superficiales, dado que se basan en la práctica de enviarse mutuamente mensajes cortos en la Red. No hay nada de malo en esas relaciones superficiales, pero es poco probable que ocupen un lugar central en la vida de este usuario. Algo similar puede decirse sobre el comentarista que volvió a contactar con sus amigos del colegio: es una diversión agradable, pero difícilmente será un elemento esencial de tu sentido de la conexión social o de la felicidad.

Quiero ser claro: no pretendo denigrar los beneficios identificados antes: no son ilusorios ni equivocados. Lo que quiero resaltar, sin embargo, es que estos beneficios son menores y, en cierto sentido, aleatorios. (Por el contrario, si le pides a alguien que justifique el uso de la web de una manera más general, o del correo electrónico, los argumentos serán más concretos y convincentes.) Ante esta observación, podrías responder que *valor es valor*: si puedes encontrar un beneficio adicional con el uso de un servicio como Facebook —aunque sea pequeño— merece la pena usarlo. Yo llamo a esta forma de pensar la mentalidad de «*cualquier beneficio* es bienvenido», pues considera cualquier posible beneficio como justificación suficiente para usar una herramienta de la Red. Profundicemos un poco en el asunto.

> **La mentalidad de que «cualquier beneficio es bienvenido» a la hora de seleccionar las herramientas en la Red:** justifica el uso de una herramienta en la Red si le ve *algún* beneficio o si puede perderse *algo* por no usarla.

El problema con esta mentalidad es, obviamente, que pasa por alto todos los elementos negativos que están ligados al uso de las herramientas en cuestión. Esos servicios están diseñados para seducir al usuario, y eso significa que le quitan tiempo y capacidad de atención para actividades que propician sus metas personales y profesionales (tales como el trabajo profundo). A la larga, si usas esas herramientas el tiempo suficiente, llegarás al estado de agotamiento y distracción relacionado con la conectividad que invadió la vida de Baratunde Thurston y de millones de personas como él. Aquí, precisamente, encontramos la verdadera naturaleza perniciosa de la mentalidad de que «cualquier beneficio es bienvenido». El uso de las herramientas en la Red puede ser nocivo. Si no sopesas los pros y los contras, sino que usas la menor sombra de beneficio potencial de las herramientas para justificar tu uso incontrolado, estarás socavando, sin darte cuenta, tus posibilidades de tener éxito en el mundo del trabajo del conocimiento.

Esta conclusión, analizada de manera objetiva, no debe causarnos sorpresa. En el contexto de las herramientas en la Red, nos hemos acostumbrado a la mentalidad de que «cualquier beneficio es bienvenido», pero si miramos las cosas en perspectiva, dentro del contexto del trabajo cualificado, veremos que se trata de una manera extraña y anacrónica de considerar la selección de las herramientas. En otras palabras, si dejamos a un lado la retórica revolucionaria que rodea a todo lo que tenga que ver con internet (esa sensación, resumida en la primera parte, de que o bien estás comprometido a fondo con «la revolución», o bien es un dinosaurio amargado), saltará a la vista que las herramientas en la Red no son excepcionales: son simples herramientas, que no se diferencian del martillo de un herrero o del pincel de un artista, usadas por los trabajadores cualificados para hacer mejor su trabajo (y, ocasionalmente, para hacer más agradables sus momentos de ocio). A lo largo de la historia, los trabajadores cualificados han hecho uso de la sofisticación y el escepticismo para relacionarse con las nuevas herramientas y pensar sus decisiones respecto a adoptarlas o no. No hay ninguna razón para que los trabajadores del conocimiento se abstengan de hacer lo mismo en relación con internet: el hecho de que la mano de obra cualificada en este caso tenga que ver con bits digitales no cambia en nada esta realidad.

Para comprender mejor cómo funciona este proceso cuidadoso de selección de las herramientas, empecemos viendo el caso de una persona que se gana la vida trabajando con herramientas (no digitales) y tiene con estas una relación compleja en su búsqueda del éxito. Por fortuna, logré encontrar un individuo con esas características. Se trata de exitoso agricultor Forrest Pritchard.

———

Forrest Pritchard es el director de Smith Meadows, una granja familiar localizada a una hora de la ciudad de Washington, hacia el este: es una de las muchas granjas que se agrupan en los valles de las Blue Ridge Mountains.[7] Poco después de tomar las riendas de la granja de sus padres, Pritchard cambió el esquema: se alejó de los monocultivos y se dedicó a un concepto que, por entonces, era muy novedoso: el ganado de engorde en pasto (y no con maíz, como era usual). Hoy en día la granja prescinde de los intermediarios mayoristas (no es posible encontrar las carnes de Smith Meadows en supermercados como Whole Foods) y vende sus productos directamente a los consumidores en los concurridos mercados de agricultores del área metropolitana de Washington D. C. En todos los aspectos, la granja está triunfando en una industria que casi nunca recompensa las pequeñas operaciones.

Conocí a Pritchard en el mercado local de agricultores de Takoma Park, Maryland, donde Smith Meadows tiene un puesto en el que vende muy bien sus productos. Pritchard es un hombre alto: les saca una cabeza a los clientes de los suburbios. Con su vestimenta típica de granjero, es la imagen misma del artesano que sabe hacer su oficio. Quise abordarlo para hablar con él, pues el negocio agrícola se basa en un manejo cuidadoso de las herramientas y yo quería comprender cómo hace un trabajador de áreas no relacionadas con el mundo digital para llevar a cabo esta tarea tan importante.

«La producción del heno es un buen ejemplo —me dijo en una de nuestras conversaciones sobre el tema—. Es un área donde te puedo dar la idea básica sin tener que explicar la dinámica económica subyacente.»

Cuando Pritchard asumió el control de Smith Meadows, la granja producía su propio heno para alimentar al ganado durante los meses del invierno en que las reses no podían pastar. La producción se hace con una máquina embaladora de heno: un aparato que, arrastrado por un tractor, comprime y embala el heno seco, formando pacas. Si eres ganadero en la Costa Este, seguramente poseerás y usarás una embaladora de heno por razones obvias: tus animales necesitan el heno. ¿Por qué habría de gastar dinero para comprar alimento, si dispones de heno gratis en tu propio terreno? Si un granjero aplica la mentalidad en la que «cualquier beneficio es bienvenido», que aplican los trabajadores del conocimiento, sin duda compraría una embaladora de heno. Sin embargo, tal como me explicó Pritchard (tras pedirme sus disculpas de antemano por el sarcasmo), si como granjero aplicara un pensamiento tan simplista, «en poco tiempo, estaría poniendo un letrero de "se vende" en mi granja». Pritchard, al igual que la mayoría de las personas que trabajan en este negocio, lleva a cabo un proceso de pensamiento más sofisticado a la hora de escoger sus herramientas. Tras aplicar este proceso a la embaladora de heno, Pritchard optó por venderla: en la actualidad, Smith Meadows compra todo el heno que consume.

Veamos por qué.

«Comencemos por analizar los costes de la producción del heno —me dijo Pritchard—. En primer lugar, tenemos el coste del combustible, las reparaciones de la maquinaria y el espacio para almacenar el heno. También hay que pagar impuestos sobre este.» Estos costes, que se pueden medir directamente, son la parte sencilla de la decisión. Pero está también el «coste de oportunidad», al que hay que prestarle más atención. Así lo explicaba el granjero: «Si me paso todo el verano produciendo heno, no puedo hacer nada más. Ahora uso ese tiempo para levantar pollos de engorde, que se venden como alimento para los humanos. Esto genera un flujo de caja positivo, porque los puedo comercializar. Pero también producen abono, que uso para nutrir mi tierra». Luego está el asunto igualmente sutil de determinar el valor secundario de una paca de heno comprada. Como explica Pritchard, cuando compro heno, estoy intercambiando dinero en efectivo por proteína y abono (después de que el heno pasa por el sistema digestivo del animal), lo cual significa que también estoy obteniendo nutrientes para la tierra a cambio de mi dinero. También estoy evitando compactar los suelos con la circulación de la maquinaria pesada por el terreno durante todo el verano».

Para tomar su decisión final acerca del heno, Pritchard decidió ir más allá de los costes monetarios directos, que no producían ninguna ganancia real, y se concentró en el tema más complejo de la salud a largo plazo de sus tierras. Así lo resume Pritchard: «La fertilidad del suelo es mi punto de referencia». Según este cálculo, el heno tenía que salir del panorama.

Observa la complejidad de la decisión de Pritchard a la hora de escoger las herramientas. Esa complejidad va de la mano con una importante realidad: para aquellos que están en ese negocio, es casi risible la noción según la cual obtener *alguna* ventaja justifica la inversión de dinero. *Por supuesto* que una embaladora de heno ofrece beneficios: todas las herramientas de una granja tienen algo útil que ofrecer. Al mismo tiempo, *por supuesto* que también tiene aspectos negativos. Pritchard quería tomar una decisión equilibrada. Comenzó con un punto de referencia claro (en su caso, la salud del suelo es fundamental para el éxito de su negocio) y luego, a partir de esta base, tomó una decisión final sobre el uso de una herramienta en particular.

Lo que propongo, si eres un trabajador del conocimiento —y, en particular, si te interesa cultivar el hábito del trabajo profundo—, es que asumas la selección de tus herramientas con el mismo cuidado con el que lo hacen otros trabajadores cualificados, como los granjeros. A continuación, presento una generalización de esta estrategia de evaluación. Decidí llamarla *método artesano* de la selección de las herramientas, pues este nombre pone el énfasis en el hecho de que las herramientas son, en último término, ayudas para alcanzar la gran meta final de nuestro oficio.

> **El método artesano de la selección de las herramientas:** identifica los factores centrales que determinan el éxito y la felicidad de tu vida profesional y personal. Adopta una herramienta solo si sus impactos positivos sobre estos factores superan ostensiblemente los impactos negativos.

Observa que el método artesano de la selección de las herramientas se opone a la mentalidad de que cualquier beneficio es bienvenido. Mientras que esta última considera cualquier impacto positivo potencial como justificación para el uso de una herramienta, la primera exige que los impactos positivos afecten los factores clave para ti y que superen ostensiblemente los negativos.

Aunque el método artesano de la selección de las herramientas rechaza la simpleza de la mentalidad de que cualquier beneficio es bienvenido, no ignora los beneficios que llevan a la gente a usar las herramientas de la Red ni pretende hacer declaraciones respecto a la calidad de la tecnología en cuanto a que sea «buena» o «mala»: simplemente propone evaluar toda herramienta de la Red con la misma seriedad y ecuanimidad a la que se han sometido otras herramientas en otros oficios a lo largo de la historia del trabajo cualificado.

———

Las tres estrategias que presentamos a continuación, en el marco de esta regla, están diseñadas para que el lector se sienta cómodo ante la idea de abandonar la mentalidad según la cual cualquier beneficio es bueno y aplicar la filosofía del artesano para decidir cuáles herramientas usar, pensando en el tiempo y la atención que consumen esas herramientas. La siguiente guía es importante porque el método artesano tiene ciertas complejidades. Identificar qué es lo más importante en tu vida y luego tratar de determinar si el impacto que ejercen diversas herramientas sobre estos factores no se reduce a una simple fórmula: esta tarea requiere práctica y experimentación. Las estrategias que exponemos a continuación contribuyen a estructurar la práctica y la experimentación, obligando a reconsiderar las herramientas en la Red desde diferentes perspectivas. Puestas en conjunto, las estrategias te ayudarán a cultivar una relación más reflexiva con tus herramientas, lo cual te permitirá tener mayor control de tu tiempo y tu concentración, para llevar a cabo con éxito las ideas de la segunda parte.

Aplicar la ley de «los mínimos vitales» a los hábitos relacionados con internet

Malcolm Gladwell no usa Twitter. En una entrevista que concedió en 2013 explicaba por qué: «¿Quién dice que mis *fans* quieren saber de mí en Twitter? —Y luego añadía con humor—: ¡Yo sé que mucha gente quiere verme menos!».[8] Michael Lewis, otro autor de grandes éxitos de librería, quien tampoco usa el servicio, explicaba en *The Wire*: «No uso Twitter. Ni siquiera sé cómo leer o dónde encontrar un mensaje de Twitter».[9] Como mencioné en la primera parte, George Packer, renombrado escritor de *The New Yorker*, también evita el servicio y, de hecho, solo hasta hace poco sucumbió al uso del *smartphone*, por necesidad.

Estos tres escritores no consideran que Twitter sea inútil. Aceptan sin problema que a otros escritores les resulte útil. Packer se refirió a su postura respecto a Twitter en respuesta a un artículo abiertamente apasionado sobre Twitter del fallecido crítico de medios de *The New York Times*, David Carr. En su ensayo, Carr decía con entusiasmo desbordante:

Ahora, un año más tarde, ¿mi cerebro se ha convertido en papilla por culpa de Twitter? No. Me entero de muchas más cosas de las que podría haberme imaginado, y, en lugar de gastar media hora navegando para encontrar alguna fuente de iluminación, me doy una idea de las noticias del día y de la forma como la gente está reaccionando ante ellas durante el tiempo que me lleva hacer cola para comprarme un café.[10]

Sin embargo, al mismo tiempo, Gladwell, Lewis y Packer no sienten que el servicio les ofrezca unas ventajas que contrarresten de manera considerable los aspectos negativos, dadas sus circunstancias particulares. A Lewis, por ejemplo, le preocupa que una mayor accesibilidad le quite energía y reduzca su capacidad para investigar y escribir buenas historias. Al respecto anota: «Es increíble cómo la gente está accesible en todas partes y a todas horas. Hay muchos tipos de comunicación en mi vida que no son enriquecedores, sino que, por el contrario, son empobrecedores».[11] A Packer, por su parte, le preocupa la distracción: «Twitter es el crac de los adictos a los medios».[12] Incluso describe la alabanza de Carr sobre este servicio como «la imagen más aterradora del futuro que he leído en la nueva década».

No es necesario hacer un debate para determinar si estos autores han acertado en sus decisiones personales de evitar Twitter (y otras herramientas similares), pues las cifras de sus ventas y los premios que han recibido hablan por sí solos. Podemos, eso sí, usar sus decisiones como una valiosa ilustración del método artesano de selección de las herramientas. En una época en que tantos trabajadores del conocimiento —en particular aquellos cuyos oficios ponen énfasis en la creatividad— siguen atrapados en la mentalidad de que cualquier beneficio es bienvenido, resulta refrescante ver una estrategia más madura a la hora de escoger esos servicios. Sin embargo, la escasez de esos ejemplos nos indica que no es tan fácil hacer ese tipo de evaluaciones maduras y sopesadas. Recordemos la complejidad del proceso de pensamiento, que mencionamos anteriormente, por el cual tuvo que pasar Forrest Pritchard para tomar una decisión sobre la embaladora de heno. Para muchos trabajadores del conocimiento, las decisiones respecto a las herramientas con las que se cruzarán en su vida serán igualmente complejas. La meta de esta estrategia es ofrecerte, querido lector, cierta estructura para llevar a cabo este proceso de pensamiento: es una manera de reducir parte de la complejidad a la hora de decidir cuáles herramientas son importantes en nuestra vida.

———

El primer paso de esta estrategia consiste en identificar las principales metas de alto nivel que quieres plantearte para tu vida profesional y personal. Si tienes cónyuge e hijos, por ejemplo, quizá tu meta personal consista en ser un buen padre y tener un hogar organizado. En la esfera profesional, los detalles de tus metas dependen del oficio que hagas para ganarte la vida. En mi trabajo como profesor universitario, por ejemplo, busco alcanzar dos metas importantes. Una consiste en ser un buen maestro en el aula y un mentor eficaz para mis alumnos de posgrado; la otra apunta a ser un buen investigador. Aunque las metas que te plantees sean diferentes, la clave está en limitar la lista a lo más importante y hacer descripciones generales de alto nivel. (Si tu meta incluye un objetivo demasiado específico como «llegar a la cifra de un millón de dólares en ventas», o «publicar doce artículos en un año», el enfoque será muy concreto para lo que nos proponemos aquí.) Al terminar la reflexión, deberás tener un pequeño número de metas tanto en el área profesional como en el ámbito de tu vida personal.

Una vez hayas identificado estas metas, haz una lista —para cada una de ellas— que contenga las dos o tres actividades más importantes que te permitan alcanzarlas. Estas actividades deben ser lo suficientemente específicas para que te hagas una imagen clara de cómo ejecutarlas y, por otra parte, deben ser lo suficientemente generales para que no se reduzcan a un resultado que se alcanza una sola vez. Por ejemplo, «investigar mejor» es demasiado general (¿qué imagen clara evocas al decir «investigar mejor»?), en tanto que una meta como «terminar a tiempo mi artículo sobre inteligencia artificial para la próxima conferencia» es demasiado específica (es un resultado que se alcanza una sola vez). Una buena actividad en este contexto sería algo como «hacer lecturas habituales sobre los avances más recientes de mi campo y entenderlos».

El siguiente paso en esta estrategia es examinar las herramientas en la Red que utilizas actualmente. Para cada herramienta, piensa en las actividades clave que identificaste y pregúntate si el uso de esa herramienta tiene un *impacto sustancialmente positivo*, un *impacto sustancialmente negativo* o si tiene *poco impacto* en su participación habitual y eficaz en la actividad. Luego viene una decisión muy importante: seguir usando esa herramienta solo si has concluido que ejerce impactos positivos sustanciales y que estos superan a los impactos negativos.

Analicemos un caso concreto que nos permita ver cómo funciona esta estrategia. Para lo que nos concierne en este punto, supongamos que, de haberle preguntado a Michael Lewis, él hubiera presentado la siguiente meta y las correspondientes actividades clave para su carrera como escritor.

Meta profesional: crear relatos bien escritos, con narraciones bien tejidas, que cambien la manera como la gente entiende el mundo.

Actividades claves que ayudan a llegar a esa meta:

- Investigar de manera paciente y profunda.
- Escribir con atención y con un sentido.

Ahora imaginemos que Lewis usara esta meta para determinar si utilizará o no Twitter. Según nuestra estrategia, Lewis debería investigar el impacto que tiene Twitter sobre las actividades clave que le ayudan a cumplir su meta. No hay ningún argumento convincente que apunte a que Twitter le ayude sustancialmente a Lewis a llevar a cabo esas actividades. Supongo que, para Lewis, la investigación profunda es una actividad que le exige pasar varias semanas o meses conociendo un número limitado de fuentes (él es maestro en un tipo de periodismo que requiere empaparse en la historia de sus fuentes a lo largo de varias sesiones); de otro lado, escribir con atención implica no tener distracciones. En ambos casos, el uso de Twitter no arroja un impacto positivo real e, incluso, puede llegar a ser sustancialmente negativo, dependiendo de la susceptibilidad de Lewis frente a los atributos adictivos del servicio. Por lo tanto, la conclusión es que Lewis no debe usar Twitter.

El lector podría argüir que confinar nuestro ejemplo a esta única meta es artificial, pues ignora las áreas en las que Twitter puede hacer una contribución. En el caso de los escritores, se suele presentar esta herramienta como un medio para establecer una conexión con el público que, en último término, es el impulsor de las ventas. Sin embargo, en el caso de un escritor como Michael Lewis, el marketing no es una meta importante en su vida profesional. Su reputación es tan grande, que ella sola le basta para recibir amplia cobertura en los medios, *siempre y cuando* el libro sea realmente bueno. Por lo tanto, su concentración será más productiva si la aplica a la meta de escribir el mejor libro posible, en lugar de buscar unas pocas ventas adicionales mediante una ineficiente estrategia de marketing. En otras palabras, el asunto no es si Twitter le ofrece algún beneficio a Lewis: el asunto es determinar si Twitter afecta de manera positiva y significativa las actividades más importantes de su vida profesional.

¿Qué pensar si se tratara de un escritor menos famoso? En este caso, el marketing de los libros tal vez sea una meta más atractiva. Sin embargo, puestos a identificar las dos o tres actividades más importantes que le ayudan al escritor a cumplir esa meta, es poco probable que el tipo de contacto superficial e individual que permite Twitter dé para adoptar esa herramienta. Basta con hacer las cuentas. Supongamos que nuestro escritor hipotético pone diligentemente diez tuits individualizados al día, cinco días a la semana, cada uno de los cuales se conecta individualmente con un nuevo lector potencial. Ahora supongamos que el 50 % de las personas contactadas de esta manera se convierten en seguidores fieles que con seguridad comprarán el siguiente libro del autor. Durante el período de dos años que le tomará escribir ese libro, el resultado serán 2.000 libros vendidos, una cifra modesta en un mercado en el que los grandes vendedores tienen el triple de ventas *por semana*. De nuevo, el asunto no es si Twitter ofrece *algún* beneficio, pues lo que realmente importa es que el beneficio sea significativo para que se justifique dedicarle tiempo y atención (dos recursos especialmente valiosos para un escritor).

El ejemplo anterior corresponde a un contexto profesional. Examinemos ahora el entorno de las metas personales, donde hay mayor espacio para las distracciones. En particular, apliquemos este enfoque a una de las herramientas más ubicuas y más intensamente defendidas de nuestra cultura: Facebook.

A la hora de justificar el uso de Facebook (o de redes similares), la mayoría de la gente destaca su importancia para la vida social. Partiendo de este punto, apliquemos nuestra estrategia para comprender si Facebook en realidad tienen un impacto positivo de peso en este aspecto de nuestras metas personales. Para ello, utilizaremos de nuevo una meta hipotética y unas actividades claves que sirven para alcanzarla.

Meta personal: Mantener amistades cercanas y gratificantes con un grupo de personas que son importantes para mí.

Actividades claves que ayudan a cumplir esta meta:

1. Sacar tiempo, con regularidad, para conectarme con personas que son importantes para mí (algunos ejemplos: dar una buena caminata, comer juntos, hacer alguna actividad).
2. Entregarme a las personas importantes para mí (por ejemplo, hacer sacrificios en asuntos no triviales, que sirvan para mejorar tu vida).

No todo el mundo compartirá esta meta o las actividades conexas, pero supongo que estarás de acuerdo con que sí se aplican a muchas personas. Apliquemos ahora la lógica de nuestra estrategia al uso de Facebook en el contexto de la meta personal que acabamos de enunciar. Por supuesto que este servicio ofrece varios beneficios a nuestra vida social. Mencionemos algunos de los que se citan con mayor frecuencia: le permite al usuario enterarse sobre la vida de personas que no ve hace tiempo; le da la oportunidad de tener contacto superficial con personas que conoce pero con las que no se encuentra habitualmente; le permite seguir con más facilidad eventos importantes de la vida de la gente (matrimonios, nacimientos, etc.); le permite participar en comunidades o grupos en línea que comparten intereses afines.

Se trata de beneficios reales que indudablemente ofrece Facebook, pero ninguno de esos beneficios tiene un impacto positivo fundamental en las dos actividades clave enunciadas. Las dos ocurren fuera de línea y requieren de un esfuerzo. Por lo tanto, nuestra estrategia nos permite sacar una conclusión tal vez sorprendente pero muy clara: *por supuesto que Facebook ofrece beneficios en la vida social, pero ninguno de ellos tiene la importancia suficiente para lo que se busca en esta área, y no se justifica dedicarle tanto tiempo y atención.**

Quiero ser claro: no estoy diciendo que todo el mundo debería dejar de usar Facebook. Lo que quiero es mostrar que para el caso específico propuesto (que es representativo), la estrategia sugiere evitar el uso de este servicio. Puedo imaginar, no obstante, otras posibles circunstancias que podrían conducir a la conclusión opuesta. Pensemos, por ejemplo, en el caso de un universitario de primer año. Para

---

* Este fue el tipo de análisis que llevé a cabo para tomar la decisión de no abrir una cuenta en Facebook. Sin duda me he perdido muchos de los beneficios menores que ofrece el servicio (como los que mencionamos anteriormente), pero esto no ha afectado en ninguna medida observable mi labor de mantener una vida social rica y gratificante.

esta persona tal vez sea más importante formar relaciones nuevas que cultivar relaciones antiguas. Las actividades que este estudiante identifica como esenciales para poder cumplir su meta de mejorar su vida social pueden ser: «Asistir a muchos eventos y socializar con muchas personas diferentes». Si esta es una actividad clave y eres un estudiante universitario, una herramienta como Facebook puede tener un impacto positivo muy alto y su uso es *muy recomendable*.

Para dar otro ejemplo, consideremos el caso de un miembro del ejército que debe ir a prestar sus servicios en el extranjero. Para este hipotético soldado, mantenerse en permanente contacto superficial con los amigos y la familia en su país de origen puede ser una prioridad y las redes sociales pueden ser un excelente medio para alcanzar este fin.

Lo que debe quedar claro con estos ejemplos es que esta estrategia, si se aplica según lo descrito, llevará a mucha gente que actualmente usa herramientas como Facebook o Twitter a abandonarlas, pero no es una receta que le sirva a todo el mundo. El lector podría, en este punto, protestar por la arbitrariedad que implica permitir que solo un pequeño número de actividades sea la guía para tomar decisiones sobre estas herramientas. Como dejamos establecido anteriormente, Facebook ofrece muchos beneficios para su vida social; en este orden de ideas, ¿por qué abandonarlo simplemente arguyendo que no es propicio para el pequeño número de actividades que hemos considerado como las más esenciales? Lo importante de entender aquí es que reducir las prioridades a una pequeña cantidad no es ninguna arbitrariedad. Por el contrario, es una decisión basada en una idea que prevalece en campos tan diversos como la rentabilidad, la igualdad social y la prevención de fallos en los programas de ordenadores.

La ley de los mínimos vitales:*en muchos ámbitos, el 20 % de las causas posibles puede producir el 80 % de los efectos.

Por ejemplo, puede ocurrir que el 80 % de las ganancias de un negocio provengan tan solo de un 20 % de sus clientes, o que el 80 % de la riqueza de una nación esté en manos del 20 % de los ciudadanos; o que el 80 % de los fallos de un ordenador sean producto del 20 % de los errores identificados. Existe un sustrato matemático formal para este fenómeno (una relación 80/20 es la que encontramos en la distribución de la *ley potencial*: un tipo de distribución que aparece con frecuencia al medir las cantidades en el mundo real), pero quizás encontremos la mayor utilidad de esta ley al aplicarla heurísticamente para recordar que, en muchos casos, las contribuciones a un resultado no están distribuidas de manera uniforme.[13]

Volviendo a nuestro tema, digamos que esta ley se cumple en el caso de las metas más importantes de tu vida. Como anotamos, muchas actividades diferentes pueden ayudarte a alcanzar esas metas. Sin embargo, según la ley de los mínimos vitales, solo el 20 % más importante de esas actividades genera los mayores beneficios. Supongamos que puedes ubicar entre diez y quince actividades potenciales que te ayudan a alcanzar la meta. La ley enunciada dice que son las dos o tres primeras actividades (dos o tres es la cifra que utilizamos en nuestra estrategia) las que marcan la mayor diferencia para alcanzar la meta.

* Esta idea tiene diversos nombres y formas: la regla del 80/20, el principio de Pareto y, si quiere darse un toque de distinción, el principio de escasez del factor.

Sin embargo, incluso si aceptas este resultado, quizá te parezca que no se debe ignorar el 80 % restante de posibles actividades beneficiosas. Es cierto que estas actividades no contribuyen en la misma medida al cumplimiento de la meta, pero sí aportan *algún* beneficio. Entonces ¿por qué no aprovecharlas? Siempre y cuando no se descuiden las actividades más importantes, no parece malo dedicarles atención a las alternativas menos importantes.

El punto flaco de este argumento es que pasa por alto un punto clave: todas las actividades, independientemente de su importancia, consumen la misma cantidad de recursos limitados llamados tiempo y atención. Por lo tanto, si te dedicas a actividades que ejercen un bajo impacto, estarás gastando en ellas tiempo que podrías dedicar a las actividades de alto impacto. No hay ganancia en ello. Dedicar tiempo a las actividades de alto impacto produce mayores beneficios y, por lo tanto, reducir el tiempo que les dedicas a estas para ponerlo en actividades de menor impacto causa una reducción de los beneficios.

En el mundo de los negocios están muy claras esas cuentas. Por eso, no es raro encontrar compañías que *se deshacen* de los clientes improductivos. Si el 80 % de sus ganancias provienen del 20 % de sus clientes, eso quiere decir que ganarán más dinero si dirigen la energía que invierten en los clientes poco lucrativos hacia los clientes más atractivos pero más escasos: cada hora que se invierta en estos últimos generará mayores ingresos que si se invierte en aquellos. Lo mismo puede decirse de tus metas profesionales y personales. Si usas el tiempo de las actividades de bajo impacto (como buscar viejos amigos por Facebook) y lo aprovechas para desarrollar actividades de alto impacto (como invitar a un amigo a comer) tendrás mayor éxito en el cumplimiento de tu meta. En ese sentido, abandonar una herramienta en la Red siguiendo esta lógica no equivale a perderse pequeños beneficios potenciales, sino que te permite sacar mayor provecho de las actividades que te proporcionan grandes beneficios.

Para regresar al punto donde comenzamos, en el caso de Malcolm Gladwell, Michael Lewis y George Packer, el uso de Twitter no es propicio para apoyar el 20 % de las actividades que les generan la mayor parte del éxito en su carrera como escritores. Aunque, de manera aislada, este servicio pueda producir algunos beneficios menores, si consideras tu carrera como un todo llegarás a la conclusión de que puedes tener más éxito si te abstienes de usar Twitter y aprovechas el tiempo para adelantar actividades más fructíferas, en lugar de poner en tu agenda una actividad más, que no reporta tantos beneficios. El lector puede aplicar este mismo razonamiento a la hora de decidir cuáles herramientas va a escoger para utilizar su tiempo y su atención de manera productiva.

Abandonar las redes sociales

El día en que Ryan Nicodemus decidió simplificar su vida, pensó en primer lugar en sus posesiones. Por aquella época, Ryan vivía solo en un espacioso apartamento de tres habitaciones. Durante varios años, animado por una pulsión consumista, Ryan había hecho sus mejores esfuerzos por llenar ese amplio espacio. Ahora, había llegado el momento de recuperar su vida y liberarse de esos objetos. La estrategia que aplicó fue sencilla, pero le subyacía un concepto radical. Pasó toda una tarde empaquetando sus posesiones en cajas de cartón, como si se fuera a mudar. Para transformar una actividad que él describía como «una labor difícil» en algo menos pesado, decidió usar el lema de «Empaquetar es una fiesta», y explicaba este nombre así: «Todo es más divertido cuando lo volvemos fiesta, ¿o no?».[14]

Una vez terminó de empaquetar, Nicodemus vivió la siguiente semana dentro de su rutina habitual. Si necesitaba alguna de las cosas que había empaquetado, la sacaba y la ponía en el lugar que ocupaba antes. Al finalizar la semana, observó que la gran mayoría de las cosas habían permanecido intactas en sus cajas.

Y se deshizo de ellas.

La gente acumula objetos en parte porque, ante una situación específica en la que deba decidir eliminar una cosa, piensa con preocupación: «¿Y si llego a necesitarla algún día?». Usa esta preocupación como excusa para aferrarse al objeto. El día de «empaquetar es una fiesta» de Nicodemus fue para él la prueba definitiva de que *no* necesitaba la mayoría de las cosas que poseía, y eso le ayudó en su tarea de simplificarse la vida.

———

La estrategia que presentamos anteriormente es un método sistemático que te ayudará a escoger las herramientas en la Red que consumen tu tiempo y tu atención. La estrategia que presentamos ahora ofrece un enfoque diferente, pero complementario, para considerar los mismos asuntos, y se inspira en el método de Ryan Nicodemus para deshacerse de las cosas que no necesita.

En concreto, esta estrategia le pide al lector hacer un proceso equivalente al de «empaquetar es una fiesta» con los servicios de redes sociales que usa actualmente. Sin embargo, en lugar de «empaquetar», lo que hará será abstenerse del uso de todas estas herramientas durante *treinta días*. Todas: Facebook, Instagram, Google+, Twitter, Snapchat, Vine... o cualquier otro servicio que se haya vuelto popular desde el momento en que escribí estas líneas. No desactives formalmente esos servicios (este punto es importante) y no menciones en línea tu intención de salir: simplemente deja de usar las herramientas, de buenas a primeras. Si alguien te contacta por otro medio y te pregunta por qué tu actividad en una red en particular ha disminuido, puedes explicarlo, pero no hagas un esfuerzo especial por contarle a la gente.

Al cabo de treinta días de este aislamiento autoimpuesto, hazte las siguientes dos preguntas respecto a cada uno de los servicios que te abstuviste de usar:

1. ¿Habrían sido notablemente mejores los últimos treinta días si hubieras podido utilizar este servicio?
2. ¿Le importó a la gente que yo no estuviera utilizando este servicio?

Si la respuesta es «no» a las dos preguntas, abandona el servicio de manera permanente. Si la respuesta fue un claro «sí», vuelve a usar el servicio. Si tus respuestas son matizadas o ambiguas, está en tus manos decidir si regresas al servicio o no, aunque yo te aconsejaría que te inclinases por abandonar el servicio. (Siempre podrás retomarlo más adelante.)

Esta estrategia se centra de manera particular en las redes sociales porque, entre todas las herramientas en la Red que consumen tiempo y atención, usadas sin límites pueden ser particularmente nocivas para tu propósito de hacer trabajo profundo. Estas herramientas ofrecen información personalizada, que llega de manera intermitente e impredecible, lo cual las hace altamente adictivas y, por lo tanto, afectan a tu capacidad para mantener una programación horaria estricta y para concentrarte. Dados estos peligros, uno podría suponer que un número cada vez mayor de trabajadores del conocimiento evita el uso de estas herramientas, sobre todo trabajadores como los programadores de ordenadores y los escritores, cuyos ingresos dependen de los resultados de su trabajo profundo. Sin embargo, lo que hace que las redes sociales sean tan difíciles de resistir es que las compañías que las producen y han sacado partido de la atención del público han logrado dar un golpe maestro de marketing: convencer a nuestra cultura de que si no usa sus productos, se está *perdiendo* algo.

El temor de que uno pueda estar perdiéndose algo es análogo al temor de Nicodemus de que algún día pueda llegar a necesitar las cosas que tiene guardadas. Sobre la base de esta premisa, sugiero una estrategia correctiva análoga a la de «empaquetar es una fiesta». Al pasar un mes sin usar estos servicios, puedes reemplazar tu temor de estar perdiéndote algo (conversaciones, eventos, experiencias culturales compartidas) por una dosis de realidad. En la mayoría de los casos, esta realidad confirmará algo que parece obvio solo una vez que uno ha hecho el duro trabajo de liberarse de los mensajes de marketing que rodean estas herramientas: en realidad, estas no son tan importantes en su vida.

La razón por la que te sugiero no anunciar tu experimento de treinta días es la siguiente: uno de los espejismos que mantienen el entusiasmo de algunas personas respecto a las redes sociales es la idea de que a la gente *le interesa conocer sus opiniones*, y que esas personas podrían molestarse si repentinamente las dejas huérfanas de tus comentarios. Las palabras que acabo de escoger pueden sonar jocosas, pero este sentimiento subyacente es bastante común, y es importante señalarlo. En el momento en que redacto este párrafo, por ejemplo, el número promedio de seguidores de un usuario de Twitter es de 208. Cuando pensamos que más de doscientas personas se ofrecen *voluntariamente* a escuchar lo que opinamos, es fácil empezar a pensar que nuestras actividades en estos servicios son importantes.[15] Hablo desde mi experiencia, pues vivo de tratar de venderles mis ideas a las personas: ¡la sensación que acabo de describir es muy adictiva!

Sin embargo, la realidad de los públicos en la era de las redes sociales es otra. Antes de que esos servicios existieran, para crear un público de un tamaño mayor que la familia o los amigos inmediatos se requería hacer un trabajo intenso y competente. A comienzos de la década de 2000, por ejemplo, cualquiera podía crear un blog, pero para atraer unos cuantos visitantes al mes se requería hacer el trabajo de ofrecer información lo suficientemente valiosa para captar la atención de alguien. Conozco muy bien esta dificultad. Creé mi primer blog en el otoño de 2003. Le puse el nombre de *Inspiring Moniker*. Lo usaba para divagar sobre mi vida como estudiante universitario, a mis veintiún años. Debo admitir, con cierta vergüenza, que transcurrían largos períodos sin que *nadie* leyera el blog (no exagero). En la década posterior (en la que, a costa de paciencia y trabajo creé un público para mi blog actual, *Study Hacks*, que pasó de unos cuantos a cientos de miles de lectores al mes), aprendí que captar la atención del público en línea era un trabajo muy, muy difícil.

Ahora no lo es tanto.

Parte del rápido ascenso de las redes sociales, a mi modo de ver, es su capacidad para crear un atajo en esa conexión entre el trabajo duro que implica producir valor real y la recompensa positiva de la atención del público. Lo

que ha ocurrido es que se ha reemplazado el eterno inter-
cambio capitalista por una alternativa colectivista: *Yo le
presto atención a lo que tú dices si tú le prestas atención a lo que
yo digo... independientemente del valor del contenido.* Un blog,
o una revista, o un programa de televisión que tuviera el
contenido típico que la gente sube a Facebook o Twitter
no atraería prácticamente a ningún público. Sin embargo,
bajo las convenciones sociales de estos servicios, ese mismo
contenido atrae la atención y produce comentarios e ico-
nos de «Me gusta». El acuerdo implícito que motiva ese
comportamiento es que, a cambio de recibir atención (casi
siempre inmerecida) de parte de tus amigos y tus seguidores, les retribuyes el favor prodigándoles atención (igualmente inmerecida). *Tú le das «Me gusta» a mi mensaje nuevo
y yo le doy «Me gusta» al tuyo.* Este acuerdo le da a todo el
mundo la sensación de ser importante sin tener que hacer
un gran esfuerzo.

Si abandonas esos servicios sin dar aviso, puedes poner a
prueba tus cualidades como productor de contenido. La mayoría de las personas, en la mayoría de los servicios, descu-
brirá algo que le caerá como un balde de agua fría: nadie,
aparte de sus amigos cercanos y su familia, se dará cuenta de
que se salió. Admito que doy una imagen de viejo cascarra-
bias al decir estas cosas, pero creo que este es un tema importante de tratar, pues esta búsqueda de la importancia personal ejerce un impacto clave que hace que la gente continúe
fragmentando su tiempo y su atención de manera irreflexiva.

Por supuesto que este experimento de treinta días será
difícil para muchas personas y generará muchas preocupaciones. Si eres un estudiante universitario o si eres una personalidad de las redes, por ejemplo, abstenerse de usar estos servicios te complicará la vida y llamará la atención. Sin
embargo, sospecho que para la mayoría de las personas el

resultado neto de este experimento será, o bien un gran reajuste en sus hábitos relacionados con el uso de las herramientas en internet, o bien una visión más matizada del papel que las redes sociales desempeñan en su existencia diaria. Estos servicios no son, como tanto se ha cacareado, la savia de nuestro mundo moderno conectado. Son simples productos, desarrollados por compañías privadas, que reciben patrocinios generosos, con un marketing controlado al milímetro y están diseñados, en último término, para captar y luego vender su información y su atención personal a los publicistas. Puede que sean divertidos pero, en el escenario de tu vida y de lo que quieres lograr en ella, son un capricho superficial, una distracción sin importancia entre tantas otras que pueden desviarte de una actividad más profunda. O tal vez las redes sociales son la esencia de tu vida. No hay manera de saberlo si no haces una prueba piloto que prescinda de ellas.

No uses internet como entretenimiento

El escritor inglés Arnold Bennett nació hacia finales del siglo XIX, en una época agitada para la economía de su país natal. La Revolución industrial, que ya llevaba varias décadas de furor, había producido suficientes excedentes de capital en el imperio para crear una nueva clase social: los trabajadores de cuello blanco. Se había creado la posibilidad de tener un trabajo en el que la persona pasaba cierto número de horas a la semana en una oficina y, a cambio, recibía un salario fijo que bastaba para sostener un hogar. Este estilo de vida nos resulta insulsamente conocido hoy en día, pero para Bennett y sus contemporáneos era una novedad y, en muchos sentidos, una realidad angustiante.

Una de las principales preocupaciones de Bennett era que los miembros de esta nueva clase social no estaban sacando partido de las oportunidades que se les presentaban para vivir una vida más plena.

«Tomemos por caso un londinense que trabaja en una oficina, de diez de la mañana a seis de la tarde, y que pasa cincuenta minutos en la mañana y en la tarde desplazándose entre la puerta de su casa y la puerta de la oficina», escribía Bennett en su clásico de autoayuda escrito en 1910, *How to Live on 24 Hours a Day*.[16] A este hipotético asalariado londinense, según explica el autor, le quedan dieciséis horas en el día, aparte de las horas dedicadas al trabajo. Para Bennett, es mucho tiempo, pero, trágicamente, la mayoría de las personas que se encuentran en esta situación no logran darse cuenta del potencial que tienen entre las manos. El «gran y profundo error que comete este hombre típico respecto a su día» —continúa diciendo Bennett— es que, aunque no goce particularmente con su trabajo (pues lo ve como una actividad que «está obligado a hacer»), «insiste en considerar esas horas de diez a seis como "el día", y cree que las diez horas que preceden y las seis que vienen a continuación no son más que un prólogo y un epílogo de este». Bennett condena esta actitud y la considera «totalmente ilógica y nociva».[17]

¿Cuál es, entonces, la alternativa? Bennett sugiere que este hombre típico considere esas dieciséis horas libres como un «día dentro del día», y explica: «durante esas dieciséis horas, es un hombre libre: no es un asalariado. No deben preocuparle los asuntos monetarios. Está en las mismas condiciones de un hombre que recibe rentas privadas».[18] Por lo tanto, este hombre típico debería usar el tiempo igual que un aristócrata: es decir, usarlo para llevar a cabo una rigurosa mejora de sí mismo, una tarea que, según Bennett, implica principalmente leer gran literatura y poesía.

Bennett escribió sobre estos asuntos hace más de un siglo. El lector podría suponer que, en las décadas transcurridas desde entonces hasta acá, un período en el que el tamaño de esa clase media aumentó de forma considerable en todo el mundo, nuestra manera de ver el tiempo libre habría evolucionado. Pero no. Por el contrario, con el surgimiento de internet y la economía de la atención superficial que este promueve, el empleado promedio que trabaja cuarenta horas a la semana —en especial las personas de mi generación del milenio, conocedoras de la tecnología— ha experimentado una degradación de la calidad de ese tiempo libre, pues apunta, sobre todo, a un entretenimiento digital de bajo nivel. Si Bennett volviera a vivir hoy en día, muy probablemente sentiría una gran frustración al ver la falta de progreso en esta área del desarrollo humano.

Debo aclarar que me es indiferente el sustrato moral en el que se basan las afirmaciones de Bennett. Su idea de elevar el alma y la mente de la clase media a través de la lectura de poesía y de grandes libros es anticuada y clasista. Sin embargo, las bases lógicas de su propuesta, a saber, que *debemos* y *podemos* hacer un uso consciente de nuestro tiempo fuera del trabajo, sigue siendo relevante hoy en día, sobre todo en lo atinente a la meta de esta regla, que es reducir el impacto de las herramientas en la Red sobre nuestra capacidad para hacer trabajo profundo.

En las estrategias que hemos visto hasta ahora en el marco de esta regla, no hemos dedicado mucho espacio a un tipo de herramientas en la Red que son particularmente relevantes en la lucha por la profundidad: los sitios web orientados al entretenimiento que están diseñados para captar y mantener nuestra atención durante el mayor tiempo posible. En el momento de escribir estas páginas, entre los ejemplos más populares de estos sitios se encuentran el *Huffington Post*, *BuzzFeed*, *Business Insider* y *Reddit*. Sin lugar a dudas, esta lista continuará evolucionando, pero el elemento en común de esta categoría de sitios web es el uso de títulos muy bien pensados y la oferta de un contenido fácilmente digerible, muchas veces perfeccionados con algoritmos que buscan maximizar la monopolización de nuestra atención.

Una vez que el usuario llega a un artículo en uno de esos sitios, encontrará atractivos enlaces en un lado o en la parte inferior de la página en los cuales hará clic, y luego en otro, y así sucesivamente. Estos sitios se valen de todos los trucos de la psicología humana para mantener atrapado al usuario: por ejemplo, poner letreros como «Artículos más populares», o «Tendencias» o usar fotos llamativas. En este momento en particular, algunos de los artículos más populares en *BuzzFeed* son: «17 palabras que significan algo totalmente diferente si se las escribe al revés» o «33 perros que ganan en todo».

Estos sitios son especialmente nocivos cuando se ha terminado la jornada laboral, pues se convierten en un elemento central de nuestro tiempo libre. Si estás haciendo cola o si estás esperando que la trama de una serie de televisión se ponga más interesante, o si estás terminando de comer, estos sitios funcionan como una muleta cognitiva para eliminar cualquier posibilidad de aburrirse. Sin embargo, como expliqué en la regla n.º 2, este comportamiento es peligroso porque debilita la capacidad general de nuestra mente de resistirse ante la distracción, de tal forma que el trabajo profundo se hace más difícil después, cuando realmente queramos concentrarnos. Para empeorar el asunto, estas herramientas en la Red siempre están disponibles: basta con hacer un clic para entrar en ellas. No son como las otras, de las que uno se puede retirar cuando tome la decisión (por eso, las dos estrategias mencionadas anteriormente no aplican para esos sitios web). Afortunadamente, Arnold Bennett identificó la solución a este problema hace cien años: *pensar más en el manejo de nuestro tiempo libre*. En otras palabras, esta estrategia le sugiere al lector que, cuando llegue el momento del descanso, no se dedique a cualquier cosa que le llame la atención en ese instante, sino que piense con antelación cómo va a gastar ese «día dentro del día». Los sitios web adictivos como los que he mencionado prosperan gracias a un vacío: si no te has detenido a pensar qué vas a hacer en un momento dado, esos sitios siempre parecerán una opción atractiva. Si, por el contrario, llenas este tiempo libre con algo de mayor calidad, será menor la fuerza con la que estos sitios atrapen tu atención.

En este orden de ideas, es crucial que pienses con antelación qué vas a hacer por la noche después del trabajo y en los fines de semana, antes de que comiencen. La planificación de los pasatiempos permite llenar esas horas con actividades específicas, que tienen metas específicas. También es una buena opción tener un programa establecido de lecturas, al estilo Bennett, en el que pasas un tiempo fijo cada noche leyendo unos libros escogidos, al igual que hacer ejercicio o disfrutar de la compañía (real) de ciertas personas.

En mi caso, por ejemplo, puedo leer una increíble cantidad de libros al año, a pesar de las exigencias de tiempo de mis labores como profesor, escritor y padre de familia (en promedio, leo de tres a cinco libros al tiempo). Esto es posible porque una de las actividades favoritas en mi tiempo planificado de ocio, cuando ya mis hijos se han ido a la cama, es leer un libro interesante. En consecuencia, mi teléfono inteligente y mi ordenador, junto con las distracciones que ofrecen, no tienen mayor relevancia en mi vida entre el momento en que termino de trabajar y la mañana siguiente.

Es posible que pienses que programar tu ocio sea contraproducente para obtener el descanso deseado, pues existe la creencia de que el ocio no debe tener nada que ver con planes u obligaciones. Se piensa que una noche de actividades planificadas lo dejará a uno agotado —en lugar de despejado— para el siguiente día de trabajo. Bennett previó esta objeción y hay que darle crédito por ello. El autor inglés afirma que estas preocupaciones son producto de una incomprensión del espíritu humano:

¿Cómo? ¿Dice usted que dedicarles toda la energía a esas dieciséis horas reducirá el valor de las ocho dedicadas al trabajo? Nada de eso. Por el contrario, aumentará el valor de esas ocho horas. Una de las principales cosas que este hombre típico debe aprender es que las facultades humanas están en capacidad de llevar a cabo una actividad difícil por un tiempo prolongado; estas no se cansan como un brazo o una pierna. Lo único que quieren es un cambio, no descansar, salvo a la hora de dormir.[19]

Según mi experiencia, este análisis da en el clavo. Si le das a tu mente algo significativo para hacer durante *todas* sus horas de vigilia, te sentirás más satisfecho al terminar el día y comenzarás el siguiente con una mayor sensación de relajación que si dejas que tu mente se sumerja durante horas en una navegación semiinconsciente por la web.

En resumen, si no quieres que los adictivos sitios web de entretenimiento te quiten tiempo y atención, dale a tu cerebro una alternativa de calidad. De esta manera, no solamente preservarás tu capacidad de resistencia a la distracción y para concentrarte, sino que tal vez logres alcanzar la ambiciosa meta de Arnold Bennett de experimentar, quizá por primera vez, lo que significa vivir en lugar de solo existir.

Eliminar lo superficial

En el verano de 2007, la compañía de software 37signals (ahora llamada Basecamp) llevó a cabo un experimento: redujo la semana de trabajo de cinco a cuatro días. Al parecer, los empleados podían hacer la misma cantidad de trabajo a pesar de disponer de un día menos, y eso los llevó a adoptar el cambio de manera permanente. Todos los años, entre los meses de mayo y octubre, los empleados de 37signals trabajaban solo de lunes a jueves (a excepción del área de servicio al cliente, que sigue funcionando toda la semana). Así explicaba la decisión, en tono jocoso, el cofundador de la compañía, Jason Fried, en su blog: «La gente tiene que aprovechar el clima durante el verano».[1]

Poco tiempo después empezaron a oírse quejas en los medios dedicados a los negocios. No habían transcurrido muchos meses tras el anuncio que hizo Fried sobre la decisión de su compañía de adoptar permanentemente la política de la semana de cuatro días cuando la periodista Tara Weiss escribió en la revista *Forbes* un artículo crítico titulado «Why a Four-Day Work Week Doesn't Work» [Por qué no funciona una semana laboral de cuatro días].[2] Sus objeciones frente a esta estrategia se resumían así:

Apiñar cuarenta horas de trabajo en cuatro días no es necesariamente sinónimo de eficiencia. Para mucha gente ya es bastante difícil trabajar ocho horas al día. Pedirles que se queden dos más puede hacer que disminuyan el buen ánimo y la productividad.[3]

La respuesta de Fried no se hizo esperar. En una nota de su blog titulada «*Forbes* Misses the Point of the 4-Day Work Week» [*Forbes* no entiende la semana laboral de cuatro días], Fried comienza diciendo que está de acuerdo con la premisa de Weiss según la cual *sería* estresante para los trabajadores comprimir cuarenta horas de esfuerzo en cuatro días. Sin embargo, aclara que no es eso lo que está proponiendo. «El punto central de la semana laboral de cuatro días consiste en *trabajar menos* —escribe Fried—. La idea no es trabajar diez horas al día, sino trabajar ocho horas en cuatro días más o menos normales.»[4]

En un comienzo, el planteamiento puede parecer confuso. Fried había dicho antes que sus empleados hacen lo mismo en cuatro días que en cinco. Ahora dice que sus empleados trabajan menos horas. ¿Cómo pueden ser ciertas ambas cosas? La diferencia está en el papel que cumple el trabajo superficial. Así expande Fried su idea:

> Muy pocas personas trabajan las ocho horas del día de manera constante. Con suerte, logran trabajar bien unas pocas horas entre reuniones e interrupciones y el tiempo dedicado a navegar en la Red, cumplir con políticas de la oficina y hacer cosas personales.
>
> Tener un menor número de horas laborales oficiales contribuye a eliminar la capa de grasa de la semana laboral típica. Cuando se dispone de menos tiempo para hacer el trabajo, se respeta más ese tiempo. La gente se vuelve más

avara con su tiempo y eso es algo bueno, porque no lo gasta en cosas sin importancia. Cuando uno tiene menos horas, suele gastarlas con más cuidado.[5]

En otras palabras, la reducción de las horas laborables en 37signals redujo significativamente el trabajo superficial en comparación con el trabajo profundo y, como este último se seguía haciendo, no se dejaron de hacer las cosas importantes. Los asuntos superficiales que pueden parecer tan urgentes en el instante mismo, sorpresivamente resultan ser accesorios.

Una reacción natural ante este experimento sería preguntarse qué ocurriría si 37signals llevara el experimento un paso más allá. Si la eliminación del trabajo superficial no afectó visiblemente los resultados, ¿qué ocurriría si no solo se elimina el trabajo superficial, sino que se reemplaza con más trabajo profundo en el tiempo que se ha ganado? Afortunadamente, para nuestra curiosidad, la compañía también puso a prueba esta idea audaz.

A Fried siempre le habían llamado la atención las políticas de las compañías de tecnología como Google, que cedía a sus empleados el 20 % del tiempo para trabajar en proyectos dirigidos por ellos mismos. Aunque esta idea le gustaba, a Fried le parecía que sacar un día de una semana llena de ocupaciones no era suficiente para apoyar el tipo de trabajo profundo ininterrumpido que permite hacer verdaderos avances y descubrimientos. «Yo preferiría sacar cinco días seguidos en lugar de cinco días repartidos en cinco semanas —explicó—. Nuestra teoría es que se producen mejores resultados cuando la gente dispone de un período largo de tiempo ininterrumpido.»[6]

Para poner a prueba su teoría, 37signals implementó una idea radical: les dio a sus empleados *todo el mes de junio* para trabajar de manera profunda en sus propios proyectos. Ese mes sería un período desprovisto de toda obligación laboral superficial: nada de reuniones para dar informes, nada de memorandos y, por fortuna, nada de presentaciones en PowerPoint. A final de mes, la compañía organizaba un «día de actualización», en el cual los empleados exponían las ideas que habían estado desarrollando. En un resumen del experimento que hizo Fried en un artículo para la revista *Inc.*, declaró que había sido un éxito. El día de divulgación produjo dos proyectos que muy pronto entraron en producción: un mejor conjunto de herramientas para el manejo de atención al cliente y un sistema de visualización de datos que le permite a la compañía entender cómo usan los clientes sus productos. El objeto de este tipo de proyectos es generar un valor significativo a la compañía, pero lo más probable es que esos proyectos *no* hubieran sido posibles si no se les hubiera dado a los empleados un tiempo ininterrumpido significativo para trabajar a fondo. Para desatar ese potencial se requirieron muchas horas de esfuerzo ininterrumpido.

Ante la pregunta retórica planteada por Fried: «¿Cómo vamos a darnos el lujo de hacer un alto durante un mes en este negocio para ponernos a "explorar" nuevas ideas?», la respuesta es: «¿Cómo vamos a darnos el lujo de no hacerlo?».[7]

———

El experimento de 37signals apunta a una importante realidad: el trabajo superficial que cada vez les quita más tiempo y atención a los trabajadores del conocimiento es menos vital de lo que parece en un momento dado. En la mayoría de los negocios, si se eliminaran cantidades significativas de esta superficialidad, el balance final se mantendría igual.

Si sigues el ejemplo de Fried y no solo eliminas el trabajo superficial, sino que usas el tiempo recuperado para trabajar a fondo, verás que el negocio, además de seguir funcionando, puede volverse *más* exitoso. Esta regla te invita a aplicar estas ideas en tu propia vida laboral. Las estrategias que señalamos a continuación están diseñadas para ayudarte a identificar claramente la presencia de lo superficial en tu manejo actual del tiempo, para luego reducirla a los mínimos niveles posibles, de tal manera que tengas más espacio para los esfuerzos profundos que producen los resultados más notables.

Antes de pasar a los detalles de estas estrategias, debemos confrontar una realidad: hay un límite para este concepto del enfrentamiento con la superficialidad. El valor del trabajo profundo supera con creces el valor de lo superficial, pero esto no significa que debas buscar quijotescamente implementar un horario en el que *todo* tu tiempo esté dedicado a la profundidad. Por una parte, se necesita una buena cantidad de trabajo superficial en la mayoría de los trabajos del conocimiento. Puedes evitar revisar el correo electrónico cada diez minutos, pero no podrás mantener tu trabajo si *nunca* respondes a los mensajes importantes. En este sentido, debemos considerar que la meta de esta regla consiste en controlar el efecto del trabajo superficial en tu programación diaria, pero el objetivo no es eliminarlo.

Luego tenemos el asunto de la capacidad cognitiva. El trabajo profundo es agotador porque nos lleva al límite de nuestras capacidades. Los psicólogos del desempeño han estudiado ampliamente la cantidad de esfuerzo de este tipo que un individuo puede hacer en un día determinado.* En

---

* Los estudios que cito analizan la actividad de la práctica delibe-rada que, en buena parte (aunque no del todo), se solapa con nuestra

su artículo pionero sobre la práctica deliberada, Anders Ericsson y sus colaboradores examinan estos estudios. Los investigadores anotan que, en el caso de una persona que apenas se inicia en esta práctica (citan, en particular, a un niño en las primeras etapas del desarrollo de una destreza a nivel de experto), una hora diaria es un límite razonable. Para aquellos que ya están familiarizados con los rigores de estas actividades, el límite se amplía a unas cuatro horas, pero rara vez va más allá.

Lo que esto implica es que una vez que has llegado a tu límite de trabajo profundo en un día determinado, obtendrás menos compensaciones si tratas de hacer más. Por lo tanto, el trabajo superficial solo conlleva un riesgo si utilizas el tiempo del trabajo profundo que puedes llevar a cabo durante el día para hacer actividades superficiales. En un principio, esta aclaración puede parecer optimista. Un día típico de trabajo tiene ocho horas. Ni siquiera el trabajador más adepto al trabajo profundo puede pasar más de cuatro horas en un estado de verdadera profundidad. De allí se desprende que puedes pasar la mitad del día en actividades superficiales sin que se produzcan efectos adversos. El peligro que no tiene en cuenta este análisis es que este tiempo se consume muy *fácilmente*, sobre todo si tomamos en consideración el impacto de las reuniones, las citas, las llamadas y otros eventos programados. En muchos trabajos, ese tiempo consumido puede dejarte un lapso sorprendentemente pequeño para tu trabajo en solitario.

En mi labor como profesor universitario hay una menor cantidad de ese tipo de compromisos, pero, aun así, estos me

---

definición del trabajo profundo. Para los propósitos que nos interesan en este libro, diremos que la práctica deliberada es un sinónimo de la categoría general de las tareas exigentes desde el punto de vista cognitivo a la que pertenece el trabajo profundo.

consumen buena parte del tiempo, sobre todo durante el año académico. Si tomo un día al azar en mi calendario del semestre pasado (estoy escribiendo estas líneas durante un calmado mes de verano), veo que tuve una reunión de 11 a 12 de la mañana y luego otra de 13:00 a 14:30 de la tarde, y después di una clase de 15:00 a 17:00. En este ejemplo, mi día de trabajo queda reducido a cuatro horas. Aunque lograra hacer en media hora todo el resto del trabajo superficial (revisar correos, hacer tareas varias), no podría cumplir la meta de hacer cuatro horas diarias de trabajo profundo. Dicho de otro modo, aunque no podamos pasar el día entero en estado de dichosa profundidad, esta realidad no debe reducir la urgencia de recortar el trabajo superficial, pues el día laboral típico de un trabajador del conocimiento se fragmenta con mayor facilidad de lo que imaginamos.[8]

Para resumir, te sugiero, lector, que manejes el trabajo superficial con cuidado, pues se suele subestimar el daño que causa y, en cambio, se le atribuye una importancia exagerada. Este tipo de trabajo es inevitable, pero hay que mantenerlo confinado a un límite en que no afecte a tu capacidad para aprovechar a fondo los esfuerzos profundos que, en último término, son los que determinan el impacto de tu desempeño profesional. Las estrategias que veremos a continuación te ayudarán a tener en cuenta esta realidad.

Planifica cada minuto de tu día

Si tienes entre veinticinco y treinta y cuatro años de edad y vives en Gran Bretaña, es probable que veas más televisión de la que te imaginas. En 2013, la autoridad británica de control de la televisión llevó a cabo un estudio de los hábitos de los televidentes. Los participantes en el estudio que se encontraban en ese rango de edad consideraban que pasaban entre 15 y 16 horas viendo televisión a la semana. Parece demasiado y, sin embargo, es una estimación muy por debajo de la realidad. Lo sabemos porque, en lo que respecta a los hábitos de los televidentes, disponemos de información que nos remite a la verdad factual. La Broadcasters' Audience Reseach Board (la entidad británica encargada de hacer investigaciones sobre audiencia) dispone de medidores en una muestra representativa de hogares. Estos medidores registran, sin ningún tipo de sesgo, la cantidad exacta de tiempo que la gente *realmente* ve televisión. Los jóvenes de edades comprendidas entre veinticinco y treinta y cuatro años que pensaban que solo veían 15 horas de televisión a la semana en realidad veían, más o menos, 28 horas.[9]

Este cálculo erróneo del uso del propio tiempo no solo es característico de los televidentes británicos. Vemos evaluaciones similares en diferentes grupos de personas. En un artículo de *The Wall Street Journal* sobre el tema, la escritora de temas de negocios Laura Vanderkam señala varios ejemplos de este tipo.[10] Una encuesta llevada a cabo por la National Sleep Foundation reveló que los estadounidenses creen dormir, en promedio, unas siete horas por noche. El American Time Use Survey (que estudia el uso del tiempo de los estadounidenses y le pidió a la gente medir con precisión sus horas de sueño) corrigió esa cifra: son 8,6 horas por noche. En otro estudio se descubrió que la gente que afirma trabajar entre 60 y 64 horas semanales en realidad trabaja un promedio de 44 horas; aquellos que afirman trabajar más de 75 horas a la semana en realidad trabajan menos de 55.

Estos ejemplos revelan un asunto importante: pasamos buena parte del día funcionando en piloto automático, es decir, sin pensar demasiado en lo que estamos haciendo con nuestro tiempo. *Grave problema.* Es difícil evitar que lo trivial se cuele por todas las grietas de tu programación diaria si no te propones ver cuánto tiempo le dedicas al trabajo profundo y al trabajo superficial, y adoptas el hábito de pensar antes de emprender una acción y te preguntas: «¿Qué es lo más sensato de hacer en este momento?». La estrategia que describimos en los párrafos que siguen está diseñada para llevarte a adoptar esos comportamientos. A bote pronto tal vez te parezca una idea extrema, pero rápidamente se revelará como algo indispensable en tu búsqueda para sacar provecho del trabajo profundo: *programar cada minuto de tu vida.*

———

Mi sugerencia es la siguiente: para cada día de trabajo, programa tus actividades en la hoja de un cuaderno rayado dedicado a este propósito. En la parte izquierda de la página, marca las horas del día, dejando un renglón de por medio. Marca todas las horas del día que dedicas al trabajo. Ahora viene la parte importante: divide las horas de tu jornada laboral en *bloques* y asigna actividades a esos bloques. Por ejemplo, puedes reservar el horario de 09:00 a 11:00 de la mañana para redactar un comunicado de prensa para tus clientes. Dibuja un cuadro que cubra esas horas y escribe «Comunicado de prensa» dentro del cuadro. No es necesario que todos los cuadros estén dedicados a una tarea. Puede haber bloques dedicados a la hora del almuerzo o a pausas. Para que la programación sea visualmente clara, la longitud mínima de cada bloque debe ser de treinta minutos (es decir, una línea de la página). Esto significa, por ejemplo, que en lugar de tener un solo bloque para cada pequeña tarea que tengas prevista en el día (*Responder el correo electrónico del jefe*, *Enviar el formulario de reembolso*, *Preguntarle a Jorge por el informe*), puedes juntar actividades similares en un solo bloque que se llame *Tareas varias*. En este caso, te resultará útil hacer una línea que lleve a la parte derecha de la página, donde harás una lista de las pequeñas tareas que quieres hacer durante ese bloque.

Cuando termines de programar el día, cada minuto debe formar parte de un bloque. Así, habrás programado cada minuto de tu día de trabajo. Usa esta programación como guía.

Este es el punto en el que la mayoría de la gente empieza a tener problemas. Lo más seguro es que dos cosas no salgan según lo programado a medida que avanza el día. Una de esas cosas tiene que ver con unos cálculos erróneos. Habías reservado dos horas para redactar el comunicado de prensa, por ejemplo, pero en realidad el trabajo te tomó dos y media. La segunda cosa que puede surgir es que se produzcan interrupciones inesperadas y nuevas obligaciones. Estos eventos también afectarán a tu programación.

No hay problema. Si tu programación se altera, saca tiempo, en cuanto te sea posible, y haz una nueva programación que tenga en cuenta el resto del tiempo que te queda en el día. Puedes hacerla en una página nueva. O puedes borrar y dibujar bloques nuevos. También puedes hacer lo que yo hago: tacho los bloques de lo que resta del día y creo unos bloques nuevos a la derecha de los viejos (los bloques que yo pinto son delgados, y me queda espacio para varias revisiones). En ciertos días, es posible que deba reprogramar muchas veces. No te desesperes si eso te ocurre. La meta no es cumplir a toda costa la programación, sino mantener, en todo momento, una idea clara de lo que vas a hacer con el tiempo del que dispones, incluso si debes replantear esas decisiones una y otra vez a medida que transcurre la jornada laboral.

Si te parece que las revisiones de la programación son demasiado abundantes, puedes poner en práctica algunas estrategias que te permitan darle mayor estabilidad a la programación. En primer lugar, debes reconocer que, en un principio, *casi con seguridad* vas a hacer un cálculo erróneo del tiempo real que te lleva hacer la mayoría de las cosas. Cuando la gente empieza a adoptar este hábito, tiende a hacer de la programación una declaración de deseos, es decir, a programar el día según unas circunstancias ideales. A medida que pasa el tiempo, te esforzarás por predecir de manera más precisa (es decir, de manera más conservadora) el tiempo que necesitas para hacer las tareas.

La segunda táctica útil es el uso de bloques *adicionales condicionales*. Si no sabes con seguridad cuánto tiempo te puede llevar una actividad determinada, reserva el tiempo adicional que consideres pertinente y pon un bloque más, que puede servir para terminar esa tarea o para otras cosas. Si necesitas más tiempo para la actividad anterior, usa el bloque adicional para terminarla. Sin embargo, si terminas la actividad a tiempo, ten prevista de antemano una actividad para desarrollar en ese bloque (por ejemplo, tareas que no sean urgentes). Esto le da espacio a lo impredecible en tu día, sin tener que cambiar la programación en el papel. Volviendo a nuestro ejemplo del comunicado de prensa, puedes programar dos horas para redactar el comunicado, pero luego puedes poner un bloque adicional de una hora, para de ese modo seguir en esa actividad en caso de que sea necesario o, en caso contrario, usar ese tiempo para leer correos electrónicos.

La tercera táctica que sugiero es ser liberal con el uso de los bloques para tareas varias. Programa varios de ellos a lo largo del día y hazlos más largos de lo requerido para hacer las tareas planificadas en la mañana. En un día típico del trabajador del conocimiento ocurren muchas cosas; por eso, si se programan varios bloques para atender estas sorpresas se logra llevar un día sin contratiempos.

———

Antes de que te dediques a poner en práctica esta estrategia, me gustaría mencionar una objeción que se suele plantear en este caso. En mi experiencia relacionada con la programación diaria he visto que a mucha gente le preocupa que este nivel de planificación se vuelva pesado y restrictivo. Veamos un fragmento de un comentario de un lector llamado Joseph en la entrada de mi blog sobre este tema:

> Creo que usted subvalora el papel de la incertidumbre... Me [preocupa] que los lectores apliquen estas observaciones al pie de la letra, al punto de que una relación obsesiva (y poco sana) con la programación exagere la importancia del control sobre cada minuto, en lugar de poner el énfasis en perderse en las actividades, que creo que es el tipo de actitud que más conviene en el caso de los artistas.[11]

Comprendo estas preocupaciones, y Joseph no es el primero en mencionarlas. Por fortuna, mi argumento es fácil de explicar. En mi disciplina de la programación diaria, además de prever bloques significativos de tiempo para el pensamiento y las discusiones especulativas, mantengo una regla que se puede enunciar así: si me encuentro con una idea importante, es perfectamente válido ignorar el resto de la programación durante ese día (salvo en los casos en que haya actividades inamovibles). Así, puedo dedicarme a esta idea nueva hasta que pierda vapor. En ese momento, vuelvo a reprogramar las horas que me queden del día. Dicho de otro modo, no solamente le doy espacio a la espontaneidad, sino que la propicio. La crítica de Joseph procede de la idea errónea de que la meta de una programación es obligarlo a uno a ser rígido y mantener el plan. Sin embargo, el tipo de programación que propongo no pretende constreñir a la persona, sino invitarla a ser consciente. Es un hábito sencillo que nos obliga a detenernos a pensar: «Y, ahora, ¿qué es lo más sensato que haga durante el tiempo que me queda?». Lo que da resultados es el hábito de hacerse la pregunta, no la actitud de mantenerse fiel a toda costa a la respuesta.

Me atrevería incluso a afirmar que una persona que mezcle la programación detallada y la disposición a adaptarse o a modificar el plan según sea necesario quizá tenga *más* ideas creativas que alguien que adopte un procedimiento más «espontáneo», en un día abierto y no estructurado. Si se carece de una estructura, es fácil permitir que el día se vaya en actividades superficiales, como consultar los correos, ver las redes sociales y navegar en la Red. Este tipo de comportamiento superficial, aunque es satisfactorio en el momento, no es propicio para la creatividad. Por otro lado, si contamos con una estructura, podemos estar seguros de que dedicaremos con regularidad bloques de tiempo a una nueva idea, o a trabajar profundamente en un asunto interesante, o a hacer lluvia de ideas durante un período fijo de tiempo, es decir, asumiremos un compromiso que tendrá mayores probabilidades de promover la innovación (recordemos el contenido de la regla n.º 1, donde hablábamos sobre los rituales rígidos que observan muchos pensadores creativos). Como estás dispuesto a abandonar el plan cuando surja una idea innovadora, estarás en igualdad de condiciones que el creativo distraído para aprovechar el momento cuando las musas se manifiesten.

En resumen, la motivación de esta estrategia es el reconocimiento de que el trabajo profundo requiere que seas respetuoso con tu tiempo. Un primer paso importante en esta actitud de respeto con el tiempo es el siguiente consejo: decide con antelación a qué vas a estar dedicado en cada minuto de tu día de trabajo. Es natural resistirse ante esta idea en un comienzo, y por supuesto que es más fácil permitir que la dupla del capricho interno y los requerimientos externos gobiernen tu programación diaria. Sin embargo, si quieres desarrollar tu verdadero potencial como persona creadora de cosas que merecen la pena, debes aprender a superar la desconfianza que te produce la estructura.

Cuantifica la profundidad de tus actividades

Una ventaja de programar el día es que puedes determinar cuánto tiempo vas a dedicar a las actividades superficiales. Poner esta idea en práctica puede ser un poco difícil, pues no siempre tenemos claro qué podemos considerar como superficial en determinada tarea. Para ver este reto con mayor detalle, volvamos a la definición formal de trabajo superficial que presenté en la introducción de este libro.

> **Trabajo superficial:** tareas de tipo logístico, no exigentes desde el punto de vista cognitivo, que por lo general llevamos a cabo sin estar concentrados. Estos esfuerzos no suelen crear valor nuevo en el mundo y son fáciles de replicar.

Algunas actividades se ajustan claramente a esta definición. Revisar el correo electrónico, por ejemplo, o programar una conferencia telefónica son actividades de naturaleza superficial. Sin embargo, la clasificación de otras actividades puede ser más ambigua. Veamos las siguientes tareas:

- **Ejemplo n.º 1:** Editar el borrador de un artículo académico que tú y tus colaboradores debéis enviar pronto a una revista.
- **Ejemplo n.º 2:** Producir una presentación en Power-Point sobre las cifras de venta de este trimestre.
- **Ejemplo n.º 3:** Asistir a una reunión para hablar del estado actual de un proyecto importante y llegar a acuerdos sobre los siguientes pasos.

No es evidente, a primera vista, cómo categorizar estos ejemplos. Los dos primeros describen tareas que pueden ser bastante exigentes, y el ejemplo final parece importante para hacer avanzar un objetivo laboral clave. El propósito de esta estrategia es darle al lector una medida exacta que le permita elucidar la ambigüedad: de esta manera, podrá tomar decisiones claras y coherentes sobre el lugar que una tarea ocupa en una escala que va de lo superficial a lo profundo. Para ello, debes evaluar las actividades respondiendo a una pregunta muy sencilla, pero que aporta mucha luz:

¿Cuánto tiempo tomaría (en meses) entrenar a un estudiante inteligente, recién graduado, sin formación especializada en mi campo, para que haga esta tarea?

Para ilustrar este procedimiento, apliquemos la pregunta a nuestros ejemplos de tareas ambiguas:

- **Análisis del ejemplo n.º 1:** Para editar adecuadamente un artículo académico se requiere comprender los matices del trabajo (así estaremos seguros de que está descrito de manera precisa) y comprender los matices de la literatura más amplia sobre el tema (para estar seguros de que se cita correctamente). Para ello se requiere tener conocimientos avanzados sobre el campo académico en cuestión, una tarea que en la era de la especialización necesita años de estudio diligente a nivel de posgrado y más allá. En lo concerniente a este ejemplo, la respuesta a nuestra pregunta sería: «Requeriría mucho tiempo, quizás entre 50 y 75 meses».

- **Análisis del ejemplo n.º 2:** Al segundo ejemplo no le va muy bien con este análisis. Para crear una presentación de PowerPoint que describa las ventas trimestrales se requieren tres habilidades: en primer lugar, saber cómo se hace una presentación de PowerPoint; en segundo lugar, saber cómo es el formato estándar de esas presentaciones trimestrales dentro de tu organización y, en tercer lugar, saber qué mediciones de ventas le interesan a tu organización y cómo convertirlas en unos gráficos adecuados. El hipotético estudiante recién graduado que imaginamos en nuestra pregunta ya sabe usar PowerPoint; por otra parte, aprender cuál es el formato estándar de las presentaciones de tu organización no le tomaría más de una semana. La pregunta realmente importante es saber cuánto tiempo necesita un estudiante inteligente para entender las mediciones que a ti te interesan, dónde encontrar los resultados, cómo filtrarlos y traducirlos a gráficos apropiados para una presentación de Power-Point. No se trata de una tarea trivial, pero un estudiante inteligente recién graduado no necesitaría más de un mes de entrenamiento para hacerla, así es que podemos decir que una respuesta conservadora a esta pregunta sería: «Dos meses».

- **Análisis del ejemplo n.° 3:** Analizar las reuniones no es tan fácil. En ocasiones pueden parecer tediosas, pero muchas veces se considera que desempeñan un papel fundamental en las actividades más importantes de tu organización. El método que presentamos aquí contribuye a ir más allá de las apariencias. ¿Cuánto tiempo requeriría entrenar a un estudiante recién graduado para que ocupe tu lugar en una reunión de planificación? Esa persona tendría que entender el proyecto con la suficiente claridad para conocer sus puntos más destacados y las destrezas de sus participantes. Nuestro hipotético recién graduado también tendría que comprender las dinámicas personales y la realidad sobre la manera de ejecutar esos proyectos en la organización. En este punto, podrías preguntarse si esta persona también necesitaría una experiencia profunda en el tema del proyecto. En el caso de una reunión de planificación, tal vez no. Rara vez en estas reuniones se profundiza en el contenido trascendente y, más bien, suele haber en ellas mucha conversación insustancial y adoptar poses en las que los participantes tratan de parecer comprometidos sin tener que comprometerse realmente. Si al recién graduado se le dan tres meses para aprender el tejemaneje, podrá ocupar tu lugar sin problema en estas reuniones ligeras. En este caso, nuestra respuesta será: «Tres meses».

El propósito de esta pregunta es reflexionar como si se tratara de un experimento (no estoy sugiriendo que *contrates* a un recién graduado para asumir las tareas que hayas calificado como superficiales). Sin embargo, las respuestas te ayudarán a cuantificar objetivamente la superficialidad o la profundidad de diversas actividades. Si nuestro hipotético recién graduado necesita muchos meses de entrenamiento para ejecutar debidamente una tarea, esto indica que solo es posible gracias a una pericia obtenida con esfuerzo y con tiempo. Como dijimos anteriormente, las tareas que requieren de pericia tienden a ser profundas y reportan un doble beneficio: aportan mayor valor por tiempo invertido y expanden las destrezas, con lo cual se produce mejoría. Por el otro lado, si el recién graduado es capaz de aprender la tarea rápidamente, eso quiere decir que no requiere de mucha pericia y experiencia, y se puede considerar como superficial.

¿Qué hacer con esta estrategia? Una vez hayas determinado en qué lugar de la escala entre lo profundo y lo superficial se clasifican tus actividades, dedica más tiempo a las profundas. Para volver a nuestros casos de estudio, por ejemplo, vemos que el primer ejemplo contiene una actividad que te aconsejo priorizar respecto al uso del tiempo, mientras que el segundo y el tercer ejemplo implican actividades que deben minimizarse: tal vez da la sensación de que son productivas, pero el rendimiento sobre la inversión de tiempo es exiguo.

Por supuesto que la manera como vamos a favorecer lo profundo por encima de lo superficial no siempre es evidente, incluso después de haber determinado con claridad en qué categoría se clasifican tus compromisos. Esto nos conduce a las estrategias que citamos a continuación, en las que ofrecemos lineamientos específicos sobre la manera en que se puede alcanzar esta complicada meta.

Pregúntale a tu jefe cuál es tu presupuesto de trabajo superficial

Esta es una cuestión importante que casi nunca se plantea: *¿Qué porcentaje de mi tiempo debo dedicar al trabajo superficial?* Esta estrategia le sugiere al lector hacer la pregunta. En otras palabras, si tienes jefe, habla con él sobre el tema. (Muy probablemente tendrás que darle una definición de lo que significa trabajo profundo y trabajo superficial.) Si trabajas por cuenta propia, hazte la pregunta *a ti mismo.* En ambos casos, busca una respuesta específica. Luego —y aquí viene lo importante— trata de respetar ese porcentaje presupuestado. (Las estrategias que mencionamos antes y las que vienen a continuación te ayudarán a alcanzar esta meta.)

La respuesta a esa pregunta en los casos de los trabajadores del conocimiento cuyos puestos no son de nivel básico será entre el 30 y el 50 % del tiempo. (Hay un rechazo psicológico en torno a la idea de pasar *la mayor parte* del tiempo en tareas no cualificadas, así que el límite superior natural es 50 %. Al mismo tiempo, a la mayoría de los jefes les preocupará que, si el porcentaje está muy por debajo del 30 %, seas un ermitaño del trabajo del conocimiento que concibe grandes ideas, pero que nunca contesta los correos electrónicos.)

Obedecer a este porcentaje presupuestado muy probablemente te exigirá hacer cambios en tu comportamiento. Casi con toda seguridad tendrás que abstenerte de participar en proyectos donde prima la superficialidad, al tiempo que deberás reducir con mayor empeño la superficialidad en tus proyectos actuales. Este presupuesto puede llevarte a abandonar la necesidad de asistir a la reunión semanal de actualización y preferir los informes orientados a los resultados («Infórmame cuando hayas hecho avances significativos, y ahí sí hablamos»). También te puede llevar a pasar un mayor número de mañanas trabajando en solitario, sin comunicación, o a considerar que responder rápidamente y en detalle todos los correos que recibes (aunque no sea el destinatario principal, sino uno al que le mandan copia) no era tan importante como pensaba.

Todos estos cambios son positivos en tu propósito de hacer del trabajo profundo un elemento esencial de tu vida laboral. Por una parte, no te exigen abandonar tus principales obligaciones superficiales —lo cual podría ser causa de problemas y resentimientos—, pues pasas todavía mucho tiempo en esas labores. Por otra parte, te obligan a poner un límite a la cantidad de obligaciones menos urgentes en tu programación diaria. Gracias a este límite se libera tiempo para dedicarlo a importantes cantidades de esfuerzo profundo, de manera constante.

La razón por la que estas decisiones deben estar precedidas por una conversación con tu jefe es que este acuerdo requiere un apoyo implícito del empleador. Si trabajas para otra persona, esta estrategia te permite tener una sustentación razonable a la hora de rechazar una obligación o de reestructurar un proyecto, con miras a minimizar el trabajo superficial. Puedes justificar esta acción con el argumento de que solo así podrás alcanzar tu meta de hacer una mezcla óptima de los dos tipos de trabajo. Como expliqué en el capítulo 2, una de las razones por las que el trabajo superficial sigue prevaleciendo en el ámbito del trabajo del conocimiento es que no vemos el impacto total de estas labores en nuestra programación. Por el contrario, tendemos a evaluar estos comportamientos de manera individualizada, en el momento, y así cada tarea parece razonable y conveniente. Las herramientas que ya mencionamos en esta regla, sin embargo, te permitirán detallar ese impacto de manera explícita. Ahora, podrás decirle a tu jefe, con toda seguridad: «Este es el porcentaje exacto de tiempo que pasé la semana pasada haciendo trabajo superficial», y eso lo obligará a aprobar, también de manera explícita, esa proporción del uso del tiempo. Ante esas cifras, y ante la realidad económica que esas cifras exponen (es un desperdicio increíble, por ejemplo, pagarle a un profesional altamente entrenado para que envíe correos electrónicos y asista a reuniones durante 30 horas a la semana), un jefe llegará a la conclusión natural de que *tienes que* abstenerte de hacer ciertas cosas y reducir el tiempo que le dedica a otras, aunque eso signifique que la vida del jefe, o la tuya, o la de tus colegas, sea menos cómoda. A fin de cuentas, lo que un negocio busca es generar valor y no facilitarles la vida a los empleados.

Si trabajas por cuenta propia, este ejercicio te obligará a confrontar la realidad del escaso tiempo que dedicas a producir valor real en medio de tu «apretada» agenda. Estas cifras contundentes te servirán para reducir las actividades superficiales que te roban tiempo. Sin estas cifras, es difícil que un emprendedor le cierre la puerta a una oportunidad que *podría* generarle algún rendimiento positivo. Ideas como: «¡Tengo que estar en Twitter!», «¡Tengo que mantener una presencia activa en Facebook!» o «¡Tengo que actualizar mi blog!» se justifican porque tienes la sensación de que negarse a alguna de estas actividades, consideradas aisladamente, puede verse como sinónimo de pereza. Si, por el contrario, determinas qué proporción de tu tiempo dedicarás a las tareas profundas y qué proporción a las tareas superficiales, podrás eliminar esa actitud originada por la culpa y reemplazarla por el hábito más sano de tratar de sacar el mayor provecho posible del esfuerzo que le dedicarás al trabajo superficial (ojalá, una pequeña fracción de tu tiempo y tu atención, que te permita seguir exponiéndote a muchas oportunidades), de tal manera que el tiempo que le dediques al trabajo profundo le dé un gran empuje a tu negocio.

Por supuesto que siempre existe la posibilidad de que tu jefe responda la pregunta con brusquedad. Ningún jefe te responderá explícitamente: «El 100 % de tu trabajo debe ser superficial» (a menos que tengas un trabajo de nivel básico, en cuyo caso te recomiendo posponer este ejercicio hasta haber desarrollado la suficiente cantidad de destrezas que te permita incorporar en tu lista oficial de responsabilidades el trabajo profundo), pero lo que sí puede responder tu jefe es algo así como: «El porcentaje de trabajo superficial necesario para que cumplas las tareas que se te exigen en un momento dado». En este caso, la respuesta sigue siendo útil, pues te indica que ese cargo no favorece el trabajo profundo y un cargo que no favorece el trabajo profundo no te permitirá triunfar en la actual economía de la información. En ese momento, deberás agradecerle a tu jefe por la retroalimentación y comenzar a planificar, sin pérdida de tiempo, tu transición hacia un nuevo trabajo que valore la profundidad.

Termina de trabajar a las cinco y media

En los siete días que precedieron la escritura de este capítulo participé en 65 conversaciones diferentes por correo electrónico. De esas conversaciones, envié exactamente cinco correos después de las cinco y media de la tarde. Lo que revelan de primera mano estas cifras es que, con escasas excepciones, no envío correos electrónicos después de las 17:30. Sin embargo, dada la presencia permanente del correo electrónico en la vida laboral, este comportamiento apunta a una realidad más sorprendente: no *trabajo* después de las cinco y media de la tarde.

A este compromiso le he dado el nombre de *productividad con programación fija*. Me he hecho el firme propósito de no trabajar más allá de cierta hora y, por eso, he buscado las estrategias de productividad que me permitan cumplir mi meta. Llevo más de cinco años practicando satisfactoriamente la productividad con programación fija, que ha sido fundamental para mis esfuerzos de crear una vida profesional productiva en torno al trabajo profundo. En las páginas que siguen, trataré de convencer al lector de adoptar también esta estrategia.

———

Comencemos este elogio de la productividad con programación fija señalando, en primer lugar, que la sabiduría popular en el ámbito académico en el que me muevo es contraria a esta propuesta. Los profesores universitarios —en particular los más jóvenes— suelen adoptar horarios agotadores, que se extienden a la noche y los fines de semana. Veamos la entrada de un blog publicado por un profesor de ciencias informáticas a quien llamaré «Tom». En el invierno de 2014, Tom describió su horario de un día reciente en el que había pasado doce horas en la oficina. Durante ese tiempo, asistió a cinco reuniones diferentes e hizo, durante tres horas, labores «administrativas», que Tom describe como «responder montones de correos electrónicos, cumplimentar formularios burocráticos, organizar las notas de las reuniones, planificar reuniones futuras». Según sus cálculos, del total de doce horas solo había pasado *una y media* haciendo «verdadero» trabajo, que él define como los esfuerzos que le permiten avanzar hacia una «investigación terminada». No es de sorprender que Tom se sienta obligado a trabajar más allá de la jornada laboral estándar. «Ya he aceptado la realidad de que voy a tener que trabajar los fines de semana —concluye en otro artículo de su blog—. Muy pocos profesores jóvenes pueden evitar ese destino.»

Sin embargo, *yo lo logré*. Aunque no trabajo durante la noche y rara vez lo hago los fines de semana, entre el momento en que llegué a Georgetown, en el otoño de 2011, y en que empecé a escribir este capítulo, en el otoño de 2014, he publicado cerca de veinte artículos revisados por pares. También he ganado dos concursos de becas, he publicado un libro (no académico) y casi he terminado de escribir otro (que estás leyendo en este momento). He hecho todo eso sin tener que adoptar los horarios agotadores que los Toms de este mundo consideran necesarios.

¿Cómo explicar esta paradoja? Podemos encontrar una respuesta reveladora en un artículo ampliamente conocido, publicado en 2013 por una académica con más años de experiencia y más talentosa que yo: Radhika Nagpal, profesora de la cátedra Fred Kavli en la facultad de Ciencias Informáticas de la Universidad de Harvard.[12] El artículo empieza con la declaración de que buena parte del estrés que padecen los profesores con opción de permanencia es autoimpuesto. «Abundan mitos aterradores y datos escalofriantes sobre la vida de los profesores con opción de permanencia en las universidades orientadas a la investigación», dice Nagpal, antes de pasar a explicar cómo decidió pasar por alto esas ideas preconcebidas y, más bien, «dedicar[s]e deliberadamente [...] a hacer cosas específicas para preservar [su] felicidad».[13] Este esfuerzo deliberado llevó a Nagpal a disfrutar «tremendamente» de la temporada previa a la permanencia.

Nagpal da varios ejemplos detallados de esos esfuerzos, pero una de esas tácticas en particular le resultará conocida al lector. Según relata Nagpal, al principio de su carrera académica intentaba trabajar en cualquier momento libre que tenía entre las 7 de la mañana y las 12 de la noche (como tiene hijos, buena parte de este tiempo, especialmente después de las 6 de la tarde, era un tiempo gravemente afectado). Muy pronto decidió cambiar de estrategia, pues la que había adoptado era insostenible. Así pues, se fijó un límite de cincuenta horas a la semana y se propuso determinar cuáles reglas y hábitos le permitirían cumplir con este propósito. En otras palabras, Nagpal implementó la estrategia de la productividad con programación fija.

Sabemos que esta estrategia no perjudicó su carrera académica, pues estuvo en el camino de la permanencia en el tiempo presupuestado y luego pasó a ser profesora titular tan solo tres años después (un ascenso impresionante). ¿Cómo lo logró? Según su artículo, una de las principales técnicas para respetar su límite de horas era fijar cuotas drásticas respecto a las principales fuentes de labores *superficiales* en su vida académica. Por ejemplo, decidió que solo viajaría cinco veces al año, por las razones que fueran, pues los viajes generan una gran cantidad de obligaciones superficiales urgentes (desde organizar la estadía hasta escribir las conferencias). Cinco viajes al año pueden parecer muchos, pero la cifra es baja para un académico. Para enfatizar este punto, mencionemos que Matt Welsh, antiguo colega de Nagpal en su facultad (ahora trabaja para Google), escribió alguna vez en su blog que lo típico de un profesor universitario joven es viajar entre 12 y 24 veces al año (¡son muchos los esfuerzos superficiales que se ahorró Nagpal eliminando entre 10 y 15 viajes!).[14] Reducir la cuota de los viajes es una de las muchas tácticas que aplicó Nagpal para tener mayor control sobre su jornada de trabajo (también puso límites al número de ensayos que revisaría al año), pero el elemento común que tenían todas sus tácticas era el compromiso de poner un límite implacable a lo superficial, al mismo tiempo que protegía su trabajo profundo —es decir, la investigación original—, determinante para su carrera académica.

Volviendo a mi ejemplo personal, un compromiso similar me ha permitido tener éxito con mi programación fija. Yo también soy terriblemente cuidadoso con el uso de la palabra más peligrosa en el vocabulario de la productividad personal: «Sí». Es muy difícil que me convenzan de hacer algo que apunte al trabajo superficial. Si alguien me pide participar en un asunto de la universidad que no es absolutamente necesario, lo más probable es que le responda con una frase que le aprendí al director de departamento que me contrató: «Después de la permanencia hablamos». Otra táctica que me funciona bien es ser claro en mi negativa, pero ambiguo en las explicaciones respecto a esta. La clave está en no dar mucha información específica sobre la excusa, de tal manera que la otra persona no tenga margen para contrarrestarla. Por ejemplo, si rechazo una invitación a dar una charla, que me consumirá mucho tiempo, pues he programado otros viajes por la misma época, no doy detalles (para que la otra persona no tenga la oportunidad de sugerir maneras de acomodar su evento a mis obligaciones actuales), sino que digo: «Suena interesante, pero no puedo porque se me cruza con otras cosas que tengo programadas». Al rechazar esas obligaciones, también resisto la tentación de ofrecer premios de consolación, que terminan consumiendo casi la misma cantidad de tiempo (por ejemplo: «Lo lamento, no puedo participar en tu comité, pero con mucho gusto miraré algunas de las propuestas y te daré mi opinión al respecto»). Es mejor ser claro en la negativa.

Además de ser muy cuidadoso a la hora de asumir obligaciones, soy muy consciente de mi manejo del tiempo. Teniendo en cuenta que es limitado, no puedo darme el lujo de tener fechas límite demasiado apretadas, ni puedo desperdiciar una mañana en un asunto trivial por no haber planificado bien las cosas. La espada de Damocles que implica la productividad con programación fija me obliga a ser muy organizado. Si no tuviera este límite, quizá sería más laxo en mis hábitos.

Para resumir estas observaciones, diré que Nagpal y yo podemos tener éxito en el ámbito académico sin asumir una carga exagerada, como la que propone Tom, por dos razones. En primer lugar, favorecemos una asimetría drástica en la manera como hacemos la selección de los compromisos que nos impone una programación fija. Al reducir de manera implacable lo superficial, al mismo tiempo que protegemos la profundidad, esta estrategia nos permite tener más tiempo, sin disminuir la cantidad de nuevo valor que generamos. En efecto, la reducción de tareas superficiales libera *más* energía para lo profundo, lo cual nos lleva a producir más que si tuviéramos una agenda típicamente llena de toda clase de actividades hasta el tope. En segundo lugar, disponer de forma consciente de un tiempo limitado nos obliga a pensar con más cuidado en nuestros hábitos de organización, lo que también conduce a producir más valor que si tuviéramos una programación más larga en horas, pero menos organizada.

La clave de esta estrategia es que se producen los mismos beneficios en la mayoría de los trabajos del conocimiento. Esto quiere decir que, incluso si no eres profesor universitario, la productividad con programación fija puede generarte importantes beneficios. En la mayoría de los trabajos del conocimiento, suele ser difícil rechazar un compromiso superficial en el momento mismo, aunque aisladamente parezca inofensivo. Puede tratarse de cosas como aceptar una invitación a tomar café o aceptar «entrar en una teleconferencia». Sin embargo, el compromiso ante la productividad con programación fija hará que seas muy consciente de la escasez de tiempo. Así, cualquier obligación que vaya más allá de tus esfuerzos dedicados a la profundidad te resultará sospechosa y potencialmente perturbadora. Tu respuesta habitual empezará a ser «no», se volverá mucho más difícil quitarte tu tiempo y tu atención y comenzarás a organizarte con una eficiencia implacable. Esta estrategia también puede llevarte a cuestionar ciertos supuestos sobre la cultura laboral de tu empresa que parecen inamovibles pero que, en realidad, son flexibles. Es común, por ejemplo, que el jefe te envíe correos electrónicos después del horario laboral. Según el compromiso de la productividad con programación fija, debes ignorar esos correos hasta la mañana siguiente. Muchas personas creen que esto les puede causar problemas, pues *se espera* que respondan; sin embargo, en muchos casos, el hecho de que tu jefe se dedique a escribir correos por la noche no significa que esté esperando una respuesta inmediata. Esta es una lección que la presente estrategia te ayudará a descubrir.

La productividad con programación fija, en otras palabras, es un *metahábito* fácil de adoptar, pero que tiene un impacto amplio. Si debes escoger tan solo un comportamiento que reoriente tu concentración hacia la profundidad, este debe ocupar un lugar muy importante en tu lista de posibilidades. No obstante, si dudas de que este límite artificial en tu día laboral pueda volverlo más exitoso, te invito a prestar atención de nuevo a la carrera de la defensora de la productividad con programación fija, Radhika Nagpal. En una grata coincidencia, casi por la misma época en que Tom se lamentaba en su blog sobre su inevitablemente intensa carga laboral como joven profesor universitario, Nagpal celebraba el más reciente de sus muchos logros profesionales, a pesar de su programación fija: su investigación apareció en la portada en la revista *Science*.

Que no te encuentren tan fácilmente

Un análisis sobre el trabajo superficial estaría incompleto si no mencionáramos los correos electrónicos. Esta actividad arquetípicamente superficial es muy insidiosa en su exigencia de atención para los trabajadores del conocimiento, pues ofrece un flujo de distracción permanente, *dirigida específicamente a ti*. El acceso omnipresente al correo electrónico se ha arraigado de tal forma en nuestros hábitos profesionales que hemos comenzado a perder la sensación de que podemos cuestionar su papel en nuestra vida. Como advierte John Freeman en su libro de 2009 *The Tyranny of E-mail*, con el advenimiento de la tecnología, «lentamente hemos ido erosionando nuestra capacidad de explicar —de una manera detallada y compleja— por qué se ha vuelto tan cuestionable quejarse de nuestras jornadas laborales, resistirse a ellas o rediseñarlas, para hacerlas más manejables».[15] El correo electrónico parece un hecho cumplido. La resistencia parece fútil.

La presente estrategia contrarresta ese fatalismo. El hecho de que no podamos evitar del todo esta herramienta no significa que debamos ceder por completo nuestra autoridad sobre el papel que desempeña en nuestro paisaje mental. En las siguientes secciones describo tres tácticas que te ayudarán a recuperar la autoridad que le has dado a esta tecnología sobre tu tiempo y tu atención, y a poner un freno a la erosión de la autonomía identificada por Freeman. La resistencia no es fútil: tienes más control sobre tus comunicaciones electrónicas de lo que había supuesto en un comienzo.

Táctica n.º 1: *Haz trabajar más a la gente que te manda correos*

Por lo general es fácil tener acceso a los escritores. Casi siempre ponen la dirección de correo electrónico en su página web e invitan abiertamente a los lectores a enviarles cualquier pregunta o sugerencia. Muchos consideran que esta retroalimentación es un compromiso ineludible relacionado con la «creación de comunidad» (labor cuya importancia es muy cacareada pero muy elusiva) entre los lectores. Sin embargo, hay un problema: *el asunto no es creíble*.

Si visitas mi página de autor, verás que en la zona de contactos no hay una dirección de correo electrónico para uso del público en cualquier circunstancia. Por el contrario, incluyo una lista de las diferentes personas a quienes puedes contactar para asuntos particulares: mi agente literario, para peticiones de derechos de autor, o mi agente de conferencias, para solicitudes de conferencias. Si quieres contactarme, ofrezco solo un correo electrónico para casos específicos, con ciertas condiciones y la advertencia de que muy probablemente no responderé:

> Si tiene una oferta, oportunidad o presentación que pueda hacer mi vida más interesante, escríbame en la sección *interesting* de *calnewport.com*. Por las razones expuestas más arriba, solo responderé a las propuestas que sean útiles en mi programación de actividades y para mis intereses.

A este enfoque le he dado el nombre de *filtro de los remitentes*,[16] pues les pido a mis corresponsales llevar a cabo un proceso de filtrado personal, antes de intentar contactarme. Gracias a este filtro, se ha reducido de manera significativa el tiempo que paso en la bandeja de entrada. Antes de empezar a usar el filtro de los remitentes, tenía una dirección de correo electrónico de uso general en mi sitio web. Como era de esperar, recibía montones de largos correos en los que me pedían consejos sobre cuestiones académicas o profesionales (algunas de ellas muy complejas). Me gusta ayudar, pero estas solicitudes eran abrumadoras. Al remitente no le requeriría mucho tiempo escribir su correo, pero una respuesta mía exigiría muchas explicaciones y una redacción extensa. Mi filtro de los remitentes ha eliminado la mayoría de estas comunicaciones y, de esta forma, se ha reducido drásticamente el número de mensajes que me llegan. En lo que respecta a ayudar a mis lectores, ahora reoriento esa energía de tal manera que escojo los escenarios donde puedo maximizar el impacto. En lugar de responder a una pregunta que me envía cualquier estudiante en el mundo, por ejemplo, ahora trabajo de cerca con un reducido grupo de estudiantes para los cuales soy bastante accesible y a ellos les puedo ofrecer una orientación más sustanciosa y eficaz.

Otro beneficio del filtro de los remitentes es que hace que se reduzcan las expectativas. La frase crucial de mi nota de advertencia es: «solo responderé a las propuestas que sean útiles en mi programación de actividades y para mis intereses». Parece banal, pero marca una diferencia sustancial en la manera como los potenciales corresponsales piensan sus mensajes. La convención social habitual en torno a los correos electrónicos es que —a menos que seas famoso— si alguien te manda un mensaje, le debes una respuesta. Por lo tanto, para la mayoría de las personas, una bandeja de correo llena es una fuente de obligaciones.

Si, en lugar de seguir la corriente, reduces las expectativas de tus corresponsales y les haces saber que muy probablemente *no* les responderás, la experiencia se transforma. De esta forma, la bandeja de entrada se convierte en un conjunto de oportunidades al que puedes echar una ojeada cuando tengas tiempo libre, para responder a aquellos que tenga sentido escoger. La ventaja es que la pila de mensajes no leídos ya no te generará una sensación de obligación. Si quisieras, podrías ignorarlos todos sin que nada malo sucediera. Desde un punto de vista psicológico es un concepto liberador.

Cuando empecé a usar el filtro de los remitentes, me preocupaba dar la impresión de ser una persona pretenciosa —como si afirmara que mi tiempo es más valioso que el de mis lectores— y que eso le molestara a la gente. Sin embargo, era un temor infundado. La mayoría de la gente acepta sin problema la idea de que tienes derecho a controlar tus comunicaciones entrantes, pues a las personas les gustaría disfrutar del mismo derecho. Lo más importante es que a la gente le gusta la claridad. Casi todo el mundo acepta sin problema no recibir respuesta si no tiene esa expectativa (en general, las personas que tienen una menor presencia pública, como los autores de libros, creen equivocadamente que a la gente le importa mucho recibir respuestas a sus mensajes).

En algunos casos, ajustar las expectativas de tus corresponsales puede aumentar tu prestigio cuando decidas responder. Por ejemplo, la editora de una publicación en línea me mandó en cierta ocasión una invitación a participar como invitado en su blog, suponiendo, dada mi nota de advertencia, que yo no le respondería. La sorpresa fue grande al ver que le respondí. Este es su resumen de nuestra interacción:

> Cuando le escribí a Cal para ver si quería colaborar [en la publicación], mis expectativas eran bajas. En su [filtro de los remitentes] no decía nada sobre su participación como invitado en un blog, así que no me habría sentido mal si no me hubiera respondido. Al ver que sí me respondió, me hizo feliz.[17]

Mi filtro de los remitentes es tan solo un ejemplo de esta estrategia general. Veamos ahora el caso de Clay Herbert, un consultor experto en campañas de *crowdfunding* (financiación colectiva) para nuevas empresas de tecnología, una especialidad que atrae a muchos corresponsales que esperan obtener consejos útiles. Así relata su experiencia con los filtros de remitentes un artículo de *Forbes.com*: «Llegó un momento en que era tanta la gente que contactaba a [Herbert] que el consultor no daba abasto. Fue entonces cuando decidió crear unos filtros que le cargan la mayor parte del trabajo al remitente que pide ayuda».[18]

Aunque la motivación inicial de Herbert era similar a la mía, sus filtros adoptaron una forma diferente. Para contactarlo, debes consultar la sección de preguntas más comunes para verificar que tu pregunta no haya sido ya respondida antes (cosa que ocurría con buena parte de los mensajes que procesaba Herbert antes de implementar los filtros). Si pasas la criba de las preguntas más comunes, luego debes responder una encuesta que le permite a Herbert tamizar un poco más. Después de superado este nivel, Herbert cobra cierta cantidad de dinero a la persona que quiere comunicarse con él. Su idea no es ganar un dinero adicional sino seleccionar a aquellos que tienen serias intenciones de seguir sus consejos. Aunque son estrictos, los filtros de todas maneras le permiten a Herbert ayudar a la gente y encontrar oportunidades interesantes. Al mismo tiempo, han contribuido a reducir la cantidad de sus comunicaciones entrantes a un nivel manejable.

Veamos otro ejemplo. Antonio Centeno se ocupa el popular blog *Real Man Style*. Los filtros de los remitentes de Centeno implican un proceso en dos etapas.[19] Si tienes una pregunta, Centeno te dirige a un foro público donde puedes formularla, pues considera que es una pérdida de tiempo responder las mismas preguntas una y otra vez en conversaciones privadas. Si superas esta etapa, debes hacer tres promesas, haciendo clic en la casilla correspondiente:

✓ No le voy a hacer a Antonio una pregunta cuya respuesta puedo encontrar si busco diez minutos en Google.

✓ No voy a inundar a Antonio con *spam* para que haga publicidad de mi negocio, que no tiene nada que ver con el tema.

✓ Me comprometo a llevar a cabo una buena acción si Antonio me responde en un lapso de 23 horas.

El cuadro de diálogo en el que el visitante puede escribir su mensaje solo aparece en la página de contacto después de haber marcado las tres promesas.

Resumiendo, las tecnologías que permitieron el advenimiento del correo electrónico son transformadoras, pero las actuales convenciones sociales que guían nuestra manera de aplicar esta tecnología están subdesarrolladas. La realidad de que todos los mensajes, independientemente del tema o del remitente, llegan a una misma bandeja de entrada y la noción de que a todo mensaje se le debe dar una pronta respuesta apuntan a una improductividad absurda. El filtro de los remitentes es una pequeña pero útil herramienta para mejorar el actual estado de cosas, y es una idea que ya están implementando muchos emprendedores y trabajadores independientes, que reciben montones de correos y están en capacidad de decidir cuál es su nivel de accesibilidad. (Me gustaría que se adoptaran esas mismas conductas en las comunicaciones internas de las grandes compañías. Sin embargo, por las razones que mencionamos en el capítulo 2, es probable que estemos lejos de esa realidad.) Si tienes la capacidad para implantar filtros de remitentes, hazlo como una forma de controlar esos recursos escasos que son tu tiempo y tu atención.

Táctica n.° 2: *Trabaja más cuando envíes o respondas los correos electrónicos*

Veamos algunos ejemplos de correos electrónicos habituales:

- **Correo n.° 1:** «Fue grato encontrarme contigo la semana pasada. Me encantaría que hiciéramos seguimiento a algunos de los temas que tratamos. ¿Podríamos tomarnos un café?».
- **Correo n.° 2:** «Tenemos que retomar el problema de investigación que discutimos durante mi última visita. ¿Me podrías recordar en qué vamos al respecto?».
- **Correo n.° 3:** «Trabajé en el artículo sobre el que hablamos. Va adjunto. ¿Comentarios?».

Estos tres ejemplos sin duda le sonarán familiares a la mayoría de los trabajadores del conocimiento, pues son representativos de muchos de los mensajes que llegan a las bandejas de entrada. También son bombas potenciales para la productividad: la manera de responderlos tendrá un impacto significativo en la cantidad de tiempo y atención que te consuma la conversación que se desprenda de ahí.

En particular, los correos interrogativos como estos generan el instinto inicial de responder de forma rápida cualquier cosa para evacuar —temporalmente— el mensaje. En el corto plazo, una respuesta rápida te proporcionará un pequeño alivio porque está poniendo la responsabilidad del mensaje en las manos del otro. Sin embargo, este alivio dura poco, pues la responsabilidad volverá a ti una y otra vez, con lo cual se harán nuevas exigencias a tu tiempo y tu atención. Por esta razón, considero que la estrategia adecuada para hacer frente a estas cuestiones es pensar un poco antes de responder, usando la siguiente línea de reflexión:

¿Cuál es el *proyecto* que presenta este mensaje y cuál es el proceso más eficiente (en cuanto al número de mensajes que se van a generar) para darle una buena conclusión?

Una vez hayas respondido estas preguntas, en lugar de dar una respuesta rápida, tómate el tiempo necesario para dar una respuesta que describa el proceso identificado, señala la etapa actual y destaca la siguiente etapa. Yo le llamo a este método *respuestas a los correos basadas en procesos*. Su propósito es minimizar el número de correos que recibe y el desorden mental que generan.

Para explicar mejor este proceso y las razones por las que funciona, veamos las siguientes respuestas basadas en procesos a los correos que citábamos en los ejemplos anteriores:

- **Respuesta basada en procesos para el correo n.º 1:** «Me encantaría que nos tomáramos un café. Encontrémonos en el Starbucks del campus. Al final de este correo verás cuáles son los dos días que tengo libres la semana próxima. En cada uno de ellos pongo tres horas que me convienen. Si alguna de esas combinaciones te sirve, házmelo saber. Tu respuesta con esa información será la confirmación de la cita. Si ninguna de esas fechas y horas te sirve, llámame al número que aparece abajo para que concertemos una hora que sirva. Será un placer vernos».
- **Respuesta basada en procesos para el correo n.º 2:** «Estoy de acuerdo en que tenemos que volver a mirar este problema. Esta es mi sugerencia: en algún momento de la semana próxima, envíame un correo con todo lo que recuerdes de nuestra conversación sobre el problema. Cuando tenga tu mensaje, crearé

un directorio compartido para el proyecto y lo añadiré a un documento que resuma lo que tú me enviaste, combinado con mi recuerdo de nuestra conversación. En el documento, destacaré los dos o tres pasos siguientes más prometedores. Luego podemos hincarle el diente a esos pasos siguientes durante unas semanas y volver a hablar. Sugiero que programemos una llamada telefónica de aquí a un mes, para ese propósito. Abajo propongo algunas fechas y horas en las que estoy disponible para una llamada. Cuando respondas con tus notas, por favor indica la combinación de fechas y horas que te convienen más y consideraremos esa respuesta como una confirmación de la llamada. Me interesará mucho explorar más a fondo este problema».

- **Respuesta basada en procesos para el correo n.°3:** «Gracias por tu correo. Voy a leer el borrador del artículo y luego te envío una versión editada, con mis comentarios, a más tardar el viernes 10. En la versión editada te mandaré los cambios que pueda hacer y te indicaré comentarios allí donde considere que tú estás mejor cualificado para hacerlos. Así, tendrás lo que necesitas para pulir y enviar el texto final. No necesitas responder este mensaje ni enviarme otra comunicación de seguimiento, a menos, por supuesto, que tengas algún asunto puntual que comentar».

Para elaborar estas respuestas modelo, comencé por identificar el proyecto que contenía el mensaje. Observa que uso la palabra «proyecto» de manera amplia. Esta puede hacer referencia a proyectos grandes y evidentes, tales como avanzar en un problema de investigación (ejemplo n.° 2), pero también puede designar pequeños problemas logísticos como fijar una cita para tomar café (ejemplo n.º 1). Luego, me tomé un par de minutos para pensar en un proceso que permita pasar del punto actual a un punto deseado, con un mínimo de mensajes. El paso final consistió en escribir una respuesta que describía claramente el proceso y el punto actual. Estos ejemplos de respuestas a los correos también sirven para redactar un primer correo inicial.

El método centrado en los procesos para revisar y responder los correos electrónicos puede mitigar de manera significativa el impacto de esta tecnología sobre nuestro tiempo y nuestra atención. Dos razones explican este efecto. En primer lugar, de esta forma se reduce la cantidad de correos electrónicos en la bandeja de entrada: en muchas ocasiones esta reducción es sustancial (algo tan sencillo como programar una cita para un café puede generar muchísimos mensajes en el curso de unos cuantos días si no se tiene cuidado con las respuestas). Esto, a su vez, reduce el tiempo que pasamos en la bandeja de entrada y el trabajo mental que se requiere para esa labor.

En segundo lugar, para usar la terminología de David Allen, un buen mensaje centrado en el proceso «cierra el círculo» respecto al proyecto en cuestión. Cuando un proyecto se inicia con un correo electrónico que envías o recibes, este se posesiona de tu paisaje mental y empieza a situarse en un lugar preponderante, pues requiere de tu atención y es necesario hacer algo al respecto. El método que he presentado cierra un círculo abierto en el momento mismo en que se forma. Si haces todo el proceso y agregas en tu calendario cualquier compromiso relevante de tu parte, al mismo tiempo que imprime velocidad a las decisiones de la otra persona, tu mente puede recuperar el espacio mental que le demandó el proyecto. Una menor cantidad de desorden mental equivale a tener disponibles mayores recursos mentales para el pensamiento profundo.

Al principio, manejar los correos electrónicos con este método centrado en los procesos puede parecerte poco natural. De un lado, requiere invertir más tiempo pensando en los mensajes antes de escribirlos. En el momento mismo eso puede parecer una inversión *adicional* en los correos electrónicos. Sin embargo, lo importante de recordar aquí es que los dos o tres minutos más que emplearás ahora te ahorrarán muchos minutos leyendo y respondiendo mensajes adicionales e innecesarios más adelante.

De otro lado, el manejo de los correos electrónicos según el método centrado en los procesos puede parecer demasiado técnico. Las convenciones sociales actuales relacionadas con los correos electrónicos favorecen el tono coloquial, que choca con las programaciones sistemáticas o los árboles de decisión que suelen usarse en las comunicaciones centradas en los procesos. Si eso te preocupa, te sugiero añadir un preámbulo conversacional más largo en tus comunicaciones. Incluso puedes separar con una línea divisoria la conversación introductoria de la porción centrada en el proceso y poner el subtítulo «Pasos propuestos a seguir», de tal manera que el tono técnico se vea más apropiado en el contexto.

A fin de cuentas, estas molestias menores merecen la pena. Al dedicarle más tiempo a pensar en lo que propone realmente el correo que aparece en tu bandeja de entrada, podrás reducir significativamente el impacto negativo de esta tecnología en tu capacidad para trabajar en las cosas que realmente importan.

Táctica n.º 3: *No respondas*

Cuando hacía mis estudios de posgrado en el MIT tuve la oportunidad de interactuar con famosos académicos. En ese momento pude observar que muchos de ellos tenían un comportamiento un tanto extraño, aunque fascinante, frente a los correos electrónicos: por lo general se abstenían de responder.

Con el tiempo, comprendí cuál era la filosofía que sustentaba esa manera de proceder: estos académicos consideraban que la responsabilidad de los remitentes de los correos electrónicos es convencer al destinatario de que merece la pena responder. Si, como remitente, no convences y no le reduces al profesor el esfuerzo que le implicaría responder, simplemente no obtendrás respuesta.

Por ejemplo, el siguiente correo electrónico muy probablemente no generaría una respuesta por parte de muchos de los famosos académicos del instituto:

> Hola, profesor. Me gustaría pasar por su oficina para hablar sobre <tema X>. ¿Estaría disponible?

Responder a este mensaje requiere mucho trabajo («¿estaría disponible?» es una pregunta muy vaga como para responderla pronto). Además, no hay nada que le indique al profesor que esta conversación merece dedicarle tiempo. Teniendo en cuenta esas críticas, veamos esta reformulación del correo, que tal vez podría generar una respuesta:

> Hola, profesor. Estoy trabajando en un proyecto similar a <tema X>, con mi asesor <profesor Y>. ¿Estaría usted de acuerdo si paso a verlo durante los quince minutos finales de su horario de oficina el próximo jueves, para explicarle

en mayor detalle de qué se trata y ver si este se complementa con su proyecto actual?

A diferencia del primer mensaje, en el segundo se expone claramente por qué merece la pena esa reunión y le reduce al destinatario el esfuerzo de la respuesta.

Lo que se busca con esta táctica es que reproduzcas, hasta donde tu contexto profesional te lo permita, la misma ambivalencia de los profesores universitarios respecto al correo electrónico. Para fortalecerse en este empeño, aplica las siguientes tres reglas, para determinar qué mensajes requieren respuesta y cuáles no.

Método profesoral para escoger qué correos responder: No respondas correos electrónicos que entren dentro de una de las siguientes tres categorías:

- El mensaje es ambiguo o la producción de una respuesta razonable te exige demasiado trabajo.
- No contiene un asunto o una propuesta que te interese.
- Nada realmente bueno ocurriría si respondes y nada realmente malo ocurriría si no lo haces.

En todos los casos siempre hay muchas excepciones evidentes. Si el correo que contiene un mensaje ambiguo, con un proyecto que no te interesa, proviene del director ejecutivo de tu compañía, por ejemplo, tienes que responder. Sin embargo, yendo más allá de esas excepciones, el enfoque profesoral busca que seas más implacable a la hora de decidir si vas a oprimir el botón de «Responder».

En un principio, es probable que te sientas incómodo con este consejo, porque implica romper una convención actual relacionada con los correos electrónicos, según la cual se supone que debemos responder, sin importar la relevancia o la pertinencia del correo. Por otra parte, no hay manera de evitar al cien por cien resultados adversos producto de esta estrategia. Como mínimo, es posible que algunas personas se sientan confundidas o molestas, sobre todo si nunca han cuestionado las convenciones sobre los correos electrónicos. Sin embargo, no pierdas de vista lo siguiente: eso no es grave. En cierta ocasión, el escritor Tim Ferris dijo: «Desarrolla el hábito de permitir que ocurran pequeñas cosas malas. Si no lo haces, nunca tendrás tiempo para las cosas grandes, que cambian vidas».[20] Tranquilízate y piensa, como los profesores del MIT, que la gente adapta muy pronto sus expectativas a los hábitos de comunicación del otro. El hecho de que no hayas respondido esos mensajes que te escribieron a toda carrera tal vez no sea un asunto tan importante para los remitentes.

Una vez que superes la incomodidad que pueda generarte este método, comenzarás a recoger sus frutos. Son dos los problemas que suelen mencionarse al hablar del exceso de correos electrónicos. El primero: enviar correos genera más correos. El segundo: luchar contra los correos ambiguos o irrelevantes es una importante fuente de estrés. El método que propongo aquí ataca ambos frentes: se envían menos correos y se pasan por alto los que no son fáciles de procesar. De esta manera, se reducen el tiempo y la atención que nos roba la bandeja de entrada de los correos electrónicos.

Conclusión

La historia de la fundación de Microsoft se ha relatado tantas veces que ha entrado en los anales de la leyenda. Durante el invierno de 1974, un joven estudiante de Harvard llamado Bill Gates se enteró de la existencia de Altair, el primer ordenador personal del mundo, que apareció en la portada de la revista *Popular Electronics*. Gates comprendió que allí había una oportunidad: diseñar software para la máquina. En ese momento abandonó todo y, con la ayuda de Paul Allen y Monte Davidoff, se dedicó, durante los siguientes ocho meses, a crear una versión del lenguaje de programación BASIC para el Altair. Con frecuencia se cita esta historia como ejemplo de la claridad y el arrojo de Gates, pero en recientes entrevistas hemos podido conocer otro rasgo que desempeñó un papel crucial en el final feliz de esta historia: la capacidad sobrenatural de Gates para el trabajo profundo.

En un artículo publicado en 2013 en la revista *Harvard Gazette*, Walter Isaacson explica que Gates trabajaba con tal intensidad y durante lapsos tan largos en aquel período de dos meses que muchas veces se desplomaba frente al teclado mientras escribía el código. Luego dormía una hora o dos y retomaba el trabajo donde lo había dejado. Esta capacidad impresionaba mucho a Paul Allen, quien la

describe como «una prodigiosa hazaña de concentración».[1]
En su libro *The Innovators*, Isaacson resumió de la siguiente
manera la tendencia única de Gates hacia la profundidad:
«La característica que diferenciaba [a Gates de Allen] era
la concentración. La mente de Allen revoloteaba entre muchas ideas y pasiones, mientras que Gates era un obseso en
serie».[2]

Encontramos en este relato de la concentración obsesi-
va de Gates un ejemplo perfecto de mi argumento a favor
del trabajo profundo. Es fácil, en medio de la turbulencia
de la rápida evolución en la era de la información, asumir
una conducta quejumbrosa. Los gruñones se sienten vagamente incómodos al ver la cantidad de atención que la gente presta a sus *smartphones*, añorando los días en que la gente
se concentraba sin prisas, en tanto que los hípsters digitales
equiparan esa nostalgia al anacronismo o al aburrimiento,
y creen que una mayor conexión es la base de un futuro
utópico. Marshall McLuhan afirmó que «el medio es el
mensaje», pero nuestra conversación actual sobre estos temas parece implicar que «el medio es la moralidad»: o bien
estamos a favor del futuro con Facebook o bien lo consideramos como nuestra perdición.

Como afirmé en la introducción de este libro, no me
interesa ese debate. Comprometerse con el trabajo profundo no implica una postura moral ni es una declaración filosófica. Es, eso sí, un reconocimiento pragmático de que la
capacidad para concentrarnos es una destreza que permite
hacer cosas valiosas. En otras palabras, el trabajo profundo es
importante, no porque la distracción sea mala, sino porque
le permitió a Bill Gates crear una industria de mil millones
de dólares en menos de un semestre.

Esta es una lección que he repasado una y otra vez en
mi carrera profesional. Desde hace más de una década

practico con devoción la profundidad, pero todavía hoy me sorprende su poder. En la época en que hice mi posgrado y aprendí a priorizar esta destreza, descubrí que el trabajo profundo me permitía escribir dos artículos revisados por pares al año (una cantidad respetable para un estudiante) y, sin embargo, casi nunca tuve que trabajar después de las cinco de la tarde entre semana ni hacerlo los fines de semana (cosa poco usual entre mis compañeros).

No obstante, cuando empecé a hacer la transición entre mi vida como estudiante y mi vida como profesor, me entró la angustia. Mi tiempo como estudiante y como investigador de posdoctorado no era tan restringido, lo cual me permitía manejarlo a mi antojo. Sabía que dejaría de disfrutar de ese lujo en la siguiente fase de mi carrera, y no sabía muy bien qué hacer para integrar la suficiente cantidad de trabajo profundo en una programación más exigente, de tal forma que pudiera mantener mi productividad.

No me quedé cruzado de brazos, rumiando mi preocupación, sino que decidí hacer algo al respecto: creé un plan para fortalecer mis músculos de la profundidad.

Llevé a cabo este entrenamiento durante mis dos últimos años en el MIT, en los que hice una investigación posdoctoral y busqué trabajo como profesor universitario. Mi táctica principal consistió en introducir limitaciones adicionales a mi programación, para crear una situación similar a la que viviría como profesor. Además de respetar mi regla de no trabajar de noche, comencé a hacer pausas más largas al mediodía, para poder correr y almorzar en mi casa. Durante este período también firmé un contrato para escribir mi cuarto libro, *So Good They Can't Ignore You*,[3] un proyecto que, por supuesto, me consumía grandes cantidades de tiempo.

Para compensar esos nuevos límites, refiné mi capacidad para trabajar profundamente. Entre otros métodos, empecé a delimitar con más precisión los bloques de tiempo que dedicaría al trabajo profundo y a preservarlos de cualquier interrupción. Desarrollé, asimismo, la capacidad para desarrollar ideas durante las muchas horas que pasaba haciendo *footing* o caminando (una ganancia para mi productividad), y busqué obsesivamente lugares desconectados que me permitieran concentrarme. Durante el verano, por ejemplo, muchas veces trabajaba en el domo de la biblioteca Barker de Ingeniería, un agradable lugar cavernoso que se llena durante los semestres en que hay clases regulares. Durante el invierno, buscaba lugares más desconocidos para encontrar un poco de silencio, hasta que me volví adepto de la pequeña pero bien dotada biblioteca Lewis de Música. En un momento dado, incluso, compré un sofisticado cuaderno cuadriculado de cincuenta dólares para trabajar en pruebas matemáticas, pues estaba convencido de que este gasto me estimularía a ser más cuidadoso en mi pensamiento.

Me sorprendió ver los resultados que arrojó mi compromiso renovado con la profundidad. Cuando empecé a trabajar como profesor de Ciencias Informáticas en la Universidad de Georgetown, en el otoño de 2011, mis obligaciones aumentaron drásticamente, como lo había previsto. Sin embargo, me había entrenado para ese momento. Allí no solamente logré mantener mi productividad como investigador sino, incluso, *aumentarla*. Los dos artículos al año que escribía en mis épocas de estudiante de posgrado se convirtieron en cuatro, en promedio, cuando llegué a profesor universitario, en medio de múltiples ocupaciones.[4]

Aunque estaba impresionado, todavía no había llegado al máximo potencial del trabajo profundo. Esa lección la aprendería durante mi tercer año como profesor universitario en esa misma institución. Entre el otoño de 2013 y el verano de 2014 concentré mi atención en mis hábitos de trabajo profundo, para encontrar mayores oportunidades de mejorar. Una de las grandes razones de este nuevo compromiso es el libro que estás leyendo en este momento (la mayoría del cual escribí en ese período). Como es obvio, escribir un manuscrito de 70.000 palabras sería una nueva limitación para mi ya apretada agenda, y no quería que mi productividad académica se viera afectada por este compromiso. Otra razón por la que dirigí mis ojos nuevamente a la profundidad fue la cercanía del proceso de permanencia en la facultad. Me quedaba un año o dos para publicar, antes de que mi caso entrara a estudio. En otras palabras, *ese* era el momento para poner a prueba mis capacidades (sobre todo teniendo en cuenta que mi esposa y yo estábamos planeando tener un segundo hijo). La razón final por la que enfilé baterías hacia la profundidad es más personal y (lo reconozco), en cierta forma, producto de la irritación. Me habían negado una solicitud para una subvención muy reputada, que muchos de mis colegas estaban recibiendo. Estaba molesto y avergonzado, así que decidí que, en lugar de quejarme y rumiar las dudas sobre mí mismo, compensaría el hecho de no haber recibido la subvención con un aumento en la cantidad y la excelencia de mis publicaciones, para que fueran estas las que hablaran por sí solas y quedara claro que yo *sí* sabía lo que estaba haciendo, aunque esa subvención en particular no me la hubieran concedido.

Ya me dedicaba con intensidad al trabajo profundo, pero estas tres fuerzas me motivaron a llevar el hábito al extremo. Me volví implacable para rechazar cualquier compromiso que me consumiera tiempo y comencé a trabajar en lugares más aislados fuera de mi oficina. Puse un registro de las horas que dedicaba al trabajo profundo en un lugar visible junto al ordenador y me preocupaba cuando el avance no era lo suficientemente rápido. Quizás el hábito que tuvo mayor impacto fue el que aplicaba cuando estaba en el MIT: trabajar los problemas en mi cabeza cuando se presentaba la ocasión: al sacar a pasear al perro o al conducir. Por otra parte, a diferencia de lo que hacía antes, que era aumentar la intensidad del trabajo profundo cuando se acercaba una fecha límite, ese año fui muy persistente: casi todos los días de la semana empujaba mi mente a luchar para obtener resultados importantes, independientemente de cualquier fecha límite. Resolvía pruebas durante el recorrido en metro y mientras paleaba la nieve. Cuando mi hijo dormía la siesta, los fines de semana, yo caminaba por el jardín, pensando, y en los atascos de tráfico reflexionaba metódicamente sobre problemas que me tenían bloqueado.

Aquel año me fui convirtiendo poco a poco en una máquina del trabajo profundo, y el resultado de esta transformación me tomó por sorpresa. Durante ese año en que escribí un libro y mi hijo entró en la temible edad de los dos años, logré duplicar mi productividad académica promedio, pues publiqué *nueve* artículos revisados por pares, al mismo tiempo que respeté mi prohibición de trabajar por las noches.

———

Soy el primero en reconocer que ese año de profundidad extrema tal vez fue demasiado: fue agotador desde el punto de vista cognitivo y, con vistas al futuro, muy probablemente moderaré esta intensidad. Con todo, esta experiencia refuerza la declaración con la que inicié la conclusión:

el trabajo profundo es *mucho más* poderoso de lo que la gente imagina. El compromiso con esta destreza le permitió a Bill Gates sacar enorme partido de una oportunidad inesperada para crear una nueva industria. A mí me permitió duplicar mi productividad académica en el año mismo en que escribí un libro. Sostengo que alejarse de las masas distraídas y unirse a la minoría de trabajadores concentrados es una experiencia transformadora.

Desde luego que la vida profunda no es para todo el mundo. Requiere mucho esfuerzo y unos cambios drásticos de hábitos. Muchas personas se sienten cómodas en la ocupación artificial de las comunicaciones por correo electrónico y la pose de las redes sociales, mientras que la vida profunda nos exige dejar atrás buena parte de esas actividades. Por otro lado, existe cierta dosis de incomodidad al pensar en los esfuerzos requeridos para producir las mejores cosas que podríamos producir, pues eso nos obliga a confrontarnos con la posibilidad de que lo mejor que producimos quizá no sea (todavía) tan bueno. Es más seguro limitarnos a ir con la corriente de nuestra cultura que asumir la lucha y tratar de mejorarla.

Con todo, si estás dispuesto a dejar a un lado estas comodidades y temores, para esforzarte y desplegar al máximo las capacidades de tu mente descubrirás, tal como lo han hecho otros antes, que la profundidad propicia una vida rica en productividad y sentido. En la primera parte citaba esta frase de la escritora Winifred Gallagher: «Viviré una vida de concentración, porque es la mejor que existe».[5] Estoy de acuerdo. Y también lo está Bill Gates. Espero que, ahora que has terminado de leer este libro, también estés de acuerdo con nosotros.

Notas

Introducción

1. Jung, Carl, *Memories, Dreams, Reflections* (Richard Winston, trad. al inglés), Nueva York, Pantheon, 1963.

2. *Ibid.*

3. Currey, Mason, *Daily Rituals: How Artists Work*, Nueva York: Knopf, 2013. Currey recopiló muchas otras anécdotas sobre los hábitos de los artistas contenidos en este texto. La siguiente cronología de la vida y obras de Jung también resultó útil para desentrañar el papel del trabajo profundo en su carrera: Cowgill, Charles, «Carl Jung», mayo de 1997, <http://www. muskingum.edu/~psych/psycweb/history/jung.htm>.

4. Bakewell, Sarah, *How to Live: Or A Life of Montaigne in One Question and Twenty Attemps at an Answer*, Nueva York, Other Press, 2010.

5. Currey, M., *op. cit.*

6. Robert Weide, *Woody Allen: A Documentary* [documental fílmico], 2001.

7. Sample, Ian, «Peter Higgs Proves as Elusive as Higgs Boson after Nobel Success», *The Guardian*, 9 de octubre de 2013, <http://www.theguardian.com/science/2013/oct/08/nobel-laureate-peter-higgs-boson-elusive>.

8. <https://twitter.com/jk_rowling>.

9. Guth, Robert, «In Secret Hideaway, Bill Gates Ponders

Microsoft's Future», *The Wall Street Journal*, 8 de marzo de 2005, <http://online.wsj.com/news/articles/SB111196625830690477>.

10. Fragmento extraído de una versión anterior del sitio web de Strephenson, preservada en una imagen instantánea de diciembre de 2003 por The Internet Archive: <http://web.archive.org/web/20031207060405/http://www.well.com/~neal/badcorrespondent.html>.

11. Chui, Michael *et al.*, «The Social Economy: Unlocking Value and Productivity Through Social Technologies», McKinsey Global Institute, julio de 2012, <http://www.mckinsey.com/insights/hich_tech_telecoms_internet/the_social_economy>.

12. Carr, Nicholas, «Is Google Making Us Stupid?», *The Atlantic Monthly*, julio-agosto de 2008, <http://www.theatlantic.com/magazine/archive/2008/07/is-google-making-us-stupid/306868/>.

13. Nota del autor en la versión de bolsillo del libro.

14. Barker, Eric, «Stay Focused: 5 Ways to Increase Your Attention Span», *Barking Up the Wrong Tree*, 18 de septiembre de 2013, <http://www.bakadesuyo.com/2013/09/stay-focused/>.

Primera parte. La idea

Capítulo I. Trabajar a fondo

1. Tracy, Marc, «Nate Silver Is a One-Man Traffic Machine for the Times», *New Republic*, 6 de noviembre de 2012. <http://www.newrepublic.com/article/109714/nate-silvers-five thirtyeight-blow-drawing-massive-traffic-new-york-times>.

2. Allen, Mike, «How ESPN and ABC Landed Nate Silver», Político, 22 de julio de 2013, <http://www.politico.com/blogs/media/2013/07/how-espn-and-abc-landed-nate-silver-168888>.

3. Para otros ejemplos de preocupaciones sobre la metodo-

logía de Silver, véase Davis, Sean M., «Is Nate Silver's Value at Risk?», *Daily Caller*, 1 de noviembre de 2012, <http://dailyca ller.com/2012/11/01/is-nate-silvers-value-at-risk/>; y Marcus, Gary y Ernest Davis, «What Nate Silver Gets Wrong», *The New Yorker*, 25 de enero de 2013, <http://newyorker.com/onli ne/blogs/books/2013/01/what-nate-silver-gets-wrong>.

4. Véase David Heinemeier Hansson, <http://david.heine-meierhansson.com/>; Lindberg, Oliver, «The Secrets Behind 37signals' Success». *TechRadar*, 6 de septiembre de 2010, <http://www.techradar.com/us/news/internet/the-secrets-behind-37sig nals-success-712499>; y «oak Racing», Wikipedia. <http://en. wikipedia.org/wiki/oak_Racing>.

5. Para mayor información sobre los negocios de John Doerr, véase: «John Doerr», *Forbes*, <http://www.forbes.com/ profile/john-doerr/>.

6. Brynjolfsson, Erik y Andrew McAfee, *Race Against the Machine: How the Digital Revolution is Accelerating Innovation, Driving Productivity, and Irreversibly Transforming Employment and the Economy*, Cambridge, MA, Digital Frontier Press, 2011, p. 9.

7. *Ibid.*

8. Cowen, Tyler, *Average Is Over*, Nueva York, Penguin, 2013, p. 1.

9. Rosen, Sherwin, «The Economics of Superstars», *The American Economic Review* 71.5 (diciembre de 1981), 845-858.

10. *Ibid.*, p. 846.

11. Este ejemplo de Instagram y su significado en las disparidades laborales captó mi atención por primera vez gracias a los escritos y conferencias de Jaron Lanier.

12. Para mayores detalles sobre las herramientas de Nate Silver, véase Hickey, Walter, «How to Become a Nate Silver in 9 Simple Steps», *Business Insider*, 14 de noviembre de 2012, <http://www.businessinsider.com/how-nate-silver-and-fivethir tyeight-works-2012-11>, Silver Nate, «IAmA Blogger for Five-ThirtyEight at The New York Times. Ask Me Anything», Red-

dit, <http://www.reddit.com/r/IAmA/comments/1666yeo/iama_blogger_for_fivethirtyeight_at_the_new_york> y «Why Use Stata». <www.stata.com/why-use-stata/>.

13. Este ejemplo proviene de postgreSQL, un sistema de base de datos de fuente abierta popular tanto en la industria como (y especialmente) en la academia. No sé qué sistema específico usa Silver, pero casi con seguridad requiere de alguna variante del lenguaje sql usado en este ejemplo.

14. Dada la compleja realidad de las tecnologías que usan las compañías reales para progresar, es absurdo suponer (aunque se trata de una idea muy común) que el hecho de exponer a los estudiantes a productos de consumo simplistas —sobre todo en escuelas y colegios— contribuye a prepararlos para triunfar en una economía donde impera la alta tecnología. Dar a los alumnos un iPad o permitirles filmar las tareas en YouTube los prepara para una economía de alta tecnología tanto como jugar Hot Wheels los prepararía para progresar como mecánicos automotores.

15. Sertillanges, Antonin-Dalmace, *The Intellectual Life: Its Spirits, Conditions, Methods* (Mary Ryan, trad. al inglés), Cork, Irlanda, Mercier Press, 1948, p. 95.

16. *Ibid.*, p. 13.

17. Para mayor información sobre la práctica deliberada, los siguientes libros ofrecen un buen panorama general: Ericsson, K.A., R.T. Krampe y C. Tesch-Römer, «The Role of Deliberate Practice in the Acquisition of Expert Performance», *Psychological Review*, 100.3 (1993):363-406; Colvin, Geoffrey, *Talent is Overrated: What Really Separates World-Class Performers from Everybody Else*, Nueva York, Portfolio, 2008; y Coyle, Daniel, *The Talent Code: Greatness Isn't Born. It's Grown. Here's How*, Nueva York, Bantam, 2009.

18. *Ibid.*, p. 13.

19. Después de que Malcolm Gladwell popularizara la idea de la práctica deliberada en su famoso libro publicado en 2008, *Outliers: The Story of Success*, se puso de moda en los círculos psi-

cológicos (sobre todo aquellos que, en términos generales, duda-
ban de todo lo que proviniera de Gladwell) abrir agujeros en la
hipótesis de la práctica deliberada. Sin embargo, la mayor parte
de estos estudios no invalida la necesidad de la práctica deliberada, sino que identifica otros componentes que cumplen un papel
en el desempeño de los expertos. En un artículo de 2013, titulado «Why Expert Performance is Special and cannot be Extrapo-
lated from Studies in the General Population: A Response to
Criticisms», publicado en *Intelligence* 45 (2014): 81-103, Ericsson responde a los ataques de esos estudios. Argumenta, entre
otras cosas, que los diseños experimentales de esos artículos críticos muchas veces son erróneos porque asumen que se puede
extrapolar la diferencia entre el promedio y lo que está por encima del promedio en un campo determinado a la diferencia entre
un experto y un no experto.

20. Sertillanges, A-D, *op. cit.*, p. 95.

21. Ericsson, K. A. *et al.*, *op. cit.*, p. 368.

22. Coyle, D., *op. cit.* Coyle también tiene en su sitio web
una agradable presentación sobre la mielinización: «Want to Be
a Superstar Athlete? Build More Myelin», *The Talent Code*,
<www.thetalentcode.com/myelin>.

23. Grant, Adam, *Give and Take: Why Helping Others Drives
Our Success*, Nueva York, Viking Adult, 2013.

24. Dominus, Susan, «The Saintly Way to Succeed», *The
New York Times Magazine*, 31 de marzo de 2013, MM20.

25. Se puede encontrar mayor información sobre Adam
Grant, su desempeño y su *currículum vitae* (de 30 páginas) en su
sitio web académico: <https://mgmt.wharton.upenn.edu/profi
le/1323/>.

26. Newport, Cal, *How to Become a Straight-A Student: The
Unconventional Strategies Used by Real College Students to Score
High While Studying Less*, Nueva York, Three Rivers Press,
2006.

27. Leroy, Sophie, «Why Is It So Hard to Do My Work?
The Challenge of Attention Residue When Switching Between

Work Tasks», *Organizational Behavior and Human Decision Process* 109 (2009), 168-181.

28. Savitz, Eric, «Jack Dorsey: Leadership Secrets of Twitter and Square», *Forbes*, 17 de octubre de 2012, <http://www.forbes.com/sites/ericsavitz/2012/10/17/jack-dorsey-the-leadership-secrets-of-twitter-and-square/3/>.

29. *Ibid.*

30. *Forbes.com*, <http://www.forbes.com/profile/jack-dorsey/>, consultado el 10 de abril de 2014.

31. De una entrevista con Kerry Trainor, de octubre de 2013 por *HuffPost Live*. Una nota sobre el uso del correo electrónico está disponible aquí: <http://www.kirotv.com/videos/technology/how-long-can-vimeo-ceo-kerry-trainor-go-without/vCCBLd/>.

Capítulo 2. El trabajo en profundidad es escaso

1. Hoare, Rose, «Do Open Plan Offices Lead to Better Work or Closed Minds?», CNN, 4 de octubre de 2012, <http://edition.cnn.com/2012/10/04/business/global-office-open-plan/>.

2. Savitz, Eric, «Jack Dorsey: Leadership Secrets of Twitter and Square», *Forbes*, 17 de octubre de 2012, <http://www.forbes.com/sites/ericsavitz/2012/10/17/jack-dorsey-the-leadership-secrets-of-twitter-and-square>.

3. Strom, David, «I. M. Generation is Changing the Way Business Talks», *The New York Times*, 5 de abril de 2006, <http://www.nytimes.com/2006/04/05/technology/keeping-track-im-generation-is-changing-the-way-business-talks.html>.

4. Se puede encontrar mayor información sobre Hall en Hall.com y en este artículo: Tsotsis, Alexia, «Hall.com Raises $580K from Founder's Collective and Others to Transform Realtime Collaboration», *TechCrunch*, 16 de octubre de 2011, <http://techcrunch.com/2011/10/16/hall-com-raises-580k-from-founders-collective-and-others-to-transform-realtime-collaboration/>.

5. Para una lista actualizada de más de ochocientos empleados de *The New York Times* que usan Twitter, véase <https://twitter.com/nytimes/nyt-journalists/members>.

6. El artículo original de Jonathan Franzen para *The Guardian* fue publicado en línea el 13 de septiembre de 2013 con el título, «Jonathan Franzen: What's Wrong with the Modern World». El artículo fue retirado posteriormente por motivos «legales».

7. El artículo del 4 de octubre de 2013 de *Slate*, por Katy Waldman, que terminaron titulando «Jonathan Franzen's Lonely War on the Internet Continues», está en este sitio: <http://www.slate.com/blogs/future_tense/2013/10/04/jonathan_fran zen_says_twitter_is_a_coercive_development_is_grumpy_and_ out.html>. Nótese por el url que el título original era mucho más duro.

8. Weiner, Jennifer, «What Jonathan Franzen Misunderstands About Me», *The New Republic*, 18 de septiembre de 2013, <http://newrepublic.com/article/114762/jennifer-weiner-responds -jonathan-franzen>.

9. Treasure, Julian, «Sound News: More Damaging Evidence on Open Plan Offices», Sound Agency, 16 de noviembre de 2011, <http://www.thesoundagency.com/2011/sound-news/ more-damaging-evidence-on-open-plan-offices/>.

10. Mark, Gloria, Víctor M. González y Justin Harris, «No Task Left Behind? Examining the Nature of Fragmented Work», *Proceedings of the SIGCHI Conference on Human Factors in Computing Systems*, Nueva York, ACM, 2005.

11. Packer, George, «Stop the World», *The New Yorker*, 29 de enero de 2010, <http://newyorker.com/online/blogs/george-packer/2010/01/stop-the-world>.

12. Cochran, Tom, «Email is not Free», *Harvard Business Review*, 8 de abril de 2013, <http://blogs.hbr.org/2013/04/ email-is-not-free/>.

13. Piketty, Thomas, *Capital in the Twenty-First Century*, Cambridge, MA, Belknap Press, 2014, p. 509.

14. Manzi, Jim, «Piketty's Can Opener», *National Review*, 7 de julio de 2014, <http://nationalreview.com/corner/382084/pikettys-can-opener-jim-manzi>. Esta reseña atenta y crítica del libro de Piketty por parte de Jim Manzi es el lugar donde leí por primera vez la cita de Piketty.

15. Perlow, Leslie y Jessica L. Porter, «Making Time Off Predictable—and Required», *Harvard Business Review*, octubre de 2009, <https://hbr.org/2009/10/making-time-off-predicta ble-and-required>. En este texto también puede encontrarse un buen resumen de la investigación sobre la conectividad de Perlow.

16. Allen, David, *Getting Things Done*, Nueva York, Viking, 2001.

17. El diagrama de flujo de *quince elementos* para tomar una decisión se puede encontrar en el libro y también en línea: <http://gettingthingsdone.com/pdfs/tt_workflow_chart.pdf>.

18. Hablando de manera general, el índice h para un académico es el mayor valor de x que satisface la siguiente regla: «He publicado al menos x artículos de los que se han hecho x o más citas». Observa que este valor da cuenta de cuántos artículos ha escrito el académico y cuántas veces han sido citados. No se puede obtener un índice h elevado simplemente sacando montones de artículos de bajo valor o con un número reducido de artículos que se citan con mucha frecuencia. Esta medición tiende a crecer a medida que avanza la carrera del académico, lo cual explica por qué en muchos campos se consideran los índices h como marcadores de las carreras.

19. Richard Feynman dio una entrevista para un programa *Horizon*, de la BBC, de 1981 (la entrevista salió al aire en Estados Unidos en un episodio de *NOVA* y el fragmento pertinente se encuentra en el minuto 28:20). El vídeo de YouTube de esta entrevista que vi cuando estaba haciendo la investigación para este libro fue retirado tras una queja de la BBC en relación con sus derechos de autor (<http://www.youtube.com/watch?v=B gaw9qeDEE>). Sin embargo, se pueden encontrar transcripcio

nes de la cita en cuestión en <http://articles.latimes.com/1988-02-16/news/mn-42968_1_nobel-prize/2> y también en <http://calnewport.com/blog/2014/04//20/richard-feynman-didnt-win-a-nobel-by-responding-promptly-to-e-mails>, así como en <http://worldcat.org/wcpa/servlet/DCARead?standard-No=0738201081&standardNoType=&excerpt=true>.

20. Crawford, Matthew, *Shop Class as Soulcraft*, Nueva York, Penguin, 2009, p. 9.

21. El concepto «maniobrar artilugios» es una metáfora popular para referirse al sistema de manejo de tareas de David Allen; véase Mann, Merlin, «Podcast: Interview with GTD'S David Allen on Procrastination», *43 Folders*, 19 de agosto de 2007, <http://www.43folders.com/2016/10/10/productive-talk-procrastination>; Schuller, Wayne, «The Power of Cranking Widgets», Wayne Schuller's Blog, 9 de abril de 2008, <http://schuller.id.au/2008/04/09/the-power-of-cranking-widgets-gdt-times/>; y también Babauta, Leo, «Cranking Widgets: Turn Your Work into Stress-free Productivity», *Zen Habits*, 6 de marzo de 2007, <http:/zenhabits.net/cranking-widgets-turn-your-work-into/>.

22. Para mayor información sobre la prohibición de Marissa Mayer de trabajar desde casa, véase Carlson, Nicholas, «How Marissa Mayer Figured Out Work-At-Home Yahoos Were Slacking Off», *Business Insider*, 2 de marzo de 2013, <http://www.businessinsider.com/how-marissa-mayer-figured-out-work-at-home-yahoos-were-slacking-off-2013-3>.

23. Este es uno de los ejemplos de los artículos de Alissa Rubin que encontré mientras escribía este capítulo: Rubin, Alissa J. y Maïa de la Baume, «Claims of French Complicity in Rwanda's Genocide Rekindle Mutual Resentment», *The New York Times*, 8 de abril de 2014, <http://www.nytimes.com/2014/04/09/work/africa/claims-of-french-complicity-in-rwandas-genocide-rekindle-mutual-resentment.html?ref=alissajohannsenrubin>.

24. Alissa Rubin tuitea en @@Alissanyt. No tengo pruebas

específicas de que Alissa Rubin fuera presionada a tener presencia en Twitter. Sin embargo, puedo presentar un caso basado en las circunstancias: Rubin incluye las letras «nyt» en su dirección de Twitter y el *Times* tiene un departamento de redes sociales que instruye a sus empleados sobre el uso de estas (véase <https://mediabistro.com/alltwitter/new-york-times-social-media-desk_b537883>), una estrategia que hace que más de ochocientos empleados sean activos en Twitter: <https://twitter.com/nytimes/nyt-journalists/members>.

25. Postman, Neil, *Technopoly: The Surrender of Culture to Technology*, Nueva York, Vintage Books, 1993.

26. *Ibid.*, p. 48.

27. Morozov, Evgeny, *To Save Everything, Click Here*, Nueva York, Public Affairs, 2013.

Capítulo 3. Trabajar con profundidad tiene sentido

1. Declaración de Furrer sobre su arte, que se puede encontrar en línea, junto con detalles biográficos sobre él e información sobre su negocio: <http//www.doorcountyforgeworks.com>.

2. Del documental de PBS «Secrets of the Viking Swords», que es un episodio de *NOVA* que salió al aire por primera vez el 25 de septiembre de 2013. Para mayor información sobre el episodio y transmisión en línea véase <http://www.pbs.org/wgbh/nova/ancient/secrets-viking-sword.html>.

3. *Ibid.*

4. Crawford, Matthew, *Shop Class as Soulcraft*, Nueva York, Penguin, 2009, p. 15.

5. De la declaración de Ric Furrer en <http://www.doorcountyforgeworks.com>.

6. Gallagher, Winifried, *Rapt: Attention and the Focused Life*, Nueva York, Penguin, 2009, p. 3.

7. *Ibid.*, p. 2.

8. *Ibid.*, p. 1.

9. *Ibid.*, p. 48.

10. *Ibid.*, p. 49.

11. Aunque en *Rapt* se encuentra un buen resumen de la investigación de Barbara Fredrickson sobre el positivismo (véanse páginas 48-49), pueden encontrarse mayores detalles en su libro de 2009 sobre el tema: Fredrickson, Barbara, *Positivity: Groundbreaking Research Reveals How to Embrace the Hidden Strength of Positive Emotions, Overcome Negativity, and Thrive*, Nueva York, Crown Archetype, 2009.

12. La investigación de Laura Carstensen aparece en *Rapt* (véanse páginas 50-51). Para mayor información, véase el siguiente artículo: Carstensen, Laura L. y Joseph A. Mikels, «At the Intersection of Emotion and Cognition: Aging and the Positivity Effect», *Current Directions in Psychological Science* 14.3 (2005): 117-121.

13. Csikszentmihalyi, Mihaly, *Flow: The Psychology of Optimal Experience*, Nueva York, Harper & Row Publishers, 1990, p. 71.

14. Gallagher, W., *op.cit.*, p. 13.

15. *Ibid.*, p. 14.

16. Para mayor información sobre el método de muestreo de experiencias, véase el artículo original en: Larson, Reed y Mihaly Csikszentmihalyi, «The Experience Sampling Method», *New Directions for Methodology of Social & Behavioral Science*, 15 (1983): 41-56. También se puede encontrar un corto resumen de la técnica en Wikipedia: <http://en.wikipedia.org/wiki/Experience_sampling_method>.

17. Csikszentmihalyi, M., *op. cit.*, p. 3.

18. *Ibid.*, p. 162.

19. *Ibid.*, p. 157.

20. Dreyfus, Hubert y Sean Dorrance Kelly, *All Things Shining: Reading the Western Classics to Find Meaning in a Secular Age*, Nueva York, Free Press, 2011, p. xi.

21. *Ibid.*, 204.

22. *Ibid.*, 210.

23. *Ibid.*, 209.

24. Entrevista en THNKR concedida por Santiago González, disponible en línea: <https//www.youtube.com/watch?v=D-BXZWB_dNsw>.

25. Hunt, Andrew y David Thomas, *The Pragmatic Programmer: From Journeyman to Master*, Nueva York, Addison-Wesley Professional, 1999, prefacio.

26. *Ibid.*

27. Gallagher, W., *op. cit.*, p. 14.

Segunda parte. Las reglas

Regla n.° 1: Trabajar profundamente

1. Hofmann, W., R. Baumeister, G. Förster y K. Vohs, «Everyday Temptations: An Experience Sampling Study of Desire, Conflict, and Self-Control», *Journal of Personality and Social Psychology* 102.6 (2012), 1318-1335. El estudio original puede encontrarse en Baumeister, R., E. Bratlavsky, M. Muraven y D. M. Tice, «Ego Depletion: Is the Active Self a Limited Resource?», *Journal of Personality and Social Psychology* 74 (1998), 1252-1265.

2. Baumeister, Roy F. y John Tierney, *Willpower: Rediscovering the Greatest Human Strength*, Nueva York, Penguin Press, 2011, p. 3.

3. *Ibid.*, p. 4.

4. De la página web de Donald Knuth: <http://www.cs-faculty.stanford.edu/~uno/email.html>.

5. *Ibid.*

6. Del antiguo sitio web de Neal Stephenson, en una página titulada «My Ongoing Battle with Continuous Partial Attention», archivado en 2003. <http://web.archive.org/web/20031231203738/http://well.com/~neal/>.

7. Del antiguo sitio web de Neal Stephenson, en una página titulada «Why I Am a Bad Correspondent», archivado en 2003: <http://web.archive.org/web/20031207060405/http://well. com/~neal/badcorrespondent.html>.

8. Stephenson, Neal, *Anathem*, Nueva York, William Morrow, 2008. Para mayor información sobre la conexión entre *Anathem* y la tensión entre la concentración y la distracción, véase «Interview with Neal Stephenson», publicado en GoodReads. com en septiembre de 2008: <http://www.goodreads.com/inter views/show/14.Neal_Stephenson>.

9. Del famoso artículo de internet titulado «Don't Break the Chain», escrito por Brad Isaac para Lifehacker.com: <http:// lifehacker.com/281626/jerry-seinfelds-productivity-secret>.

10. Hitchens, Christopher, «Touch of Evil». *London Review of Books*, 22 de octubre de 1992, <http://www.lrb.co.uk/v14/n20/ christopher-hitchens/touch-of-evil>.

11. Isaacson, Walter y Evan Thomas, *The Wise Men: Six Friends and the World They Made*, Nueva York, Simon and Schuster Reissue Edition, 2012. (La versión original de este libro fue publicada en 1986, pero se volvió a publicar en edición de tapa dura, quizá debido al éxito en librerías de Isaacson.)

12. Citas tomadas de los fragmentos de reseñas del libro de Walter Isaacson, *The Wise Men*, que encontré en la sobrecubierta y reproducidas en el sitio oficial del mismo: <http://books.si monandschuster.com/The-Wise-Men/Walter-Isaacson/978147 6728827>.

13. Darman, Jonathan, «The Marathon Man», *Newsweek*, 16 de febrero de 2009, artículo que descubrí en una entrada de blog titulada «Robert Caro», en el blog de Mason Currey, *Daily Routines*: <http://dailyroutines.typepad.com/daily_routi nes/2009/02/robert-caro.html>.

14. *Ibid.*

15. La información sobre Charles Darwin captó mi atención en una entrada titulada «Charles Darwin» en el blog de Mason Currey *Daily Routines*, 11 de diciembre de 2008, <http://

dailyroutines.typepad.com/daily_routines/2008/12/charles-dar win.html>. Esta entrada procede, a su vez, de *Charles Darwin: A Companion*, por R. B. Freeman, consultada por Currey en *The Complete Work of Charles Darwin* en línea.

16. Currey, Mason, «Daily Rituals», *Slate*, 16 de mayo de 2013, <http://slate.com/articles/arts/culturebox/features/2013/daily_rituals/john_updike_william_faulkner_chuck_close_they_did_t_wait_for_inspiration.html>.

17. Brooks, David, «The Good Order». *The New York Times*, 25 de septiembre de 2014, *op-ed*, <http://www.nytimes.com/2014/09/26/opinion/david-brooks-routine-creativity-and-president-obamas-un-speech.html?_r=1>. [*Op-ed* es la abreviatura de «página opuesta al editorial» (proveniente del inglés *opposite the editorial page*), y se refiere a un artículo periodístico que expresa las opiniones de un escritor destacado que usualmente no pertenece al comité editorial del periódico. Son diferentes a los editoriales, los cuales no van firmados y son escritos por miembros del comité editorial (<https://es.wikipedia.org/wiki/Op-ed>).]

18. Esta cita de Nietzsche captó mi atención gracias a este excelente libro sobre las caminatas y la filosofía: Gros, Frédérick, *A Philosophy of Walking* (John Howe, trad. al inglés), Nueva York, Verso Books, 2014.

19. De la transcripción de la entrevista que Rowling le concedió en 2010 a Oprah Winfrey, publicada en la página de Harry Potter: <http//www.harrypotterspage.com/2010/10/03/transcript-of-oprah-interview-with-j-k-rowling/>.

20. Para mayores detalles sobre J. K Rowling y su escritura en el Hotel Balmoral, véase Johnson, Simon, «Harry Potter Fans Pay £1000 a Night to Stay in Hotel Room Where JK Rowling Finishes Series», *Telegraph*, 20 de julio de 2008, <http://www.telegraph.co.uk/news/celebritynews/2437835/Harry-Potter-fans-pay-1000-a-night-to-stay-in-hotel-room-where-JK-Rowlings-finished-series.html>.

21. Para mayor información sobre las semanas para pensar

de Bill Gates, véase Guth, Robert A, «In Secret Hideaway, Bill Gates Ponders Microsoft's Future», *The Wall Street Journal*, 28 de marzo de 2005, <http://online.wsj.com/news/articles/SB111 196625830690477?mg=reno64-wsj>.

22. Extraído de la siguiente entrevista con el autor: Birnbaum, Robert, «Alan Lightman», *Identiy Theory*, 16 de noviembre de 2000, <http://www.identitytheory.com/alan-lightman/>.

23. Pollan, Michael, *A Place of My Own: The Education of an Amateur Builder*, Nueva York, Random House, 1997.

24. Para mayor información sobre el recorrido de William Shockley para inventar el transistor de punto de contacto, véase «Shockley Invents the Junction Transistor», PBS, <http://www.pbs.org/transistor/background1/events/junctinv.html>.

25. De una entrada del blog de Shankman: «Where's Your Home?», 2 de julio de 2014, <http://shankman.com/where-s-your-home/>.

26. De una entrevista con Shankman: Machan, Dyan, «Why Some Entrepreneurs Call ADHD a Superpower», *MarketWatch*, 12 de julio de 2011, <http://www.marketwatch.com/story/entrepreneurs-superpower-for-some-its-adhd-1310052627559>.

27. Prigg, Mark, «Now That's Open Plan Office», *Daily Mail*, marzo de 2014, <http://www.dailymail.co.uk/sciencetech/article-2584738/Now-THATS-open-plan-office-new-pictures-reveal-Facebook-hacker-campus-house-10-000-workers-ONE-room.html>.

28. Venessa Wong, «Ending the Tyranny of the Open-Plan Office», *Bloomberg Businessweek*, julio de 2013: <http://www.bloomberg.com/articles/2013-07-01/ending-the-tyranny-of-the-open-plan-office>. Este artículo da más información sobre los perjuicios de las oficinas de espacio abierto en la productividad de los trabajadores.

29. Konnikova, Maria, «The Open-Office Trap». *The New Yorker*, 7 de enero de 2014, <http://www.newyorker.com/business/currency/the-open-office-trap>.

30. Stevenson, Seth, «The Boss with No Office», *Slate*, 4 de mayo de 2014, <http://www.slate.com/articles/business/psycho logy_of_management/2014/05/opemn_plan_offices_the_new_trend_in_workplace_design.1.html>.

31. Savitz, Eric, «Jack Dorsey: Leadership Secrets of Twitter and Square». *Forbes*, 17 de octubre de 2012, <http://www. forbes.com/sites/ericsavitz/2012/10/17/jack-dorsey-the-leader ship-secrets-of-twitter-and-square/3/>.

32. Lehrer, Jonah, «Groupthink». *The New Yorker*, 30 de enero de 2012, <http://www.newyorker.com/magazine/2012/01/30/groupthink>.

33. Toda la información del Building 20 procede del ya mencionado artículo de *The New Yorker*, en conjunción en menor medida con mi experiencia de primera mano durante mi paso por el MIT.

34. Gertner, Jon, «True Innovation», *The New York Times*, 15 de febrero de 2012, <http://www.nytimes.com/2012/02/26/opinion/sunday/innovation-and-the-bell-labs-miracle.html>.

35. *Ibid.*

36. Los defensores de las oficinas abiertas pueden argüir a su favor que propician la mezcla de la profundidad y la interacción mediante la fórmula de hacer accesibles las salas de conferencias en caso de necesitar un lugar donde pensar profundamente una idea. Sin embargo, este concepto trivializa el papel del trabajo profundo en la innovación. Estos esfuerzos no son un acompañamiento ocasional de los encuentros fortuitos, sino que representan el grueso del esfuerzo necesario para producir verdaderos descubrimientos y avances.

37. Una divertida historia resumida sobre la invención del transistor se puede encontrar en «Transistorized», en el sitio web de PBS: <http://www.pbs.org/transistor/album1/>. Una historia más detallada se puede encontrar en Isaacson, Walter, *The Innovators*, Nueva York, Simon and Schuster, 2014, capítulo 7.

38. McChesney, Chris, Sean Covey y Jim Huling, *The 4 Disciplines of Execution*, Nueva York, Simon and Schuster, 2004,

pp. xix y xx. Clayton Christensen también habla sobre su experiencia con Andy Grove en un artículo de julio-agosto de 2010 en la *Harvard Business Review*, titulado «How Will You Measure Your Life?», que luego amplía en un libro que lleva el mismo nombre: <http://hbr.org/2012/07/how-will-you-measure-your-life/ar/1>.

39. McChesney, Covey y Huling, *op. cit.*, p. 10.

40. Brooks, David, «The Art of Focus», *The New York Times*, 3 de junio de 2013, <http://www.nytimes.com/2014/06/03/opinion/brooks-the-art-of-focus.html?hp&rref=opinion&_r=2>.

41. McChesney, Covey y Huling, *op. cit.*, p. 12.

42. *Ibid.*

43. *Ibid.*, p. 13.

44. *Ibid.*

45. Kreider, Tim, «The Busy Trap», *The New York Times*, 30 de junio de 2013, <http://opinionator.blogs.nytimes.com/2012/06/30/the-busy-trap/>.

46. *Ibid.*

47. *Ibid.*

48. Buena parte (aunque no la totalidad) de las investigaciones citadas en apoyo del valor del tiempo de descanso captaron mi atención gracias a un detallado artículo sobre el tema: Jabr, Ferris, «Why Your Brain Needs More Downtime», *Scientific American*, 15 de octubre de 2013, <http://scientificamerican.com/article/mental-downtime/>.

49. Berman, Marc G., John Jonides y Stephen Kaplan. «The Cognitive Benefits of Interacting with Nature», *Psychological Science* 19.12 (2008): 1207-1212. Digo que este estudio «se cita con frecuencia» sobre la base de más de 400 citas identificadas por Google Scholar en noviembre de 2014. Un artículo en línea en el que Berman habla sobre su estudio y sobre la TRA de manera más general (la fuente de mis citas de Berman) es: Berman, Marc, «Berman on the Brain: How to Boost Your Focus», *Huffington Post*, 2 de febrero de 2012, <http://huffingtonpost.ca/

marc-berman/attention-restoration-theory-nature_b_1242261.
html>.

50. Kaplan, Rachel y Stephen Kaplan, *The Experience of Nature: A Psychological Perspective*, Cambridge, Cambridge University Press, 1989.

51. En la literatura sobre el tema se debate si las cantidades son exactas. En lo que a nosotros respecta, sin embargo, el asunto no es relevante. La observación principal es que se trata de un recurso limitado, necesario para la atención, que debemos conservar.

52. Ericsson, K. A., R. T. Krampe y Tesch-Römer, «The Role of Deliberate Practice in the Acquisition of Expert Performance», *Psychological Review* 100.3 (1993), 363-406.

53. Masicampo, E. J. y Roy F. Baumeister, «Consider It Done! Plan Making Can Eliminate the Cognitive Effects of Unfulfilled Goals», *Journal of Personality and Social Psychology* 101.4 (2011), 667.

Regla n.º 2: Abrir las puertas al aburrimiento

1. Cálculos deducidos de Shmuel Rosner, «A Page a Day», *The New York Times*, 1 de agosto de 2012 (<http://latitude.blogs.nytimes.com/2012/08/01/considering-seven-and-a-half-years-of-daily-talmud-study/>), así como de mi correspondencia.

2. Entrevista de Clifford Nass con Ira Flatow el 10 de mayo de 2013, en el programa de NPR *Talk of the Nation: Science Friday*. Audio y transcripción disponibles en línea: «The Myth of Multitasking», <http://www.npr.org/2013/05/10/182861382/the-myth-of-multitasking>. En un giro trágico, Nass murió de manera repentina seis meses después de esta entrevista.

3. *Ibid.*

4. Powers, William, *Hamlet's BlackBerry: Building a Good Life in a Digital Age*, Nueva York, Harper, 2010.

5. «Author Disconnects from Communication Devices to Reconnect with Life». *PBS NewsHour*, 16 de agosto de 2010, <http://www.pbs.org/newshour/bb/science-july-dec10-hamlets_08-16/>.

6. La información general sobre los hábitos de Theodore Roosevelt en Harvard proviene de la fantástica biografía: Morris, Edmund, *The Rise of Theodore Roosevelt*, Nueva York, Random House, 2001. En particular, en las páginas 61-65 se encuentra el catálogo que hace Morris de las actividades académicas de Roosevelt y un fragmento de una carta de este a su madre donde esboza sus hábitos de trabajo. El cálculo específico según el cual Roosevelt dedica una cuarta parte de su día al estudio proviene de la página 64.

7. La recepción positiva del libro de Roosevelt en el *Nuttall Bulletin* proviene de las notas de pie de página de Morris, en particular, de la nota 37 del capítulo titulado «The Man with the Morning in His Face».

8. Morris, E. *op. cit.*, p. 67. Le atribuí esta afirmación a Morris, aunque es de cierto modo indirecta, pues en ese punto Morris explica que el padre de Roosevelt, tras la publicación de *The Summer Birds of the Adirondacks*, quizás opinaba eso de su hijo.

9. *Ibid.*, p. 64.

10. Foer, Joshua, *Moonwalking with Einstein: The Art and Science of Remembering Everything*, Nueva York, Penguin, 2011.

11. Las citas de Daniel Kilov provienen de una correspondencia personal. Algunos elementos de su vida fueron tomados de su biografía en línea: <http://mentalathlete.wordpress.com/about/> y de Lieu Thi Pham, «In Melbourne, Memory Athletes Open Up Shop», ZDNet, 21 de agosto de 2013, <http://www.smartplanet.com/blog/global-observer/in-melbourne-memory-athletes-open-up-shop/>. Para mayor información sobre las hazañas memorísticas de Kilov en los dos campeonatos en que ganó medallas, véase el sitio web de World Memory Statistics: <http://www.world-memory-statistics.com/competitor.php?id=1102>.

12. Carey, Benedict, «Remembering, as an Extreme Sport». Columna Well de *The New York Times*, 19 de mayo de 2014.

13. Para una ampliación sobre el tema de la conexión entre la memorización y el pensamiento en general, véase: *The Art of Memory*, por Frances A. Yates, que fue publicado por primera vez en 1966. La versión más accesible parece ser la hermosa reimpresión de 2001 hecha por The University of Chicago Press.

Regla n.° 3: Alejarse de las redes sociales

1. Las referencias al Twitter de Thurston tienen que ver con los tuits del 13 de marzo de 2014, de la cuenta de Twitter @Baratunde.

2. Thurston, Baratunde, «#UnPlug», *Fast Company*, julio-agosto de 2013, <http://www.fastcompany>; http://www.fastcompany.com/3011 2521/unplug/baratunde-thurston-leaves-the-internet>.

3. *Ibid.*

4. *Ibid.*

5. *Ibid.*

6. Tomadas de las secciones de comentarios de las dos siguientes entradas de mi blog que escribí en el otoño de 2013: «Why I'm (Still) Not Going to Join Facebook: Four Arguments That Failed to Convince Me», <http://calnewport.com/blog/2013/10/03/why-im-still-not-going-to-join-facebook-four-arguments-that-failed-to-convince-me/>, y «Why I Never Joined Facebook», <http://calnewpor.com/blog/2013/06/18/why-i-never-joined-facebook/>.

7. Para mayor información sobre Forrest Pritchard y Smith Meadows Farms, véase <http://smithmeadows.com/>.

8. De una charla de Malcolm Gladwell que tuvo lugar en el International Digital Publishing Forum, como parte de la BookExpo America Convention de mayo de 2013, realizada en Nueva York. Se puede encontrar un resumen de la charla, incluyendo las citas de este capítulo, y algunos fragmentos de vídeos,

en «Malcolm Gladwell Attacks NYPL: "Luxury Condos Would Lood Wonderful There"», *Huffington Post*, 29 de mayo de 2013, <http://www.huffingtonpost.com/2013/05/29/malcolm-gladwell-attacks-_n_3355041.html>.

9. Allan, Nicole, «Michael Lewis: What I Read», *The Wire*, 1 de marzo de 2010, <http://www.thewire.com/entertainment/2010/03/michael-lewis-what-i-read/20129/>.

10. Carr, David, «Why Twitter Will Endure», *The New York Times*, enero de 2010, <http://www.nytimes.com/2010/01/03/weekinterview/03carr.html>.

11. Allan, N., *op. cit.*

12. De un artículo de opinión en línea escrito para el sitio web de *The New Yorker*, 29 de enero de 2010, <http://www.newyorker.com/online/blogs/georgepacker/2010/01/stop-the-world.html>.

13. La ley de los mínimos vitales se comenta en muchas fuentes. El libro de Richard Koch de 1998, *The 80/20 Principle* (Nueva York: Crown, 1998), parece haber contribuido a reintroducir la idea en el mundo de los negocios. El megaéxito de librería de 2007 de Tim Ferriss, *The 4-Hour Workweek* (Nueva York, Crown, 2007), lo popularizó aún más, sobre todo entre la comunidad de los emprendedores de tecnología. La página de Wikipedia sobre el principio de Pareto tiene un buen resumen sobre los diversos campos en los que tiene aplicación esta idea general (de allí saqué varios de mis ejemplos): <http://en.wikipedia.org//wiki/Pareto_principle>.

14. «Day 3: Packing Party», *The Minimalists*, <http://www.theminimalists.com/21days/day3/>.

15. «Average Twitter User Is an American Woman with an iPhone and 208 Followers», *Telegraph*, 11 de octubre de 2012, <http://www.telegraph.co.uk/technology/news/9601327/Average-Twitter-user-is-an-American-woman-with-an-iPhone-and-208-followers.html>. Tomad esta estadística con pinzas. Un pequeño número de usuarios de Twitter tiene un número de seguidores tan alto que arrastra el promedio. Probablemente la

mediana sea menor. Sin embargo, ambas estadísticas incluyen usuarios que se han inscrito solo para probar el servicio o leer tuits, y que no tienen la intención de acumular seguidores o de tuitear. Si centramos nuestra atención en aquellos que tuitean y quieren seguidores, el número de seguidores sería más alto.

16. Bennett, Arnold, *How to Live on 24 Hours a Day*. Publicado originalmente en 1910. Las citas provienen de la versión gratuita del texto en HTML en el Proyecto Gutenberg: <http://www.gutenberg.org/files/2274/2274-h/2274-h.htm>, capítulo 4.

17. *Ibid.*

18. *Ibid.*

19. *Ibid.*

Regla n.º 4: Eliminar lo superficial

1. «Workplace Experiments: A Month to Yourself», *Signal v. Noise*, 31 de mayo de 2012, <https://signalvnoise.com/posts/3186-workplace-experiments-a-month-to-yourself>.

2. Weiss, Tara, «Why a Four-Day Work Week Doesn't Work», *Forbes*, 18 de agosto de 2008, <www.forbes.com/2008/08/18/careers-leadership-work-leadership-cx_tw_0818workweek.html>.

3. *Ibid.*

4. «Forbes Misses the Point of the 4-Day Work Week», *Signal v. Noise*, 20 de agosto de 2008, <http://signalvnoise.com/posts/1209-forbes-misses-the-point-of-the-4-day-work-week>.

5. *Ibid.*

6. «Work-place Experiments», <https://signalvnoise.com/posts/3186workplace-experiments-a-month-to-yourself>.

7. Fried, Jason, «Why I Gave My Company a Month Off», *Inc.*, 22 de agosto de 2012, <http://www.inc.com/magazine/201209/jason-fried/why-company-a-month-off.html>.

8. Ericsson, K.A., R.T. Krampe y C. Tesch-Römer, «The Role of Deliberate Practice in the Acquisition of Expert Performance», *Psychological Review* 100.3 (1993), 363-406.

9. Chalabi, Mona, «Do We Spend More Time Online or Watching TV?», *The Guardian*, 8 de octubre de 2013, <http://www.theguardian.com/politics/reality-check/2013/oct/08/spend-more-time-online-or-watching-tv-internet>.

10. Vandekam, Laura, «Overestimating Our Overworking», *The Wall Street Journal*, 29 de mayo de 2009, <http://online.wsj.com/news/articles/SB124355233998464405>.

11. Comentario n.º 6 a la entrada del blog «Deep Habits: Plan Your Week in Advance», 8 de agosto de 2014, <http://calnewport.com/blog/2014/08/08/deep-habits-plan-your-week-in-advance>.

12. Nagpal, Radhika, <http://www.sciencemag.org/content/343/6172.toc>; *Science* 343.6172 (14 de febrero de 2014), 701-808.

13. «The Awesomest 7-Year Postdoc or: How I Learned to Stop Worrying and Love the Tenure-Track Faculty Life», *Scientific American*, 21 de julio de 2013, <http://blogs.scientificamerican.com/guest-blog/2013/07/21/the-awesomest-7-year-postdoc-or-how-i-learned-to-stop-worrying-and-love-the-tenu re-track-faculty-life/>.

14. Welsh, Matt, «The Fame Trap». *Volatile and Decentralized*, 4 de agosto de 2014, <http://matt-welsh.blogspot.com/2014/08/the-fame-trap.html>.

15. Freeman, John, *The Tyranny of E-Mail: The Four-Thousand-Year Journey to Your Inbox*, Nueva York, Scribner, 2009, p. 13.

16. Para ver mis filtros de los remitentes en acción ir a: <http://calnewport.com/contact/>.

17. Glei, Jocelyn, «Stop the Insanity: How to Crush Communication Overload», *99U*, <http://99u.com/articles/7002/stop-the-insanity-how-to-crush-communication-overload>.

18. Simmons, Michael, «Open Relationship Building: The 15-Minute Habit That Transforms Your Network», *Forbes*, 24 de junio de 2014, <http://www.forbes.com/sites/michaelsimmons/2014/06/24/open-relationship-building-the-15-minute-ha bit-that-transforms-your-network/>. Este artículo de *Forbes.com*

también habla sobre mi propio hábito relacionado con el filtro de los remitentes. (Le sugerí el nombre de «filtro de los remitentes» al autor del artículo, Michael Simmons, quien es amigo de vieja data.)

19. Para ver los filtros de Antonio en acción, ir a: <http://www.realmenrealstyle.com/contact/>.

20. Ferris, Tim, «The Art of Letting Bad Things Happen», *The Tim Ferris Experiment*, 25 de octubre de 2007, <http://four hourworkweek.com/2007/10/25/weapons-of-mass-distractions-and-the-art-of-letting-bad-things-happen>.

Conclusión

1. Isaacson, Walter, «Dawn of a Revolution», *Harvard Gazette*, septiembre de 2013, <http://news.harvard.edu/gazette/story/2013/09/dawn-of-a-revolution/>.

2. Isaacson, Walter, *The Innovators*, Nueva York, Simon and Schuster, 2014. La cita proviene del minuto 9:55, del capítulo 6 de la parte 2, en la versión no abreviada del libro en Audible.com.

Isaacson, Walter, «Dawn of a Revolution», un artículo que el mismo Isaacson extrajo (con modificaciones) de *The Innovators*. Sin embargo, también saqué algunos detalles de la excelente biografía hecha por Stephen Manes, en 1994: Manes, Stephen, *Gates: How Microsoft's Mogul Reinvented an Industry–and Made Himself the Richest Man in America*, Nueva York, Doubleday, 1992.

3. Newport, Cal, *So Good They Can't Ignore You: Why Skill Trumps Passion in the Quest for Work You Love*, Nueva York, Business Plus, 2012.

4. El lector puede encontrar una lista de mis publicaciones científicas sobre informática, organizadas por año, en mi sitio web académico: <http://people.cs.georgetown.edu/~cnewport>. Las publicaciones del año de mi intensa experiencia con la profundidad aparecen en 2014. Observa que los científicos informá-

ticos teóricos, como yo, publican principalmente en conferencias competitivas y no en revistas, y por lo general ponemos la lista de autores en orden alfabético y no en orden de contribución.

5. Gallagher, Winifried, *Rapt: Attention and the Focused Life*, Nueva York, Penguin, 2009, p. 14.

© Penny Gray

CAL NEWPORT es profesor de Ciencia computacional en la Universidad de Georgetown y autor de libros sobre la intersección entre tecnología y cultura de gran éxito internacional. Destaca en especial *Céntrate (Deep Work)*, traducido a más de cuarenta idiomas, *Hazlo tan bien que no puedan ignorarte* y *Slow Productivity*. Escribe con frecuencia para *The New Yorker*, *The New York Times*, *Wired* y colabora con la radio NPR. Su blog, *Study Hacks*, que lanzó en 2007, recibe más de tres millones de visitas al año.

No lo encontraréis en Twitter, Facebook o Instagram, pero sí en casa con su familia, o escribiendo ensayos para su página web <calnewport.com>.